Karl Heinz Jahnke

Antifaschisten

Karl Heinz Jahnke

Antifaschisten

Unbequeme Zeugen des 20. Jahrhunderts

Pahl Rugenstein Nachfolger

Breite Str. 47, 53111 Bonn
Tel. 0228/63 23 06 Fax 0228/63 49 68

ISBN 3-89144-203-3

Satz: Arnold Bruns, Volker Hirsekorn
Umschlag: Holzschnitt von Rockwell Kent
Druck: Interpress

Die Deutsche Bibliothek - CIP-Einheitsaufnahme

Jahnke, Karl Heinz:
Antifaschisten : Unbequeme Zeugen des 20. Jahrhunderts /
Karl Heinz Jahnke. - Bonn : Pahl-Rugenstein, 1994
ISBN 3-89144-203-3
NE: GT

Inhalt

Vorwort 7

Bohdan Rossa und Anna Rossova (Tschechoslowakei) 13

Wladyslaw Kuszyk (Polen) 30

Erich Jungmann und Rosl Jungmann (Deutschland/Österreich) 46

Giorgio Caputo (Italien) 72

Robert Scholl (Deutschland) 85

Dr. Max Oppenheimer (Deutschland) 105

Jewgeni Kirsch (Sowjetunion) 127

Carola Karg (Deutschland) 138

Prof. Dr. Elfriede Paul (Deutschland) 159

Allan Merson (Großbritannien) 179

Ernst Buschmann (Deutschland) 192

Nora Smirnowa (Rußland) 210

Auswahlbibliographie 225

Bildnachweis 229

Abkürzungsverzeichnis 230

Über den Autor 231

Vorwort

Im Zentrum des Buches stehen biographische Skizzen von 14 Frauen und Männern aus Deutschland, Großbritannien, Italien, Polen, der Tschechoslowakei und der Sowjetunion. Die Auseinandersetzung mit dem Hitlerfaschismus, vor allem in den Jahren des Zweiten Weltkrieges, hat ihr Leben maßgeblich geprägt.

Das 20. Jahrhundert geht seinem Ende zu. Bereits jetzt werden erste Bilanzen gezogen. Sicher ist es für die Welt und für jedes Land notwendig, kritisch auf die Vergangenheit zu schauen. Dies gilt besonders für Deutschland, wiegt doch die unauslöschbare Verantwortung für einmalige Verbrechen in den Jahren der nationalsozialistischen Gewaltherrschaft zwischen 1933 und 1945 besonders schwer.

Worte, die Thomas Mann am 14. Januar 1945 über den Londoner Rundfunk an seine deutschen Landsleute richtete, sollten unvergessen bleiben:

"Aber eins tut not für den Neubeginn. Es gibt für die Aussöhnung mit der Welt eine Vorbedingung, an deren Erfüllung jede moralische Verständigung mit anderen Völkern geknüpft ist und ohne deren Erfüllung ihr Deutschen nie begreifen werdet, was euch geschieht. Das ist die klare Einsicht in die Unsühnbarkeit dessen, was ein von schädlichen Lehrmeistern zur Bestialität geschultes Deutschland der Menschheit angetan hat; es ist die volle und rückhaltlose Kenntnisnahme entsetzlicher Verbrechen ..."[1]

Zur Wahrheit der Geschichte des Dritten Reiches gehört, daß große Teile des deutschen Volkes die Verbrechen des Naziregimes mitgetragen haben bzw. nicht dagegen aufgetreten sind. Nur eine kleine Minderheit leistete Widerstand. Ihre Tat zählt zu dem Wertvollsten deutscher Geschichte dieses Jahrhunderts.

Der Schriftsteller Ernst Wiechert sagte im November 1945 in seiner "Rede an die deutsche Jugend" im Münchner Schauspielhaus über den deutschen antifaschistischen Widerstand:

"Die Helden und Märtyrer jener Jahre, sie sind nicht diejenigen, die mit dem Kriegslorbeer aus den eroberten Ländern zurückkehrten. Sie sind diejenigen, die hinter Gittern und Stacheldraht zur Ehre des deutschen Namens starben und verdarben ...

Hinter ihnen gab es wenige vom Adel und nicht sehr viele aus den Reihen des reinen Geistes. Unter ihnen gab es viele aus den Bezirken der Kirche, aber sie alle traten zurück hinter den langen Zügen, die aus den Hütten des armen Mannes bei Tag und bei Nacht ihren Todesweg antraten ..."[2]

Für diejenigen, die sich nicht beugten, sondern durch ihre Tat dem Hitlerfaschismus und dem von ihm gegen die Völker Europas geführten Krieg entgegentraten, war es sehr schwer. Zehntausende Antifaschisten wurden zwischen 1933 und 1945 ermordet. Hunderttausende verbrachten oft die besten Jahre ihres Lebens in Zuchthäusern, Gefängnissen und Konzentrationslagern Nazideutschlands. Zahlreiche Gegner und Verfolgte des Regimes mußten ins Exil gehen.

Diejenigen, die überlebten, hatten es auch nach dem Sturz des Dritten Reiches nicht leicht. Die meisten von ihnen erfuhren wenig Dank und Anerkennung, als sie aus dem Untergrund, der Haft oder dem Ausland heimkehrten. Dies hängt sicher damit zusammen, daß sie sich anders verhalten hatten als die große Mehrheit ihrer Landsleute. Auch die als Besatzungsmächte im besiegten Deutschland Regierenden empfingen die Antifaschisten meist nicht mit offenen Armen. Schon bald kam es wieder zu Ausgrenzungen und Verboten.

Bis in unsere Tage tun sich die Deutschen mit der Geschichte des antifaschistischen Widerstandes schwer. Sicher ist es daher kein Zufall, daß bis heute keine umfassende Geschichte des deutschen Widerstandes gegen den Hitlerfaschismus zwischen 1933 und 1945 vorliegt.[3] Gleiches gilt für eine differenzierte Darstellung des Faschismus in Deutschland und seinen Folgen.

In den nahezu fünf Jahrzehnten nach Ende des Dritten Reiches fehlte es nicht an Versuchen, sich der Aufgabe gründlicher Auseinandersetzung mit der eigenen Geschichte zu stellen. In den ersten Nachkriegsjahren wurde in ganz Deutschland vor allem von Hitlergegnern Beachtliches geleistet, um die Wahrheit über das NS-Regime und den antifaschistischen Widerstand bekanntzumachen. Unbestritten ist, daß nach der Spaltung Deutschlands in der DDR ernsthaftere Anstrengungen zur Auseinandersetzung mit dem Erbe von Faschismus und Militarismus sowie der Erforschung und Darstellung von Widerstand und Opposition zwischen 1933 und 1945 gemacht wurden.

Negativ wirkte der Kalte Krieg aber auch auf diesen Bereich des Lebens ein. Machtpolitische Interessen in beiden deutschen Staaten grenzten die Möglichkeiten freier und unvoreingenommener Forschung und Darstellung der Geschichte des antifaschistischen Widerstandes ein. So kam es in West und Ost zu der Wahrheit entgegenstehenden Verengungen und Verzerrungen des Gesamtbildes, zur Überbetonung bestimmter Kräfte des Widerstandes und zur Ausgrenzung ganzer Bereiche von Widerstand, Opposition und Verfolgung im NS-Regime.

Trotz aller Einschränkungen konnten aber von Historikern und Teilnehmern am Widerstand in beiden deutschen Staaten wichtige Ergebnisse erzielt werden. Besonders günstig war die Situation nach Ende des Kalten Krieges in der Zeit der Entspannung, der Verbesserung der Beziehungen zwischen der BRD und der DDR seit Ende der 70er Jahre. Ansätze ernsthafter Zusammenarbeit von Historikern aus beiden Teilen Deutschlands, die über die Geschichte des Dritten Reiches und des Widerstandes forschten, entstanden. Vorurteile wurden abgebaut, und gegenseitige Achtung begann das Klima der Diskussion und erste Versuche gemeinsamer Forschung zu bestimmen.

Hoffnung kam auf, daß es doch noch möglich sein würde, eine umfassende wissenschaftliche Darstellung sowohl der Macht des Faschismus in Deutschland als auch des antifaschistischen Widerstandes zu erarbeiten und zu publizieren.

Der "Historikerstreit", Mitte der 80er Jahre, dokumentierte aber auch, daß in der Bundesrepublik andere Kräfte am Werke waren, denen die ganze Richtung nicht paßte, die eine "Neubewertung" der Geschichte des Dritten Reiches und seiner Gegner anstrebten.

Der Anschluß der DDR an die BRD 1989/90 führte auch auf dem Gebiet der Geschichtsschreibung über das 20. Jahrhundert zu einer vollkommen neuen Situation. Der bis 1989 mühsam erreichte Stand, ein umfassendes und differenziertes Bild deutscher Geschichte zwischen 1933 und 1945 zu gewinnen, ist bereits wieder weitgehend aufgehoben worden.

Eine umfassende Analyse dieser alarmierenden Tendenz ist noch nicht möglich. Vier Akzente seien angedeutet:

- Der Anteil verschiedener politischer und sozialer Kräfte am Widerstand wird im Gegensatz zu vorliegenden Forschungsergebnissen einseitig und verzerrt dargestellt. Dies geschieht besonders zuungunsten der Parteien und Organisationen der Arbeiterbewegung, vor allem hinsichtlich des Einsatzes der Kommunisten im Widerstand.

- Das Bild über Gegenstand, Inhalt und Formen des Widerstands ist verschwommener geworden. Weniger Bedeutendes tritt in den Mittelpunkt, während das Hitlerregime ernsthaft behindernde Aktionen und Handlungen zurücktreten bzw. keine Erwähnung mehr finden.

- Die langjährigen Forschungen von Historikern der DDR zum antifaschistischen Widerstand werden fast völlig negiert. Zum Teil gilt dies auch für von der Vereinigung der Verfolgten des Naziregimes - Bund der Antifaschisten angeregte Untersuchungen, wie sie sich u. a. in der vom Röderberg-Verlag, Frankfurt am Main, ab 1969 publizierten "Bibliothek des Widerstandes" widerspiegeln.

- Die Beziehungen zwischen den deutschen Gegnern des NS-Regimes und der internationalen antifaschistischen Widerstandsbewegung werden weitgehend ignoriert. Der herausragende Anteil des Sowjetvolkes am Sieg über den internationalen Faschismus findet unzureichende Beachtung

Die am 8. Mai 1985 vor dem Bundestag in Bonn anläßlich des 40. Jahrestages der Beendigung des Zweiten Weltkrieges geäußerten nachfolgenden Gedanken des Bundespräsidenten Richard von Weizsäcker werden durch diese Tendenzen in Frage gestellt:

"Wir gedenken aller Völker, die im Krieg gelitten haben, vor allem der unsäglich vielen Bürger der Sowjetunion und der Polen, die ihr Leben verloren haben. ...

Wir denken an die Opfer des Widerstandes in allen von uns besetzten Staaten.

Als Deutsche ehren wir das Andenken der Opfer des deutschen Widerstandes, des bürgerlichen, des militärischen und glaubensbegründeten, des Widerstandes in der Arbeiterschaft und bei Gewerkschaften, des Widerstandes der Kommunisten.

Wir gedenken derer, die nicht aktiv Widerstand leisteten, aber eher den Tod hinnahmen, als ihr Gewissen zu beugen."[4]

Die Frauen und Männer, über die in diesem Buch berichtet wird, waren Teilnehmer des deutschen und europäischen antifaschistischen Widerstandes. In unterschiedlicher Weise haben sie alle im Zweiten Weltkrieg gegen den Hitlerfaschismus gekämpft, u. a. in Deutschland, Frankreich, Großbritannien, Italien, Mexiko, Österreich, Polen, der Sowjetunion und der Tschechoslowakei. Deshalb wurden sie von Deutschen verfolgt und terrorisiert.

Im Unterschied zu vielen ihrer Freunde erlebten sie das Ende des Krieges.

Zum Hauptinhalt ihres weiteren Lebens wurde der Einsatz für die vollständige Vernichtung des Faschismus, einschließlich seiner Wurzeln, als Weg zur Verbannung des Krieges von der Erde.

Die Zeit nach 1945 war für sie reich an Licht und Schatten, an Freuden und Enttäuschungen, an Angriffen und Demütigungen, nicht nur von Feinden, sondern auch von vermeintlichen Freunden.

Mit dem Schicksal dieser Menschen sind Tatsachen, moralische Werte, aber auch Erfahrungen verbunden, die nicht vergessen werden dürfen und auch im 21. Jahrhundert Beachtung finden sollten.

Das Besondere des Buches besteht darin, daß ich alle diese Personen kenne, daß sich unsere Wege in den letzten 35 Jahren kreuzten. Die Kontakte, woraus später auch manche Freundschaft erwuchs, entstanden in Verbindung mit meinen Forschungen zum antifaschistischen Widerstand.

So trägt die Publikation auch dazu bei, das Bild über die Auseinandersetzung mit Faschismus und Antifaschismus in beiden deutschen Staaten zwischen 1945 und 1989 zu erweitern. Sie bestätigt die Erkenntnis, daß die deutsche Nachkriegsgeschichte nicht allein aus der Sicht des Endes der DDR zu beurteilen ist. Deutlich wird, daß die Einschätzung der Enquetekommission des Bundestages über die Geschichte der DDR einseitig und im Gegensatz zur historischen Wahrheit steht.

Die biographischen Skizzen fußen auf Befragungen, auf ungedruckten, bisher oft nur wenig bekannten Quellen, die größtenteils in Privatbesitz sind. Dazu zählt auch eine umfangreiche Korrespondenz. Die Lebensbilder werden durch Fotos und andere persönliche Zeugnisse ergänzt. Darüber hinaus finden 24 Dokumente zum antifaschistischen Widerstand. und zur Nachkriegszeit Aufnahme.

Soweit in zentralen Archiven in Berlin, Düsseldorf, Frankfurt am Main, Koblenz und Potsdam Akten über die Personen vorhanden waren und Zugang bestand, erfolgte deren Auswertung. Ebenfalls wurden relevante Angaben aus der historischen Literatur berücksichtigt.

Durch den derzeitigen Stand der Forschungen zum antifaschistischen Widerstand zwischen 1933 und 1945 sowie zur Auseinandersetzung mit dem Hitlerfaschismus und seinem Erbe in Nachkriegsdeutschland sind auch Grenzen für die Darstellung des Lebens der in diesem Buch vorgestellten Frauen und Männer gesetzt.

Im Anhang dieses Bandes erscheint zur Information des Lesers eine Auswahlbibliographie[5] von in der Nachkriegszeit in beiden deutschen Staaten erschienener Literatur zum antifaschistischen Widerstand. Im Unterschied zu der Mehrzahl der seit 1990 in der Bundesrepublik herausgegebenen Bücher zu diesem Gegenstand sind dabei Publikationen von Autoren aus der DDR nicht ausgegrenzt worden.

Eine aus der Sicht der Gegenwart dringend erforderliche umfassende wissenschaftliche und publizistische Auseinandersetzung mit dem Hitlerfaschismus als politische Bewegung und Träger der Macht zwischen 1933 und 1945 sowie seiner Gegner ist ohne vollständige Beachtung der in den zurückliegenden fast fünf Jahrzehnten entstandenen Literatur und der Auswertung aller erhalten gebliebenen Quellen in Archiven, Bibliotheken und in Privatbesitz undenkbar. Ein anderes Verhalten würde erneut der Unterordnung der Wissenschaft für politische Interessen dienen.

Ohne die Hilfe von Freunden und Teilnehmern am antifaschistischen Widerstand wäre die Entstehung dieses Buches unmöglich gewesen.

Mein besonderer Dank gilt, neben allen Personen, deren Leben skizziert wird: Inge Aicher-Scholl, Dr. Alan Brier, Dr. Barbara Bromberger, Martha Buschmann, Dr. Jutta von Freyberg, Heidi Jahnke, Dr. Hana Krácmarová, Lidia Kirsch, Juri Lambin, Elizabeth Merson, Reinhard Müller, Gertrud Oppenheimer, Susanne Riemenschneider, Ulla Rühl, Dr. Bernd A. Rusinek, Toni Ruzicka, Ulrich Sander, Ruth Thiel und Dr. Günter Wehner.

Weiterhin danke ich dem Bundesarchiv Koblenz, dem Bundesarchiv, Abteilungen Potsdam, der Stiftung Archiv der Parteien und Massenorganisationen der DDR im Bundesarchiv Berlin, dem Hauptstaatsarchiv Düsseldorf und dem Studienkreis Deutscher Widerstand, Frankfurt am Main für die Unterstützung.

Rostock, im Juni 1994

Anmerkungen

1 Zit. nach: Thomas Mann, Deutsche Hörer! Leipzig 1975, S. 131

2 Zit. nach: Günther Weisenborn. Der lautlose Aufstand. Berichte über die Widerstandsbewegung des deutschen Volkes 1933 - 1945, Frankfurt am Main 1974, S. 170

3 In dem 1994 im S. Fischer Verlag Frankfurt am Main erschienenen "Lexikon des deutschen Widerstandes" findet z. B. von den sieben in diesem Buch vorgestellten deutschen Antifaschisten nur Elfriede Paul Erwähnung.

4 Zit. nach: Bulletin des Presse- und Informationsamtes der Bundesregierung, Nr. 52/S. 442, 9. Mai 1985

5 Detaillierte Literaturangaben sind u. a. enthalten in den Bibliographien: Rudi Goguel. Antifaschistischer Widerstand und Klassenkampf. Die faschistische Diktatur 1933 bis 1945 und ihre Gegner. Bibliographie deutschsprachiger Literatur aus den Jahren 1945 bis 1973, Berlin 1976; Ursel Hochmuth. Faschismus und Widerstand 1933 - 1945. Ein Literaturverzeichnis. Frankfurt am Main 1973. Der Verf. hat 1991 eine erste Bilanz über die Forschung in der DDR zum antifaschistischen Widerstand zu ziehen versucht. Der Literaturbericht erschien 1993 in Rom. Vgl. Karl Heinz Jahnke. Studi e ricerche sulla Resistenza dal 1933 al 1945 nella Ex-Repubblica Democratica Tedesca, in: DIMENSIONI E PROBLEMI DELLA RICERCA STORICA, Rom, 1/1993, S. 197 - 218

Bohdan Rossa und Anna Rossova (Tschechoslowakei)

Am 15. März 1939 besetzten deutsche Truppen Prag und die restlichen Gebiete der tschechoslowakischen Republik. Der im Herbst 1918 gegründete Staat hörte auf zu bestehen. An seine Stelle trat, entsprechend einer Entscheidung der Naziregierung unter Adolf Hitler, das Protektorat Böhmen und Mähren.

In der tschechoslowakischen Bevölkerung gab es gegen diesen Willkürakt von Beginn an Ablehnung und Empörung. Am 28. Oktober 1939, dem 21. Jahrestag der Gründung der tschechoslowakischen Republik, kam es zu einer offenen Konfrontation zwischen antifaschistischen Kräften aus allen Teilen der Bevölkerung und der deutschen Besatzungsmacht. An diesen Aktionen waren zahlreiche tschechische Studenten beteiligt. Als Antwort der Besatzungsbehörden erfolgte am 17. November 1939 die Schließung aller tschechischen Hochschulen. In der Nacht vom 16. zum 17. November wurden in Prag, Brünn und Pribram ungefähr 1300 Studenten verhaftet. Die Mehrzahl von ihnen kam in den folgenden Tagen in das Konzentrationslager Sachsenhausen vor den Toren Berlins. Unter ihnen war der 21jährige Student der Medizin der Universität Brünn, Bohdan Rossa.[1]

Zwanzig Jahre später, am 23. Oktober 1959, hat er über diese Ereignisse auf der ersten wissenschaftlichen Konferenz über den antifaschistischen Widerstandskampf der Studenten Europas zwischen 1933 und 1945 an der Ernst-Moritz-Arndt-Universität in Greifswald[2] berichtet:

"Warum wurden alle tschechischen Hochschulen geschlossen? Warum wurden die Brünner und Pribramer Studenten verhaftet, obwohl sie nicht demonstrierten? Warum wurden neun Studenten - angeblich Studentenführer - ermordet, von denen die Mehrheit - das ist eine Ironie in der Geschichte - politisch rechts orientiert war und sogar die Notwendigkeit der Zusammenarbeit mit den Okkupanten verteidigte. Ebenfalls die Wahl der verhafteten Studenten bewies, daß es sich nicht um bestimmte Personen handelte, nicht um ihre politische Gesinnung, sondern um eine gewisse Zahl, welche von höheren Stellen zu verhaften angeordnet wurde. So geschah es, daß sich im Konzentrationslager kommunistische Studenten mit Studenten, die rechts orientierten politischen Organisationen angehörten, trafen. Dies und eine ganze Reihe anderer Umstände bewies, daß es sich nicht um Repressalien wegen einer Studentendemonstration handelte, sondern daß die Verhaftung der Studenten eine der ersten geplanten Aktionen, die gegen das tschechische Volk gerichtet waren und die den Anfang seiner Liquidation bedeuten sollten, war.

Anstatt die tschechischen Hochschulen nach Verlauf der dreijährigen Frist wieder zu öffnen, hat man einigen Kategorien von Studenten, z. B. den Medizinern, die Möglichkeit angeboten, sich auf einer der deutschen Hochschulen zum

Studium einzuschreiben. Doch nicht in Prag, sondern im Reich. Nach strenger Untersuchung auf Rassenreinheit des Ansuchenden und einiger seiner Vorfahren und vor allem nach der Prüfung in deutscher Sprache wurden die ausgewählt, die in einem deutschen Milieu zu deutschen Volksgenossen erzogen werden sollten. Schrittweise sollte dann eine derartige Selektierung in allen Schichten des tschechischen Volkes durchgeführt werden. Danach sollte die ganze Nation 'übersiedelt' werden, etwa so, wie es mit den Juden geschah ...

Wenn von fast 1300 internierten Studenten die Mehrheit, obgleich mit untergrabener Gesundheit, heimkehrte, dann verdankt sie es zum großen Teil der tapferen, unter Lebenseinsatz geleisteten moralischen und materiellen Hilfe der deutschen Antifaschisten in den Konzentrationslagern."[3]

Vom November 1939 bis zum 22. Dezember 1942 war Bohdan Rossa Gefangener im KZ Sachsenhausen mit der Häftlingsnummer 15128.[4] Diese drei Jahre haben im Leben des jungen Mannes unauslöschbare Zeichen gesetzt und seinen weiteren Weg maßgeblich geprägt.

Bohdan Rossa ist am 11. Juli 1918 in einer Bergarbeiterfamilie in Ostrava im mährischen Teil der Tschechoslowakei geboren worden. In der Familie, zu der noch zwei ältere Schwestern gehörten, erlebte der Junge Geborgenheit und Harmonie. Dem fünfjährigen Besuch der Volksschule schloß sich die Ausbildung an einem Gymnasium an . Am Ende der dreizehnjährigen Schulzeit stand 1937 das Abitur und somit die Voraussetzung, um im Wintersemester des gleichen Jahres an der Universität Brünn ein Medizinstudium beginnen zu können.

Unter dem Einfluß der Eltern schloß sich Bohdan Rossa an der Volksschule einem Arbeitersportverein an. Turnen und Leichtathletik bereiteten ihm Freude und Entspannung. Am Gymnasium wurde er 1934 Mitglied des Kommunistischen Jugendverbands. In dessen Reihe sah er die günstigste Möglichkeit, die tschechoslowakische Republik zu verteidigen und eine faschistische Entwicklung, wie sie seit dem 30. Januar 1933 in dem deutschen Nachbarland stattfand, zu verhindern.

An der Brünner Universität war Bohdan wegen seiner antifaschistischen Haltung bekannt und geachtet.

In den frühen Morgenstunden des 17. November 1939 umstellten deutsche SS-Einheiten das Studentenheim, in dem Bohdan Rossa wohnte. Alle Studenten wurden verhaftet und die Mehrzahl von ihnen einige Stunden später nach Prag transportiert. Von hier aus kamen sie am 20. November zusammen mit den Prager Studenten in das KZ Sachsenhausen.

Unvergessen blieben ihm immer die Grausamkeiten und Verbrechen der SS-Wachmannschaften an unschuldigen Menschen vieler Nationen. Besondere Erschütterung rief im Herbst und Winter 1941 die Ermordung von ungefähr 18 000 sowjetischen Kriegsgefangenen in Sachsenhausen hervor.

Für die tschechischen Studenten waren die Hilfe und Unterstützung vor allem durch die deutschen Antifaschisten, die wegen ihres Widerstands gegen die NS-Diktatur zu den ersten Gefangenen dieses 1936 errichteten Konzentrations zählten, lebenswichtig.

Bohdan Rossa beteiligte sich am Widerstand in Sachsenhausen. In dieser Zeit entstanden enge Beziehungen zu deutschen und tschechoslowakischen Kommunisten und anderen Antifaschisten.

Weihnachten 1942 konnte Bohdan Rossa zu seinen Eltern nach Ostrava zurückkehren. Nur mit Mühe gelang es ihm, bei einer Baufirma eine Anstellung als Hilfsarbeiter zu erhalten. Seine Bewegungsfreiheit war aber durch die Gestapo stark eingeschränkt.

Im Sommer 1944, als die Nazibehörden auch in der Tschechoslowakei ihren Terror gegen die Kräfte des Widerstands und der Opposition verstärkten, zählte Bohdan Rossa am 7. Juli 1944 zu den Personen, die verhaftet wurden. Er kam in ein Zwangsarbeitslager in Mittelböhmen, wo die Häftlinge hauptsächlich zu Erdarbeiten, u. a. zum Bau von Verteidigungsanlagen, eingesetzt wurden.

Am 2. Mai gelang es ihm zu fliehen und sich bis nach Prag durchzuschlagen. Als hier am 5. Mai der Aufstand zur Befreiung der Stadt von deutschen Wehrmachts- und SS-Einheiten begann, gehörte Bohdan Rossa zu denjenigen, die Barrikaden bauten und den bewaffneten Kampf führten. Am 9. Mai war er unter den Zehntausenden, die in den Straßen Prags den Sieg des Aufstands und das Ende des Zweiten Weltkriegs in Europa feierten.

Am 16. Mai kehrte er zu den Eltern nach Ostrava zurück und trug in seiner Heimatstadt dazu bei, die unmittelbaren Folgen des Krieges und der deutschen Besetzung zu beseitigen.

Im Wintersemester 1945 waren die Voraussetzungen wieder gegeben, um das vor sechs Jahren durch die Deutschen gewaltsam unterbrochene Medizinstudium fortzusetzen. Nach wie vor war es sein Wunsch, Arzt zu werden. Zunächst schien dies auch möglich zu sein.

Bohdan Rossa half in Brünn den Neubeginn demokratischer Jugendarbeit, vornehmlich unter den Studenten, zu organisieren. Seine Kommilitonen delegierten ihn 1945 zu der ersten internationalen Studentenkonferenz in Prag, ein Jahr später zählte er zu den Gründern des Internationalen Studentenbundes.[5]

Als Konsequenz aus ihren Erlebnissen im Konzentrationslager und im Widerstand wurden Bohdan Rossa und einige seiner Freunde 1945 Mitglied der Kommunistischen Partei der Tschechoslowakei. In ihrem Programm und in ihrem Wirken sahen sie die besten Voraussetzungen dafür, daß in ihrem Heimatland stabile demokratische Verhältnisse entstanden, damit sich die Vergangenheit niemals wiederholt.

In dieser Zeit wurden vielerorts Menschen gebraucht, die bereit waren, sich selbstlos für das Neue einzusetzen. Dies war wiederholt mit persönlichen Nachteilen und Opfern verbunden. So wurde Bohdan Rossa im Sommer 1947 vorgeschlagen, sein Medizinstudium aufzugeben und eine Tätigkeit im Zentralkomitee der Kommunistischen Partei in Prag aufzunehmen. Dies bedeutete, nicht Arzt werden zu können, sondern künftig als politischer Funktionär tätig zu sein. Aufgrund seiner engen Verbundenheit mit der KPTsch war er dazu bereit. In den nächsten vier Jahren arbeitete er im Zentralkomitee größtenteils auf kulturpolitischem Gebiet. Zeitweise war er der Vertreter der KPTsch im Verband der Filmschaffenden. Bei der Zusammenarbeit mit Vertretern des Informationsministeriums lernte er 1948 seine spätere Frau, Anna Misarová, kennen. Sie arbeitete dort seit Juni 1945 als Sekretärin.

Anna Misarová ist am 23. November 1925 in Chust in der Karpatho-Ukraine geboren worden, wo sie auch die ersten beiden Lebensjahre verbrachte.[6] Dann zogen ihre Eltern nach Prag. Die Mutter, Dr. Lenke Misarová, eine Jüdin, arbeitete als Sprachwissenschaftlerin im Fach Ungarisch an der Karls-Universität. Der Vater, Engelbert Misarov, war als Angestellter bei einer Sparkasse beschäftigt. In der Familie wurde tschechisch, ungarisch und deutsch gesprochen.

1936, infolge des Todes der Mutter im Alter von 39 Jahren, mußte die Tochter zunächst zu Verwandten in ihre Geburtsstadt zurückkehren. 1938, nach der Münchener Konferenz, wurde dieses Territorium von der Tschechoslowakei abgetrennt und kam zu Ungarn.[7] Das erleichterte später den Umzug des jungen Mädchens zu Verwandten nach Budapest. Hier konnte sie, trotz zunehmender Verfolgung der jüdischen Bevölkerung, eine höhere Schule besuchen und 1944 das Abitur ablegen.

Anna Misarová fühlte sich mit der ungarischen Sprache und Kultur eng verbunden und liebte Budapest. Ihre eigentliche Heimat aber war die Tschechoslowakei mit ihren reichen demokratischen Traditionen. Nach dem Zweiten Weltkrieg nutzte sie deshalb die erste sich bietende Möglichkeit, um nach Prag zurückzukehren. Am 19. Mai 1945 gelang es ihr, bei Wiederaufnahme des Reiseverkehrs eine Fahrkarte für den Zug zu bekommen, der von Kosice nach Prag fuhr. Da sie die Anschrift ihres Vaters bei ihrer Ankunft nicht kannte, infolge der deutschen Besetzung war 1939 der Kontakt zwischen ihnen abgerissen, lebte sie zunächst bei entfernten Verwandten.

Noch im Mai 1945 wurde die 19jährige im Informationsministerium vorstellig, um hier einen Arbeitsplatz zu erhalten. Dafür brachte sie aus Budapest eine entsprechende Empfehlung mit. Von Januar 1945 bis zu ihrer Abreise hatte sie bei dem Tschechoslowakischen Komitee in Budapest, aus dem später die tschechoslowakische Botschaft in Ungarn hervorging, gearbeitet.

Am 15. Juni 1945 konnte die junge Frau im Informationsministerium im Bereich der Kulturarbeit ihre neue Tätigkeit als Sekretärin beginnen. In dieser Stellung war sie bis 1951 tätig.

Am 12. März 1949 heiratete sie Bohdan Rossa, und am 12. September des gleichen Jahres wurde ihr gemeinsamer Sohn Vladimir geboren.

Trotz der hohen Belastungen im Beruf und im politischen Leben war die Wohnung der Familie Rossa immer für Freunde und Ratsuchende offen. Beide Partner waren vielseitig gebildet und interessiert. Die schmerzlichen Erfahrungen aus der Zeit von Faschismus und Krieg prägten entscheidend ihre Gemeinsamkeit und die Beziehung zu anderen Menschen.

1951 stand vor der jungen Familie eine große Belastung und Bewährung. Bohdan Rossa wurde plötzlich aus dem Kreis der Mitarbeiter des ZK der KPTsch entlassen. Dies stand offensichtlich mit der "Säuberungsaktion" zur Zeit des Slánský-Prozesses in Verbindung.[8] Da er in einem deutschen Konzentrationslager gewesen und noch während des Krieges entlassen worden war, umfangreiche Kontakte zu seinen ehemaligen deutschen Mitgefangenen sowie Häftlingen aus anderen westeuropäischen Ländern unterhielt, galt er plötzlich als unzuverlässig und als Gefahrenquelle für eine angeblich verstärkte Tätigkeit imperialistischer Geheimdienste. Auch seine Frau Anna verlor ihren Arbeitsplatz im Kulturministerium. Dies war offensichtlich eine Folge der Ausgrenzung ihres Mannes. Eine Rolle kann dabei auch gespielt haben, daß zu diesem Zeitpunkt in der Tschechoslowakei antisemitische Tendenzen zunahmen.

Da Anna Rossova als gute Fachkraft geschätzt und beliebt war und eine Reihe Freunde unter Schriftstellern und anderen Künstlern hatte, gelang es ihr zunächst eine Anstellung in der Kommission für die Beziehungen mit dem Ausland zu erhalten. Sie arbeitete auf dem Gebiet der Verbindungen zwischen der Tschechoslowakei und Ungarn. 1953, nach dem Slánský-Prozess, verlor sie auch diesen Arbeitsplatz. Nach längerem Suchen glückte es ihr, als Lektorin und Übersetzerin vom Ungarischen ins Tschechische arbeiten zu können. Diese Aufgabe füllte ihr ganzes weiteres Leben aus. In vier Jahrzehnten hat sie zahlreiche literarische und wissenschaftliche Werke übersetzt und lektoriert. Sie wurde in der Tschechoslowakei zur ersten Fachkraft auf diesem Gebiet.

Ihr Mann bekam 1952 im Gesundheitsministerium im Bereich der populärwissenschaftlichen Propaganda Arbeit. Zu dieser Zeit begann in der Tschechoslowakei die Aktion "Wie lebt man gesund?" 1952/53 mußte Bohdan Rossa mehrere Monate an einem Einsatz in der Produktion im Kohlebergbau teilnehmen. Nach seiner Rückkehr erfüllte er bis 1956 untergeordnete Aufgaben im Gesundheitsministerium.

Unter dem Einfluß des XX. Parteitages der KPdSU kam es 1956/57 auch in der Tschechoslowakei zu Veränderungen. Ausgrenzungen, Repressalien und Verfolgungen "unliebsamer Personen" wurden teils aufgehoben bzw. eingeschränkt.

Von 1956 bis 1960 bekam Bohdan Rossa die Leitung der marxistischen Weiterbildung der Ärzte in der Tschechoslowakei übertragen. Seine Vorträge und Seminare waren beliebt, da sie auf fundiertem Wissen fußten und frei von Propagandalosungen waren. Den Zuhörern stand ein ehrlicher Mensch gegenüber, der sein Wissen sowie seine reichen Erfahrungen aus dem Medizinstudium und dem politischen Leben an seine Hörer weitergab. Trotz erlittener persönlicher Rückschläge und Ungerechtigkeiten strahlte er eine tiefe kommunistische Überzeugung aus, zwischen Wort und Tat bestand bei ihm stets eine Einheit.

In diesen Jahren eröffneten sich für ihn auch Möglichkeiten vielfältiger internationaler Tätigkeit und Kontakte. Bereits unmittelbar nach dem Krieg hatte Bohdan Rossa als Vertreter der tschechischen Studenten, die im Konzentrationslager Sachsenhausen waren, im zentralen Komitee ehemaliger Häftlinge mitgearbeitet. Seit 1958 gehörte er dem Internationalen Sachsenhausenkomitee an. Für sein Ansehen und seine Beliebtheit sprachen, daß er später zum stellvertretenden Vorsitzenden dieses internationalen Gremiums gewählt wurde. Beonders lag ihm die Vermittlung der Erlebnisse und Erfahrungen aus der Zeit des antifaschistischen Widerstands[9] an junge Menschen am Herzen.

Seit 1960 war Bohdan Rossa Vorsitzender der Kommission des Verbandes der tschechoslowakischen Antifaschisten für die Arbeit unter der Jugend.

Beruflich trat für ihn 1960 eine einschneidende Veränderung ein. Aufgrund seiner Erfahrungen und Erfolge in der Weiterbildung der Ärzte wurde er beauftragt, in der Plankommission der Regierung der CSR die Weiterbildung auf dem Gebiet der Ökonomie zu organisieren. Um selbst für die Aufgabe entsprechend gerüstet zu sein, begann Bohdan Rossa 1960 ein Fernstudium auf dem Gebiet der Ökonomie, das er 1964 als Diplomingenieur abschloß.

In diesen Jahren wurden von ihm vielfältige Aufgaben gelöst. Gleichzeitig bedrückten ihn und seine Frau immer deutlicher werdende Tendenzen der Stagnation in der Entwicklung der Tschechoslowakei. Der Widerspruch zwischen den Zielen sozialistischer Regierungspolitik und der Realität des Alltags wurde immer offensichtlicher. Um eine Änderung zu erreichen, unterstützten Anna und Bohdan Rossa die Politik Alexander Dubceks und anderer Reformkommunisten für einen demokratischen Sozialismus in der Tschechoslowakei. Auch viele andere Sachsenhausener setzten sich für dieses Ziel ein.

Bohdan Rossa verfolgte aber auch mit Sorge, wie sozialismusfeindliche Kräfte im In- und Ausland die Entwicklung in der Tschechoslowakei für ihre Ziele auszunutzen versuchten.

Am 11. Juli 1968 beging Bohdan Rossa seinen 50. Geburtstatg. Aus diesem Anlaß wurde er durch Alexander Dubcek mit dem höchsten tschechoslowakischen Orden "Held der Arbeit" geehrt. Der Orden bedeutete für ihn eine Anerkennung seines Lebenswerkes und war auch eine Rehabilitierung für unberechtigte Angriffe und Demütigungen in den Jahren 1951 bis 1956.

Durch den Einmarsch sowjetischer Truppen und militärischer Verbände anderer Staaten des Warschauer Vertrages in Prag am 21. August 1968 wurde der Versuch zur Reform des Sozialismus zerstört. Überall in der Welt herrschten tiefe Enttäuschung und Unverständnis, aber auch viel Zorn und Verzweiflung. Besonders betroffen reagierte die Mehrheit der Bevölkerung der Tschechoslowakei selbst.

Die Ereignisse vom August 1968 markierten einen tiefen Einschnitt in der Entwicklung der Tschechoslowakei und der Welt. Die Auseinandersetzungen darüber hinterließen tiefe Spuren in der Arbeiterbewegung und vielen demokratischen Organisationen sowie außerparlamentarischen Bewegungen. Konflikte und Risse entstanden, die später oft nicht mehr zu schließen waren.

Besonders kompliziert gestaltete sich die innere Entwicklung in der Tschechoslowakei. Bis in einzelne Familien hinein gingen die Spannungen und Brüche, so auch in der Familie Rossa.

Anna Rossova erklärte offen, daß sie nicht einverstanden sei mit dem Einmarsch der sowjetischen Truppen in Prag. Sie sehe darin einen großen politischen Fehler. Diese Haltung hatte zur Folge, daß sie aus den Reihen der KPTsch gestrichen wurde und ihre Stellung als Redakteurin im Parteiverlag verlor. Aufgrund ihrer hohen Fachkompetenz erhielt sie aber weiterhin Aufträge als Übersetzerin.

Aus dem Kreis der Freunde erlebten viele ein gleiches Schicksal, andere verließen aus Furcht vor Repressalien bzw. aus Protest ihr Heimatland.

Bohdan Rossa war mit seiner Partei und dem, was trotz aller Unvollkommenheiten und Widersprüche seit Kriegsende in der CSR geschaffen worden war, so eng verbunden, daß er den Schritt einer Trennung von der KPTsch nicht vollziehen konnte, obwohl ihm die Entwicklung größte Sorgen bereitete. Sehr belasteten ihn die Auseinandersetzungen mit seiner Frau und dem Sohn Vladimir. Wiederholt spielte dabei auch der Vorwurf eine Rolle, daß er sich als Antifaschist und langjähriger Kommunist zu wenig gegen antisozialistische Tendenzen zur Wehr gesetzt hätte.

An der beruflichen Tätigkeit in der Plankommission hatten die Ereignisse vom August 1968 zunächst nichts geändert. Ein Einschnitt trat erst im April 1971 ein, als Bohdan Rossa den Vorschlag annahm, seine bisherige Tätigkeit aufzugeben und künftig als Sekretär im Verband der tschechischen antifaschistischen Widerstandskämpfer, (Ceského Svazu Protifasistickych Bojovniku) zu arbeiten.

Im Zentrum seiner neuen Tätigkeit stand die Arbeit mit der Jugend. Sehr viel tat er dafür, jungen Menschen fundierte Kenntnisse über Faschismus und Krieg sowie den antifaschistischen Widerstand zu vermitteln. Dies geschah in untrennbarer Einheit zu den Werten und Idealen des internationalen Kampfes gegen den Hitlerfaschismus, für eine neue Welt des Friedens, der sozialen Gerechtigkeit, der Freiheit und Demokratie. Verständlich ist, daß die Ereignisse vom 17. November 1939 in seinem Wirken besondere Beachtung fanden. So schrieb Bohdan Rossa in einem Brief vom 29. November 1972:

"In den letzten 10 Tagen habe ich zu 1500 jungen Leuten, hauptsächlich Hochschülern, gesprochen über die Tradition des 17. November 1939. In diesem Zusammenhang wird Dich vielleicht interessieren, daß man im Archiv einen Bericht von der Beratung, die am 16. November 1939 bei Hitler stattgefunden hat und wo man beschlossen hat, die tschechischen Hochschulen zu schließen, gefunden hat. Der Brief ist von Heinrich Himmler unterschrieben."[10]

Vielseitig war in diesen Jahren auch die Mitarbeit von Bohdan Rossa im Internatioalen Sachsenhausenkomitee. Neben den turnusmäßigen Tagungen, die u.a. in Berlin, Kopenhagen, Moskau und Paris stattfanden, nahmen die Begegnungen mit ehemaligen Kampfgefährten, die zu festen Freunden geworden waren, einen bedeutenden Platz ein. Das gesamte Leben Bohdan Rossas war von diesen Beziehungen gegenseitiger Achtung und Zuneigung auf der Basis der gemeinsamen Ideale und Werte des Antifaschismus geprägt. Zu seinen deutschen Freunden, mit denen er im KZ Sachsenhausen erstmals zusammengetroffen war, zählten u.a. Christian Mahler, Harry Naujoks, Hans Seigewasser und Rudi Wunderlich.

Besondere Aufmerksamkeit widmete Bohdan Rossa in den 70er Jahren den Forschungen zur Geschichte des antifaschistischen Widerstands. Dies schloß die Unterstützung für verschiedene Projekte in anderen Ländern ein. Als 1970 im Röderberg-Verlag in Frankfurt am Main der erste Band eines größeren Projekts zur Erforschung des Anteils der deutschen Jugend am antifaschistischen Widerstand zwischen 1933 und 1945 erschien, schrieb er dazu am 6. Februar 1971:

"Das Buch freute mich, (weil) Ihr so systematisch die Geschichte des Kampfes der jungen Antifaschisten bearbeitet. Das dient meiner Meinung nach nicht nur der Geschichtsschreibung, sondern auch den aktuellen Aufgaben in der Jugendarbeit. Diese Angelegenheiten haben mich immer interessiert. Doch jetzt noch viel mehr. Seit Herbst des vorigen Jahres habe ich in unserem Verband (SPB) die Fragen der Arbeit mit der Jugend, sozusagen, auf dem Halse. Wir bemühen uns, den Einfluß der Traditionen des antifaschistischen Kampfes in dem Erziehungsprozeß zu stärken. Wir fangen u. a. auch an, die Geschichte des antifaschistischen

Kampfes der Jugend zu bearbeiten. Zur Zeit ist eine Broschüre erschienen. Es sind eigentlich zehn Porträts jugendlicher Helden des antifaschistischen Widerstandes. Ende März kommt ein Sammelbuch heraus, das die Geschichte des 17. November 1939 in kurzen Episoden und Erinnerungen von Augenzeugen schildert. Es sind zwar zwei verschiedene Bücher, doch eins haben sie gemeinsam: in beiden Büchern geht es um den Kampf gegen den Faschismus, und in beiden Büchern geht es um junge Leute. Ich bin jetzt sehr gespannt, was für ein Ergebnis wir erzielen werden."[11]

Als 1972 in München die Olympischen Sommerspiele stattfanden, zählte Bohdan Rossa zu den Ausländern, die das Vorhaben der VVN-Bund der Antifaschisten unterstützten aus diesem Anlaß ein Buch[12] und eine Ausstellung über den Anteil von Sportlern am Widerstand gegen den Hitlerfaschismus anzufertigen. Von ihm stammen das Dokument "Berlin - kein geeigneter Ort für die Olympiade", ein Brief des Rektors der Prager Kunstakademie, Prof. Jakub Obrovský, und der Bericht über Proteste in Prag, als 1936 die Olympiafackel die tschechoslowakische Hauptstadt erreicht hatte.[13]

Bohdan Rossa übergab weiter Informationen über die Mitarbeit des mehrfachen tschechoslowakischen Marathonmeisters, Oskar Heks, im Internationalen Komitee zur Verteidigung des olympischen Gedankens. Aufgrund seiner Aktivitäten hatte dieser Sportler bereits den Zorn des Hitlerregimes auf sich gezogen. Nach der Besetzung Prags durch die Wehrmacht im März 1939 zählte er zu den Tschechen, die besonders verfolgt wurden. Am 24. November 1941 gelang es der Gestapo, ihn in zu Prag verhaften und in das KZ Theresienstadt zu verschleppen. Von dort brachte sie ihn am 6. November 1943 in das KZ Auschwitz, wo er zwei Tage später im Alter von 35 Jahren den Tod fand.[14]

Bohdan Rossa und Anna Rossova unterstützten auch Forschungen zur Entwicklung der internationalen antifaschistischen Studentenbewegung von der Mitte der 30er Jahre bis zur Gründung des Internationalen Studentenbundes im August 1946 in Prag.[15]

1977 ging es maßgeblich auf Bohdan Rossas Initiative zurück, daß in Theresienstadt eine Ausstellung der Mahn- und Gedenkstätte Sachsenhausen über den antifaschistischen Widerstand im KZ Sachsenhausen gezeigt wurde.

Die Tätigkeit im Verband der tschechischen antifaschistischen Widerstandskämpfer erforderte viel Kraft. Doch in der begrenzten Freizeit musizierte Bohdan Rossa mit großem Vergnügen in einer Zimbalkapelle, in der sich einige Freunde aus dem Widerstand zusammengefunden hatten.

In den Ferien zog es ihn immer wieder in die Wälder und Berge seiner mährischen Heimat oder zu Freunden in die Umgebung von Brünn. Unter seinen Gastgebern waren angesehene Professoren, die mit ihm zusammen zwischen

1937 und 1947 Medizin studiert hatten.

Kurz vor seinem 60. Geburtstag riß eine schwere Erkrankung Bohdan Rossa aus dem gewohnten Leben. Obwohl ihn diese Tatsache sehr belastete, hoffte er doch, bald wieder gesund zu sein. So schreibt er in einem Brief vom 14. Mai 1978:

"Außerdem bin ich das erstemal in meinem Leben krank und bin schon sechs Wochen zu Hause. Es ist nichts Ernstes, es handelt sich um eine Neurose, die ich mit verschiedenen Pillen und Ruhe zu bekämpfen versuche. Und das muß mich gerade in diesem Jahr, in welchem ich 60 Jahre alt werde, treffen."[16]

Im Sommer 1978 schien Bohdan Rossa sich nach mehrmonatiger Pause wieder erholt zu haben. Aber schon bald zeigte sich, daß dies ein Irrtum war. Er konnte seine volle Arbeitskraft nicht wieder erreichen und mußte mit 60 Jahren pensioniert werden.

Jetzt konzentrierte er seine eingeschränkte Kraft auf die Mitarbeit im Internationalen Sachsenhausenkomitee und auf Begegnungen mit jungen Menschen.

1980 und 1981 kam es erneut zu ernsthaften gesundheitlichen Rückschlägen. Doch am 25. März 1982 teilte er mit:

"Zur Zeit geht es mir subjektiv, aber auch objektiv, besser. Meine Freunde, unter ihnen auch viele Ärzte, die mich in der schlechtesten Zeit gesehen haben, wollen nicht glauben, daß ich wieder Violine spiele. Ich habe sogar nach mehr als zwei Jahren wieder mal im Rundfunk gesprochen, und zwar in einer Sendung, die für das Ausland bestimmt war. Es ging um meine Erinnerungen an den Maler Josef Cápek, mit dem ich eine Zeit im Konzentrationslager Sachsenhausen war und der am 23. 3. diesen Jahres 95 Jahre alt geworden wäre, wenn er nicht im Konzentrationslager Bergen-Belsen gestorben wäre."[17]

Doch die Hoffnung, wieder gesund zu werden, war trügerisch. Die tückische Krankheit hatte seinen Körper bereits voll erfaßt. Sie brachte ein letztes Lebensjahrzehnt voller Schmerzen und Leiden für diesen starken Mann, aber auch für seine Frau.

Sicher besteht ein Zusammenhang zwischen dieser Krankheit und den Jahren im deutschen Konzentrationslager. Die bitteren Enttäuschungen der Nachkriegszeit bewirkten wahrscheinlich ein übriges.

Einer der schwersten Schläge für die Familie Rossa war der plötzliche Tod des einzigen Sohnes Vladimir am 6. April 1986 im Alter von 36 Jahren durch Herzversagen. Der Junge war der Eltern Freude und ganzer Stolz. Vladimir Rossa war bereits angesehener Ingenieur und Außenhandesspezialist, der u. a. im Auftrag der Tschechoslowakei in Neuseeland und Australien gearbeitet hatte.

Bohdan Rossa starb fünf Jahre nach dem Sohn, am 9. August 1991. Für Anna Rossova gehören diese Jahre zu den schwersten. Oft hat sie Tag und Nacht am

Krankenbett zugebracht.

Nach dem Tode ihres Mannes brauchte sie längere Zeit, um den Freunden im Ausland diese traurige Nachricht mitzuteilen. Uns schrieb sie am 6. Januar 1992:

"Ich muß Euch mitteilen, daß Bohdan im August starb - nach unwahrscheinlich schweren Monaten ...

Ich versuche jetzt, mich nach diesen schweren Zeiten und Erfahrungen zu erholen. Das beste Medikament ist die Arbeit. Seit mehreren Jahren bin ich schon in Pension, und wenn es geht, übersetze ich ...

Die Umwandlungen in unserer Welt sind auf einer Seite sympathisch, auf der anderen schwer, besonders ökonomisch. Wir marschieren von den Sicherheiten des totalitären Systems zu den Unsicherheiten der Freiheit."[18]

Nach dem Tode von Bohdan Rossa und der völligen Umgestaltung des Lebens in der Tschechoslowakei ist es für diese beispielhafte und stolze Frau einsamer und schwerer geworden, Aufträge für Übersetzungen von Büchern und Schauspielen gehen nur noch selten ein. Die Sorgen über eine geringe Rente, die gestiegenen Mieten und gesamten Lebenskosten sind aus dem Alltag immer weniger zu verdrängen. Angst kommt auf, wielange es noch möglich sein wird, die vertraute Wohnung mit den wertvollen Kunstschätzen, u. a. zwei seltenen Geigen, auf denen Bohdan Rossa so gern musizierte, zu behalten.

Etwas Freude bringt ihr der Enkel Vladimir, der 1986 wenige Wochen nach dem Tode des Vaters geboren wurde.

Trotz der Lasten des Tages ist Anna Rossova der Blick für unsere so stark veränderte Welt wach geblieben. Besondere Sorgen bereiten ihr die Zunahme rechtsradikaler neonazistischer Anschläge in Deutschland und der Völkermord in Jugoslawien.

Als Reaktion auf die Exzesse rechtsradikaler Kreise im August 1992 in Rostock-Lichtenhagen schrieb sie am 24. August 1992:

"Ich möchte wissen, was können wir machen gegen diese wahnsinnigen Sachen. Ich fühle mich hilflos, und das ist unangenehm."[19]

Auf die täglichen Nachrichten über sterbende Menschen in Jugoslawien reagierte sie am 25. August 1993 mit den Worten:

"In diesen Tagen denke ich noch mehr an Euch. Die ganze Welt ist irgendwie wahnsinnig geworden."[20]

1993 und 1994 hat Anna Rossova an Übersetzungen der Schriftsteller Peter Esterházy und György Konrád gearbeitet.

Anmerkungen

1 Der Verf. war mit Bohdan Rossa von 1959 bis zu dessen Tode 1991 bekannt.

2 Die Konferenz fand am 23. und 24. Oktober 1959 in Greifswald statt und wurde von Vertretern aus 17 Ländern besucht.

3 Zit. nach: Für eine Welt ohne Krieg und Faschismus, Berlin 1960, S. 53 f.

4 Über seinen KZ-Aufenthalt berichtet B.R. u.a. in: Über die Zusammenarbeit der tschechischen Studenten und deutschen Antifaschisten im Konzentrationslager Sachsenhausen, in: Niemals vergessen! Aus dem antifaschistischen Widerstandskampf der Studenten Europas, Berlin 1959, S. 55 ff.(vgl. S. 28)

5 Vgl. Karl Heinz Jahnke. Zur Gründung des Internationalen Studentenbundes, in: ZfG, 11/76, S. 1268 ff.

6 Die Angaben stammen aus Gesprächen mit Anna Rossova im Mai 1992. Der Verf. ist mit A.R. seit November 1959 bekannt.

7 Die internationale Konferenz über das Schicksal der Tschechoslowakei fand am 29. September 1938 bei München statt. Teilnehmer waren die Regierungschefs von Deutschland, Großbritannien, Frankreich und Italien.

8 In einem Schauprozeß wurden 1952 leitende Funktionäre der KPTsch, unter ihnen der Generalsekretär Rudolf Slánský, unter falschen Anschuldigungen zum Tode verurteilt.

9 Beispiele dafür sind B. Rossas Auftreten auf der wissenschaftlichen Konferenz im Oktober 1959 in Greifswald sowie die Begegnung mit jungen Antifaschisten aus neun europäischen Ländern am 9. August 1961 in Prag.

10 Zit. aus einem Brief von B. Rossa an den Verf., Prag, 29. 11. 1972

11 Zit. aus einem Brief von B. Rossa an den Verf., Prag, 6. 2. 1971

12 Vgl. Karl Heinz Jahnke. Gegen den Mißbrauch der Olympischen Idee 1936. Sportler im antifaschistischen Widerstand, Frankfurt am Main 1972

13 Vgl. ebenda, S. 77 ff., 46 f., 66 ff.

14 Vgl. Brief von B. Rossa an den Verf., Prag, 24. 1. 1972

15 Anna Rossova half z.B. bei der Kontaktaufnahme zu Joseph Grohmann, dem ersten Präsidenten des Internationalen Studentenbundes.

16 Zit. aus einem Brief von B. Rossa an den Verf., Prag, 14. 5. 1978

17 Zit. aus einem Brief von B. Rossa an den Verf., Prag, 25. 3. 1982

18 Zit. aus einem Brief von A. Rossova an den Verf., Prag, 6. 1. 1992

19 Zit. nach einer Karte von A. Rossova an den Verf., Prag, 24. 8. 1992

20 Zit. nach einer Karte von A. Rossova an den Verf., Prag, 25. 8. 1993 (vgl. S. 27). Gemeint ist der Maler Josef Cápek, über den B. Rossa 1982 im Rundfunk sprach.

Bohdan Rossa
(Anfang der 50er Jahre)

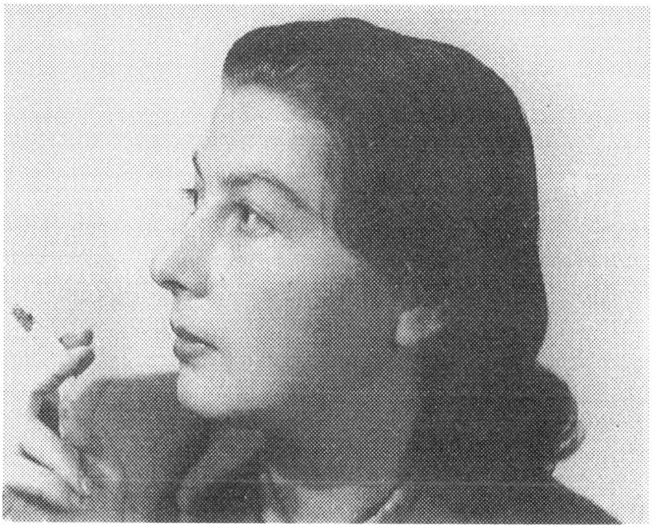

Anna Rossova (Anfang der 50er Jahre)

Bohdan Rossa (2. v. links), Greifswald, 23.10. 1959

Prof. Dr.
Karl Heinz Jahnke
Burgwall 5.
ROSTOCK
2500
Německo

Liebe Freunde!
In diesen Tagen denke ich noch mehr an Euch. Die ganze Welt ist irgendwie wahnsinnig geworden. – Autor dieses Bildes war auch im KZ mit Bohdan. Sie waren befreundet.
Ich wünsche Euch alles Gute. Anna

25.8.93

Bohdan Rossa: Über die Zusammenarbeit tschechischer Studenten und deutscher Antifaschisten im Konzentrationslager Sachsenhausen

In den späten Abendstunden des 17. November 1939 fuhr ein seltsamer, beklemmend wirkender Zug aus Brünn in Richtung Prag. Alle Fenster waren verhängt, und auf den Bahnhöfen, wo er hielt, stieg niemand aus. Nur zahlreiche schwerbewaffnete Angehörige der Waffen-SS, die den Eisenbahnzug begleiteten, waren zu sehen. In den Morgenstunden des nächsten Tages wurden mit großem Lärm und unter Anwendung von Gewehrkolben weitere hundert "Reisende" in den Zug hineingejagt. Es handelte sich um tschechische Hochschüler aus Prag und Brünn, die von den Hitlerfaschisten in das Konzentrationslager Sachsenhausen bei Oranienburg transportiert werden sollten.

Zu einer der ersten planmäßigen Aktionen, die gegen das tschechische Volk gerichtet waren, gehörte die Schließung der tschechischen Hochschulen am 17. November 1939. Nach einer Bekanntmachung des damaligen Reichsprotektors von Neurath war der Grund für diese Maßnahme und für die gleichzeitige Erschießung neun tschechischer Studenten die Bildung der Widerstandsgruppen gegen den Hitlerfaschismus. Außerdem wurde den Studenten vorgeworfen, sich an den antifaschistischen Demonstrationen am 28. Oktober 1939 beteiligt zu haben. Auch in Brünn und Příbram wurden von den Hitlerfaschisten die gleichen Maßnahmen wie in Prag ergriffen, obwohl in diesen Städten keine Aktionen stattgefunden hatten.

Die Verhaftung einer größeren Anzahl von Studenten und die Einlieferung von mehr als 1 200 Studenten ins Konzentrationslager wurde ohne Berücksichtigung ihrer politischen Zugehörigkeit und Tätigkeit, wie ihrer Teilnahme an den antifaschistischen Demonstrationen, durchgeführt. Man wollte die weitere Entwicklung der tschechischen Hochschulintelligenz verhindern und schränkte mit einer späteren Verfügung sogar den Ausbau des tschechischen Mittelschulwesens ein. Das Bestreben der Hitlerfaschisten war die Liquidierung des tschechischen Volkes, das teilweise germanisiert, größtenteils aber zur Sklavenarbeit und physischen Vernichtung verurteilt werden sollte.

Was schon die Verhaftung in den Studentenheimen außerordentlich brutal vor sich gegangen und hatten bereits viele Studenten, die in den frühen Morgenstunden direkt aus ihren Betten geholt worden waren, mit dem rücksichtslosen Verhalten der SS-Männer Bekanntschaft gemacht, so übertraf der erste Eindruck in dem Konzentrationslager weit alle bisherigen Erfahrungen. Hier zeigte sich das wahre Antlitz des Hitlerfaschismus. Aus den Baracken, in denen die tschechischen Studenten untergebracht waren, hörte man ständig erschütternde Schreie und das Wehklagen der gequälten Menschen. Überall begegnete man zahlreichen blutig geprügelten Männern.

Die Stimmung war begreiflicherweise sehr bedrückt. Die unmenschlichen Lebensbedingungen im Konzentrationslager erweckten in den Gemütern berechtigte Befürchtungen für die weitere Zukunft. Aber gerade in diesen schweren Stunden begegneten die Studenten zum erstenmal der hilfreichen Hand der deutschen politischen Häftlinge. Es war ein sonderbares Gefühl, in deutscher Sprache, in der man bis jetzt nur derbe Befehle und grobe Beschimpfungen gehört hatte, beruhigende und aufmunternde Worte zu vernehmen.

Von entscheidender Bedeutung für die tschechischen Studenten war es, daß bei ihrer Ankunft und während ihres ganzen Aufenthalts im Lager die deutschen Genossen die Häftlingslagerverwaltung innehatten. Das wurde allen tschechischen Studenten erst nach längerer Zeit bewußt, als man von neuen Zugängen erfuhr, welche Herrschaft Berufsverbrecher in anderen Konzentrationslagern ausübten. Die deutschen politischen Häftlinge, besonders die Kommunisten, versuchten gemeinsam mit den kommunistischen und den übrigen politischen Häftlingen anderer Nationen dem Vernichtungswillen der Faschisten entgegenzuarbeiten.

Die unmenschliche Lagerordnung nutzte die Häftlingslagerverwaltung gegen die Absichten der SS-Leitung geschickt zum Schutze ihrer Kameraden aus; sie wandte sich gegen diejenigen, die als Blockälteste, Stubenälteste, Vorarbeiter usw. ihre Mitgefangenen schlecht behandelt, sich an ihnen vergriffen oder sie bestohlen hatten. Entschlossen aber vorsichtig besetzen die politischen Häftlinge die wichtigsten Stellen der Lagerverwaltung. Von hier aus konnten sie im Rahmen der gegebenen Möglichkeiten dort helfen, wo es am notwendigsten war.

Doch waren diese Maßnahmen, die die nötigen Voraussetzungen zum aktiven Widerstand gegen die verbrecherische Willkür der SS-Männer schufen, nur eine Seite des Kampfes, den die deutschen politischen Häftlinge im Lager führten. Für die Studenten wurden als Blockälteste oder Stubenälteste erfahrene, bewährte, gute Antifaschisten, wie Christian Mahler, Edgar Bennert, Fritz Meißner, Martin Schöler usw., eingesetzt, die den jungen Tschechen nicht nur eine moralische Stütze waren, sondern auch die Rolle ihrer Beschützer im unbarmherzigen Lagerleben spielten. Deutsche Häftlinge - namentlich der Erste Lagerälteste, Harry Naujocks - trafen schon nach wenigen Tagen das erstemal mit kommunistischen tschechischen Studenten zusammen. Diese Verbindung und die praktische Hilfe, die daraus erwuchs, ermöglichte unter den tschechischen Studenten eine intensive politische Arbeit. Sie kam vor allem in der Festigung des Lebenswillens und in der Stärkung des aktiven Widerstands gegen die deprimierenden Verhältnisse im Lager zum Ausdruck. Eine solche politische Erziehung der Studenten begann unter dem Einfluß hervorragender Führer der tschechischen Arbeiterbewegung, wie zum Beispiel der Genossen Antonin Zápotocký, Jaromír Dolanský, Jan Vodicka. Mit den wachsenden Kenntnissen der deutschen Sprache wurde die direkte Einwirkung der deutschen politischen Häftlinge auf die tschechischen Studenten immer größer. Aus eigener Initiative oder in Zusammenarbeit mit kommunistischen tschechischen Studenten bildeten dann auch hervorragende deutsche Kommunisten Schulungszirkel ...

Die freundschaftlichen Beziehungen zwischen den tschechischen und den deutschen politischen Häftlingen waren unter Bedingungen entstanden, die sich ein Mensch, der nicht die Hölle des faschistischen Konzentrationslagers erlebt hat, nur schwer vorstellen kann. Die Hilfe der deutschen politischen Häftlinge für die tschechischen Studenten war vielseitig, angefangen von einem aufmunternden Wort, einem zusätzlichen Essen - oder indem sie ihnen ein erträgliches Arbeitskommando besorgten, sie bei schweren Erkrankungen im überfüllten Krankenhaus unterbrachten - bis zum Unterricht in der Lehre des Marxismus-Leninismus. Unvergeßlich haben sich die tapferen, klugen und bescheidenen deutschen Arbeiter in dem Gedächtnis der tschechischen Studenten eingeprägt. Diese Vertreter des deutschen Proletariats kämpften unter schwersten Bedingungen mit allen Mitteln für ein neuen, demokratisches Deutschland und erwiesen sich Deutschlands größten Söhnen, Karl Marx und Friedrich Engels, würdig.

Niemals vergessen! Aus dem antifaschistischen Widerstandskampf der Studenten Europas, Berlin 1959, S. 55 ff.

Wladyslaw Kuszyk (Polen)

"Das Problem der Jugend war, ist und wird immer eine der Hauptfragen bleiben... Welche Ideale soll sie übernehmen und heute in die Tat umsetzen, wenn ihr die Vergangenheit unbekannt ist? Und doch war diese Vergangenheit in meinem Lande sowie in anderen schön, voll von dem Kampf um eine bessere, gerechte Welt, dem Kampf gegen Unterdrückung und Ausbeutung, dem Kampf um den Frieden, um die soziale Gerechtigkeit, um das Glück der Menschen."[1]

Diese Worte stammen aus einer Rede, die der Warschauer Historiker Wladyslaw Kuszyk am 23. Oktober 1959 an der Ernst-Moritz-Arndt-Universität Greifswald auf der internationalen Konferenz über den Anteil der Studenten Europas am Kampf gegen Faschismus und Militarismus gehalten hat. Als Mitglied des auf dieser Tagung gebildeten Internationalen Komitees zur Erforschung des antifaschistischen Widerstandskampfes der Jugend und Studenten Europas hat W. Kuszyk zwischen 1959 und 1962 maßgeblichen Anteil an den Bemühungen, die Geschichte der Jugend- und Studentenbewegung in Europa zwischen 1933 und 1945 zu erforschen und der heranwachsenden Generation bekanntzumachen. Bei dieser Arbeit konnte er sich nicht nur auf fundierte wissenschaftliche Kenntnisse, sondern auch auf reiche persönliche Erfahrungen aus den Kämpfen gegen Faschismus, Reaktion und Krieg in seinem Heimatland und im Ausland stützen.

Anfang 1933, als in Deutschland der Faschismus siegte und unter der Reichskanzlerschaft von Adolf Hitler die Errichtung der nationalsozialistischen Gewaltherrschaft begann, war Wladyslaw Kuszyk 20 Jahre alt.[2] Seit 1932 studierte er an der Akademie für Politische Wissenschaften in der polnischen Hauptstadt.

Am 17. Februar 1912 war er in dem Dorf Jedlanka im Distrikt Lublin geboren worden. Seine Eltern waren Kleinbauern und führten ein schweres Leben. Im Ersten Weltkrieg und in den Auseinandersetzungen zwischen Polen und Sowjetrußland Anfang der 20er Jahre gingen die Fronten direkt durch das Gebiet, in dem die Familie Kuszyk wohnte. Trotz ihrer Armut taten die Eltern viel dafür, daß ihr ältester Sohn eine gute Schulbildung erhielt und später studieren konnte. Zwischen 1919 und 1932 besuchte er mehrere Schulen. Die Grundausbildung erfolgte in einer jüdischen und ab 1921 in einer polnischen Schule. In der Stadt Kobrin absolvierte W. Kuszyk von 1924 bis 1932 ein Gymnasium, das mit dem Abitur endete.

Warschau bot dem 20jährigen 1932/33 viel Neues, bisher Unbekanntes. Eine alleinige Konzentration auf das Studium war in dieser durch politische und soziale Kämpfe so bewegten Zeit unmöglich. Bald fand W. Kuszyk Anschluß an die linksorientierte Jugend- und Studentenorganisation OMS "Zycie".[3] Ende 1933 richtete er in ihrem Auftrag eine illegale Druckerei ein. Diese Aufgabe beanspruchte ihn bis 1936 sehr stark. 1935 war seine Wahl in die Leitung des Vorstands der Organisation erfolgt. Zu seinen Pflichten zählte die Sicherung der Verbindungen zu Gruppen an Hochschulen außerhalb Warschaus.

In dieser Zeit nahm der Kampf gegen den Faschismus immer mehr eine Schlüsselstellung in seinem Wirken ein. Wladyslaw Kuszyk gehörte zu den Mitgliedern des Warschauer Komitees gegen Krieg und Faschismus.

Als 1936 die illegale Druckerei entdeckt wurde, erfolgte eine mehrmonatige Inhaftierung. Nach der Entlassung ging er für einige Monate zu seiner Mutter aufs Land in die Kleinstadt Ostrow-Lubelski. Als die polnische Geheimpolizei ihn auch hier verfolgte, kehrte er 1937 nach Warschau zurück und mußte zunächst illegal leben. Der Rektor der Akademie für Politische Wissenschaften verweigerte W. Kuszyk wegen seiner politischen Tätigkeit und der Gefängnisstrafe die Fortsetzung des Studiums. Erst nach massiven Protesten anderer Studenten und Hochschullehrer wurde diese Entscheidung korrigiert. In dieser Zeit schlug ihm die Leitung der Kommunistischen Partei Polens in Warschau vor, die illegale Tätigkeit nicht wieder aufzunehmen, sondern legal in den Gewerkschaften zu arbeiten.[4]

Neben dem Studium übernahm W. Kuszyk jetzt in der Gewerkschaft der Beschäftigten der Nahrungsgüterwirtschaft eine leitende Funktion. Zeitweilig war er sogar Vorsitzender der Sektion Gaststätten und Hotels. Mehrere Streiks wurden durch ihn geleitet.

Zwischen 1937 und 1939 standen neben den sozialen Kämpfen die Auseinandersetzungen mit den profaschistischen Kräften in Polen und ihren Partnern in Hitlerdeutschland im Vordergrund. Eng verzahnt waren Aktionen der Solidarität mit Volksfrontspanien und den deutschen Antifaschisten mit dem Einsatz gegen die wachsende Kriegsgefahr und die Zerstörung der nationalen Existenz Polens durch den deutschen Nachbarn. Aufsehen erregten antifaschistische Demonstrationen an der Warschauer Universität und anderen Hochschulen gegen das Auftreten offizieller Vertreter Deutschlands.[5]

Besondere Sorge bereitete W. Kuszyk und anderen progressiven polnischen Studenten 1938 die Auflösung der Kommunistischen Partei Polens aufgrund falscher Anschuldigungen durch die Kommunistische Internationale. Damit wurde dem polnischen Volk in einer sehr schwierigen Situation eine der wichtigsten Kräfte des Volkswiderstands zur Verhinderung des Faschismus und der Verteidigung der nationalen Unabhängigkeit genommen.

Als Deutschland am 1. September 1939 Polen überfiel und damit den Zweiten Weltkrieg auslöste, gehörte W. Kuszyk zu den Verteidigern Warschaus. Er hatte sich sofort freiwillig zum Militärdienst gemeldet und war als Soldat zu den Truppen der Luftabwehr eingezogen worden. Nach mehreren Tagen erbitterter Ge-

genwehr wurde deutlich, daß Polen der Übermacht der deutschen Wehrmacht nicht standhalten konnte. Jetzt verließ W. Kuszyk zusammen mit anderen Soldaten Warschau in Richtung Osten. Am 16. September erreichten sie die Stadt Kowel, wo sich der Verband auflöste.

Wladyslaw Kuszyk schlug sich zu seiner Mutter nach Ostrow-Lubelski durch. Hierher war inzwischen auch seine Frau aus Warschau gekommen. Seit 1937 lebten Dorotha Kowalska, eine Warschauer Studentin der Romanistik, und Wladyslaw Kuszyk zusammen. 1939 hatten sie geheiratet. Der Heimatort der Familie Kuszyk sowie der gesamte Distrikt Lublin gehörten zu dem polnischen Territorium, das am 17. September 1939 von sowjetischen Truppen besetzt wurde. Dies schuf auch die Voraussetzung dafür, daß Dorotha und Wladyslaw Kuszyk in den folgenden Jahren weiterstudieren konnten. Sie schlugen sich in den Wirren des Krieges bis nach Lemberg (Lwow) durch, wo es ihnen gelang, von Dezember 1939 bis Juni 1941 die Hochschule für Ökonomie und Planung zu besuchen. Trotz der vielen Sorgen, die durch den Krieg entstanden waren, versuchten beide ernsthaft zu studieren.

An der jetzt zum sowjetischen Hochschulwesen gehörenden Einrichtung waren in der Mehrzahl polnische Studenten immatrikuliert, aber auch Russen, Ukrainer und Juden. 1940 erhielt Wladyslaw Kuszyk das Vertrauen der Mehrheit von ihnen, als er sich der Wahl zum Vorsitzenden des Gewerkschaftskomitees stellte. Dies war damals die einzige über größeren Einfluß verfügende Vertretung der Studenten.

Trotz der außerordentlich angespannten inneren Situation in der UdSSR und der schweren Lage polnischer Kommunisten auf sowjetischem Territorium konnte W. Kuszyk die Interessen der Studenten und Mitarbeiter vertreten, wobei wiederholt heftige Auseinandersetzungen unvermeidlich waren.

Durch den Überfall Deutschlands auf die Sowjetunion am 22. Juni 1941 wurde Lemberg bereits in den ersten Kriegstagen besetzt und in dieser Stadt das gesamte wissenschaftliche Leben zerstört. W. Kuszyk gehörte zu den Personen, die unmittelbar nach dem Einmarsch der deutschen Truppen gesucht und verfolgt wurden. Nur unter großen Schwierigkeiten gelang es ihm, Lemberg zusammen mit seiner Frau zu verlassen. In einer Kleinstadt in der Nähe von Pinsk, wo sie unbekannt waren, blieben sie unter großen Entbehrungen bis Anfang 1943.

1943 gingen Dorotha und Wladyslaw Kuszyk illegal zurück nach Warschau. Es war ihnen geglückt, Kontakt zu der 1942 in der Illegalität gegründeten Nachfolgerin der Kommunistischen Partei, der Polnischen Partei der Arbeit (PPR), aufzunehmen. Mit ihrer Hilfe fanden sie in Warschau Unterschlupf und konnten hier mehrere Monate leben. In dieser Zeit wurden sie auch Mitglied der PPR.

Da aufgrund der schlechten Lebensbedingungen und des sich ständig verstärkenden Terrors der deutschen Besatzungstruppen die Situation in Warschau immer gefährlicher wurde, drängte Wladyslaw Kuszyk darauf, die Stadt zu verlassen, um zusammen mit seiner Frau am Kampf polnischer Partisanen teilzunehmen. Im Spätherbst 1943 wurde diesem Wunsch entsprochen. Sie erhielten den Auftrag, Kontakt zu General Grzegorz Korczynski aufzunehmen, dessen Einheiten in den Wäldern um Lublin operierten. Diese Gegend war Wladyslaw Kuszyk aus seiner Jugend gut bekannt. Mit Hilfe von Freunden fanden sie bald Aufnahme in den Verband der Partisanen. Nach kurzer Zeit übernahmen die beiden Kuszyks verantwortungsvolle Aufgaben im Stab der Partisanen. W. Kuszyk war für die Redaktion der Partisanenzeitung und die Aufklärungsarbeit unter der Zivilbevölkerung verantwortlich. Seine Frau, die mehrere Sprachen beherrschte, hörte regelmäßig ausländische Rundfunksender ab und wertete diese Informationen aus.

Beide nahmen wiederholt auch an bewaffneten Kämpfen mit deutschen Truppen teil. Vom 18. bis 21. Juli 1944 fanden in den Wäldern von Parzew im Lubliner Gebiet sehr heftige Kämpfe statt. Ein letztes Mal versuchten die deutschen Verbände, die Hauptbasis der Partisanen zu vernichten. Diese Absicht mißlang. Eine maßgebliche Rolle spielte dabei das Zusammenwirken der Partisanen mit sowjetischen Truppen und regulären polnischen Armeeinheiten. Der Sieg mußte mit vielen Opfern bezahlt werden. Unter den Toten war auch Wladyslaw Kuszyks Frau. Bei den Kämpfen in der Nacht vom 18. zum 19. Juli wurde die 26jährige Dorotha Kuszyk so schwer verwundet, daß sie kurze Zeit später starb.

An den ersten zehn Tagen nach der Befreiung stand W. Kuszyk an den Spitze der sich formierenden neuen Staatsmacht in Lublin. Danach übernahm das Komitee zur Rettung Polens die Regierung. W. Kuszyk wurde die Leitung des Neuaufbaus der Gewerkschaften übertragen. Diese Tätigkeit erfolgte in enger Zusammenarbeit mit dem Generalsekretär der PPR, Wladislaw Gomulka, den W. Kuszyk bereits aus dem gemeinsamen Kampf gegen die deutschen Besatzer in Warschau kannte. Im Januar 1945, als die erste Nachkriegsregierung in Polen gebildet wurde, übernahm W. Gomulka das Amt des Stellvertretenden Ministerpräsidenten.

Zu diesem Zeitpunkt kam auch W. Kuszyk nach Warschau, um hier bei der Formierung einheitlicher Gewerkschaften mitzuwirken. In der Hauptstadt war er aus seiner früheren Tätigkeit als Gewerkschaftsfunktionär noch gut bekannt. Durch seinen Einsatz trug er dazu bei, der neu entstehenden Volksmacht unter der arbeitenden Bevölklerung die notwendige Unterstützung zu sichern. Dies alles geschah unter sehr schwierigen Lebensbedingungen in Warschau und in ganz Polen. Besonders hemmend wirkten die großen Zerstörungen und der Verlust der über sechs Millionen Menschen, die im Krieg umgekommen waren.

Als vom 10. bis 14. Februar 1946 die erste Generalversammlung der UNO nach Beendigung des Zweiten Weltkrieges in London tagte, gehörte Wladyslaw Kuszyk der sechsköpfigen polnischen Delegation an. Es sprach für die hohe Anerkennung der Gewerkschaften, daß zwei ihrer Repräsentanten das polnische Volk auf dieser so bedeutungsvollen Tagung vertraten.[6]

Bis 1948 war W. Kuszyk in der Leitung der polnischen Gewerkschaften für die internationale Arbeit verantwortlich. In dieser Tätigkeit knüpfte er zahlreiche Kontakte mit Gewerkschaftsfunktionären anderer Länder und vertrat seine Heimat bei vielen internationalen Tagungen. Anfang 1949 mußte er dieses so wichtige Amt niederlegen. Diese Entscheidung wurde im Zentralkomitee der im Dezember 1948 durch die Vereinigung von PPR und PPS enstandenen PVAP getroffen. W. Kuszyk wurde vorgeschlagen, in den folgenden Jahren die Parteihochschule zu besuchen.

Sicher war es für den 35jährigen nützlich, nicht immer nur Fernstudienlehrgänge und Wochenendschulen zu absolvieren, sondern ein mehrjähriges Studium aufzunehmen. Dies war aber nicht der entscheidende Grund für diese Zäsur in seinem Leben. Unter dem Einfluß der KPdSU und des NKWD fanden auch in Polen, wie in anderen Ländern, schwerwiegende Eingriffe in die Innenpolitik statt, um die von J. W. Stalin vertretenen Machtansprüche durchzusetzen. Zu den gröbsten Einmischungen zählte die Entmachtung des bisherigen Generalsekretärs der PPR, des in ganz Polen sehr populären Politikers Wladislaw Gomulka. Zahlreiche seiner Freunde und Mitarbeiter wurden jetzt ebenfalls aus ihren Stellungen entfernt und waren nicht selten Repressalien ausgesetzt.

Seit 1943 gehörte W. Kuszyk zu den Funktionären, denen Gomulka voll vertraute und mit denen er zusammenarbeitete.

Von 1949 bis 1951 dauerte der Besuch der höchsten Bildungsstätte der PVAP, danach wurde W. Kuszyk Mitarbeiter der Abteilung Propaganda. Von Beginn an gab es Auseinandersetzungen über den Inhalt und die Methoden der Propaganda. W. Kuszyk trat für eine größere Einheit zwischen der Selbstdarstellung der Politik Volkspolens und der Wirklichkeit ein. Dies rief bei übergeordneten Funktionären Ablehnung und Mißtrauen hervor. Völlig verloren hatte er, als er sich für den 1951 unter falschen Anschuldigungen verhafteten Wladislaw Gomulka sowie für den ebenfalls Repressalien ausgesetzten Partisanengeneral, Grzegorz Korczynski, einsetzte.

Jetzt wurde W. Kuszyk aus dem Kreis der Mitarbeiter der Abteilung Propaganda entfernt und war 1952 mehrere Monate arbeitslos. Nur dem persönlichen Einsatz des Vorsitzenden der PVAP, Boleslaw Bierut, verdankte er es, daß er entsprechend seinen Fähigkeiten weiter in Warschau arbeiten konnte. In Übereinstimmung mit seinen Wünschen übernahm er im Herbst 1952 die Leitung des

Sektors für Parteigeschichte im Zentralkomitee. Dies war eine Aufgabe, die ihm viel abverlangte, aber auch in mancher Hinsicht Erfüllung brachte. Obwohl er nicht Geschichte studiert hatte, war es sein Bestreben, sich schnell mit den Arbeitsmethoden und den Grundlagen dieser Wissenschaft vertraut zu machen sowie in den Archiven anhand von Quellen die Wahrheit über die konfliktreiche Geschichte der polnischen Arbeiterbewegung zu erfahren. In den Jahren 1952 bis 1956 tat W. Kuszyk viel für den Aufbau einer wissenschaftlich fundierten Geschichtsforschung über die Arbeiterbewegung als untrennbarer Bestandteil der polnischen Nationalgeschichte. Nach dem Tode von J. W. Stalin im März 1953 entstanden auch in Polen hierfür günstigere Bedingungen.

Die Lage Mitte der 50er Jahre gestattete es aber einem so engagierten Menschen wie Wladyslaw Kuszyk nicht, sich in die Forschungen über vergangene Perioden der Geschichte zurückzuziehen. 1956 kam in Polen nach dem XX. Parteitag und unter dem Einfluß der Ereignisse in Ungarn eine schon lange schwelende politische Krise zum offenen Ausbruch.

Die Gefahr bestand, daß alles, was seit 1944/45 erreicht worden war, rückgängig gemacht würde. In dieser schweren Situation für Polen übernahm im Oktober 1956 Wladislaw Gomulka erneut die Führung der PVAP als ihr Erster Sekretär. Zu den Persönlichkeiten, die von Gomulka aufgefordert wurden, an seiner Seite für die weitere Entwicklung Polens Verantwortung zu übernehmen, gehörte auch Wladyslaw Kuszyk. Ihm wurde das Angebot gemacht, Stellvertretender Ministerpräsident zu werden. In einem längeren ernsten Gespräch erörterten Gomulka und Kuszyk die Lage. W. Kuszyk war nur bereit, in die Regierung einzutreten, wenn konsequent alle, die Verantwortung für die schwere Krise, einschließlich zahlreicher Repressalien gegenüber unschuldigen Menschen trugen, zur Verantwortung gezogen werden. Nicht sie, sondern unbelastete Persönlichkeiten sollten nach seiner Meinung künftig die Regierung übernehmen. Zu diesem einschneidenden Schritt war W. Gomulka aber nicht bereit, bzw. es fehlte ihm die Macht dazu. Deshalb lehnte W. Kuszyk das Angebot, in die Regierung einzutreten, ab. Zunächst blieb er in seiner Funktion auf dem Gebiet der Parteigeschichte im ZK der PVAP tätig. Aber bald kam es zu neuen Konflikten, als er einen Artikel des verantwortlichen Abteilungsleiters über die Rolle des Nationalismus in der polnischen Arbeiterbewegung offen kritisierte und als unwissenschaftlich ablehnte. Die Folge war, daß Wladyslaw Kuszyk im Februar erneut und diesmal für immer, seinen Arbeitsplatz im Zentralkomitee der PVAP verlor. Zunächst bestand bei den Verantwortlichen die Absicht, ihn auf eine unbedeutende Stellung abzuschieben, auf der er isoliert war und nichts zu verantworten hatte. So sollte Aufsehen vermieden werden. W. Kuszyk erkannte dies und war nicht bereit, den Vorschlag anzunehmen. Er suchte nach einem Weg, begonnene Forschungen fortzusetzen, um historische Tatsachen und Lehren bekanntzumachen.

Zunächst war es für ihn schwer, ohne finanzielle Unterstützung auszukommen, mußte er doch nicht nur für sich, sondern auch für seine Familie sorgen, denn seit 1949 war er wieder verheiratet. Seine Frau Theresa arbeitete als Kinderärztin. Innerhalb kurzer Zeit wurden drei Söhne geboren. Gerade in diesen Jahren waren für W. Kuszyk und seine Frau die Kinder die größte Freude und ein Halt. Am Rande Warschaus wohnten sie in einem kleinen Holzhaus. Der dazugehörende große Garten bot viele Möglichkeiten, durch Gemüse, Obst, Kartoffeln und Blumen einen Teil des Lebensunterhalts zu sichern. Zu keiner Zeit wurde die Familie von langjährigen Freunden und Kampfgefährten aus dem Lubliner Gebiet ohne Unterstützung gelassen.

Hilfe erhielt W. Kuszyk auch von der Bauernpartei. Ihr Warschauer Verlag bot ihm die Möglichkeit, 1957 sein wissenschaftliches Werk "Revolutionäre Erhebungen in den polnischen Dörfern 1917 - 1919"[7] zu publizieren.

Von diesen Kreisen wurde auch sein nächstes Forschungsobjekt unterstützt. Über ein Jahrzehnt intensiver wissenschaftlicher Arbeit war notwendig, bis 1968 endlich sein bedeutendes Quellenwerk "Der Klassenkampf im polnischen Dorf 1918 - 1919"[8] erscheinen konnte. Die systematische Arbeit in zahlreichen Archiven machte es möglich, 246 Dokumente größtenteils erstmalig zu publizieren.

Die Agrargeschichte war in diesen Jahren nicht sein einziges Forschungsprojekt. W. Kuszyk begann in Polen die Jugendgeschichtsforschung aufzubauen. In seiner Jugend hatte er selbst erlebt, welchen beachtlichen Platz die polnische Jugend- und Studentenbewegung im Leben seiner Generation eingenommen hatte. Er wollte dazu beitragen, daß die heranwachsende Generation die Wahrheit über den Platz und die Rolle der Jugend in der polnischen Geschichte zurückliegender Jahrzehnte erfuhr. An erster Stelle stand dabei der Kampf gegen Faschismus und Krieg. Wladyslaw Kuszyk wurde mit der Leitung des Komitees zur Erforschung der Geschichte der polnischen Jugendbewegung beauftragt.

Zwischen 1958 und 1965 bestanden enge Arbeitsbeziehungen und freundschaftliche Kontakte zwischen der von ihm geleiteten Kommission und der Gruppe junger Historiker in der DDR, die an der Ernst-Moritz-Arndt-Universität Greifswald mit Forschungen zur Geschichte der internationalen antifaschistischen Studentenbewegung und zum Anteil junger Menschen in Deutschland am Kampf gegen den Hitlerfaschismus begonnen hatte.

W. Kuszyk beteiligte sich als Autor an dem 1959 verlegten Buch "Niemals vergessen! Aus dem antifaschsitischen Widerstandskampf der Studenten Europas" mit dem Beitrag "Von dem antifaschistischen Kampf an den polnischen Hochschulen".[9]

Auf der am 23. und 24. Oktober 1959 in Greifswald tagenden wissenschaftlichen Konferenz zum antifaschistischen Widerstandskampf der Studenten Europas sprach W. Kuszyk über Traditionen des gemeinsamen Kampfes der polnischen und deutschen Jugend gegen Faschismus und internationale Reaktion.[10] In dem auf dieser Tagung gebildeten internationalen Komitee zur Koordinierung künftiger Forschungen über die Rolle der europäischen Jugend in den Auseinandersetzungen mit Faschismus und Krieg leistete W. Kuszyk beispielhafte Arbeit. Ein Ergebnis dieser Zusammenarbeit war, daß bis Mitte der 70er Jahre an wissenschaftlichen Veranstaltungen zur Jugendgeschichte in Greifswald, Rostock und Berlin stets polnische Vertreter mit fundierten Forschungsergebnissen auftraten.

In die Untersuchungen von W. Kuszyk flossen die reichen Erfahrungen des eigenen Lebens ein. Stets spielte in seinem Auftreten konsequente Ablehnung jeder Art von Faschismus und Völkermord eine zentrale Rolle. Immer wieder setzte er sich mit Nachdruck für die Gleichberechtigung aller Völker, gegen jede Art der Unterordnung und Abhängigkeit von den Großmächten ein. Besondere Beachtung fand die Aufklärung der Jugend über die Verbrechen des deutschen Faschismus in Polen.

Durch die unmittelbare Nachbarschaft zur Sowjetunion und die Erlebnisse der Jahre 1939 bis 1941 war sein Verhältnis zu dieser Großmacht stets wach und kritisch. Viel früher als andere sah er die negativen Folgen des "Stalinismus" für Polen und andere sozialistische Kräfte in der Welt, die nach einer Alternative zum Kapitalismus suchten. Für ihn war und ist Sozialismus ohne Demokratie unvorstellbar. Von dem Bestreben, die nach 1945 in Polen entstandenen Möglichkeiten für eine wahrhaft sozialistische Entwicklung, die in Übereinstimmung mit den Interessen seines Volkes stand, zu nutzen, waren die letzten Jahrzehnte seines Lebens gekennzeichnet.

Es ist wahrscheinlich auf eine Initiative seines früheren Freundes Wladyslaw Gomulkas zurückzuführen, daß W. Kuszyk 1963 in das offizielle politische Leben zurückkehrte. Zunächst wurde ihm das Angebot gemacht, eine Aufgabe in der Außenpolitik, eventuell als Botschafter, zu übernehmen, verfügte er doch über umfangreiche Erfahrungen, war auf internationaler Ebene kein Unbekannter und beherrschte mehrere Sprachen.

Er lehnte das Angebot jedoch ab, denn er wollte in dieser ereignisreichen Zeit nicht fern von seiner Heimat leben. Nach mehreren Gesprächen mit Beauftragten W. Gomulkas wurde ihm der Vorschlag gemacht, bei den nächsten Wahlen für den Sejm zu kandidieren. Übereinstimmung wurde dahingehend erzielt, daß er sich in seiner engeren Heimat, im Lubliner Gebiet, zur Wahl stellte. Die Zusage, diese Aufgabe zu übernehmen, verband er mit dem Wunsch, vor der Wahl drei bis vier Monate in diesem Teil Polens mit den Menschen zusammen zu leben und so ihre Probleme direkt kennenzulernen. Dem Vorschlag wurde zugestimmt, und so konnte W. Kuszyk jeden Ort seines Wahlbezirkes besuchen und mit vielen Menschen sprechen.

Bei der Wahl im Jahre 1964 gab es für seine Kandidatur große Zustimmung. In der gesamten Legislaturperiode wurde diese enge Bindung aufrechterhalten und ausgebaut. Mindestens einmal im Monat war W. Kuszyk als Abgeordneter des Sejms im Lubliner Gebiet und stand seinen Wählern Rede und Antwort. Besondern Anklang fand, daß er auf Veranstaltungen stets ohne Manuskript sprach und sich darum bemühte, alle an ihn herangetragenen Probleme zu klären. Dort, wo er keine Möglichkeiten dazu sah, hielt er es für notwendig, die betreffenden Personen oder Institutionen über die Gründe zu informieren.

Sein Arbeitsstil als Volksvertreter war nicht alltäglich. Deshalb gab es nicht nur Freunde, sondern auch Feinde und Neider. Bereits 1969 traten bestimmte Kräfte im Partei- und Staatsapparat gegen seine Wiederwahl auf. Damals stand Wladyslaw Gomulka noch als Erster Sekretär an der Spitze der PVAP und erreichte, daß W. Kuszyk für eine zweite Legislaturperiode als Abgeordneter des Sejms kandidierte.

Ab 1972 war er bemüht, als Historiker die Geschichte des polnischen Sejm zu erforschen, um daraus Erfahrungen und Lehren für die Gestaltung eines demokratischen Sozialismus in Polen abzuleiten. Trotz intensiver Forschungen gelang es ihm nicht, eine größere Arbeit zu dieser Thematik zu veröffentlichen. Die Regierenden hatten daran kein Interesse.

Nur verständlich ist, daß W. Kuszyk der Entwicklung in Polen in der zweiten Hälfte der 70er und in den 80er Jahren besonders kritisch gegenüberstand.

Trotz seines hohen Alters nahm er lebhaften Anteil an der jüngsten Geschichte seines Heimatlandes. Nach wie vor ist er hauptsächlich in seinem ehemaligen Kampfgebiet als Partisan, aber auch unter seinen früheren Wählern in der Wojewodschaft Lublin beliebt und geachtet. Für viele war er lange Zeit das Vorbild eines wirklichen Kommunisten.

Frühzeitig erkannte Wladyslaw Kuszyk, daß die tiefe Krise in Polen nicht durch kleinere Reformen zu beheben war, sondern daß ein grundlegender Wandel, ein Neubeginn notwendig wäre. Auf verschiedenen Ebenen war er dafür tätig.

Den in der ersten Hälfte der 90er Jahre eingetretenen Veränderungen steht W. Kuszyk erneut außerordentlich kritisch und skeptisch gegenüber. Zu seiner Analyse der Lage zählte im März 1992 die Feststellung:

"Ich habe drei Generationen in verschiedenen Zeiten erlebt, niemals gab es so einen Verfall, so eine Degeneration wie heute."[11]

Trotz aller Enttäuschungen und Bitternis hat der über 80jährige nicht aufgegeben. Sein Hauptinteresse gilt nach wie vor der Geschichte unseres Jahrhunderts und der Vermittlung seiner hellen und dunklen Seiten an junge Menschen. Denn eine der wichtigsten Erfahrungen seines Lebens ist, daß es keinen Fortschritt gibt, wenn es nicht gelingt, die Jugend zu erreichen und sie mit dem Erbe ihrer Väter bekanntzumachen. Zentrale Aufmerksamkeit sollten dabei die Traditionen des antifaschistischen Kampfes des polnischen Volkes und anderer Nationen finden. Niemals darf zugelassen werden, daß sie völlig zerstört und im Bewußtsein der Menschen ausgelöscht werden. Auch die schweren Nachkriegsjahre dürfen seiner Meinung nach nicht einseitig beurteilt werden:

"Die Entartung der Machthaber, des Apparats ist nicht gleichzusetzen mit dem Enthusiasmus, der Initiative vieler einfacher ehrlicher Kommunisten und anderer Bürger."[12]

Anmerkungen

1 Zit. nach Wladyslaw Kuszyk. Aus dem gemeinsamen Kampf der revolutionären polnischen und deutschen Jugend gegen Kapitalismus und Faschismus, in: Für eine Welt ohne Krieg und Faschismus, Berlin 1960, S. 55

2 Der Verf. ist seit 1959 mit W. Kuszyk bekannt. Gespräche zu seiner Biographie fanden am 20. Juli 1973 und am 18. März 1992 in Warschau statt.

3 Organizacja Mlodziezy Polskiej "Zycie"

4 Seit Ende 1934 gehörte W. Kuszyk der Kommunistischen Partei Polens an.

5 Vgl. Wladylaw Kuszyk. Von dem antifaschistischen Kampf an den polnischen Hochschulen, in: Niemals vergessen! Aus dem antifaschistisachen Widerstandskampf der Studenten Europas, Berlin 1959, S. 75 ff. (vgl. S. 43-45)

6 Neben W. Kuszyk war der Vorsitzende der Gewerkschaft der Eisenbahner, Adam Kuryrowicz, Mitglied der polnischen Delegation.

7 Wrzenie Revolucyjne na wsi Polskiej w Latach 1917 - 1919

8 Walki Klasowe na wsi Polskiej 1918 - 1919

9 Vgl. Anmerkung 5

10 Vgl. Anm. 1

11 Nach Angaben von W. Kuszyk an den Verf., Warschau, 18. März 1992

12 Ebenda

Wladyslaw Kuszyk, Warschau 1938

Dorotha Kuszyk

Wladyslaw Kuszyk, Lublin, Juli 1944

Wladyslaw Kuszyk führt eine Gewerkschaftsdelegation aus Lateinamerika durch das zerstörte Warschau, 1948

Wladyslaw Kuszyk als Abgeordneter des Sejm
in einer Versammlung, Zamosc, 9.12. 1967

Wladyslaw Kuszyk (2. v. links), Greifswald, 23.10. 1959

Wladyslaw Kuszyk:
Aus dem antifaschistischen Kampf der polnischen Studenten.

Während die einen mit der Waffe in der Hand in Spanien kämpften, organisierten andere unter großen Opfern Hilfe für das republikanische Spanien.

In einem der zahlreichen Aufrufe, die zur Verteidigung des revolutionären Spaniens herausgegeben wurden, hieß es:

"Kommilitonen und Kommilitoninnen!

Das heldenhafte spanische Volk, das für die Verteidigung seiner Unabhängigkeit und Freiheit kämpft, schlägt die Angriffe der Häscher der Fremdenlegion zurück ... Wir Polen, die wir hundertfünfzig Jahre für die Befreiung gekämpft haben, verfolgen mit tiefster Sympathie und Solidarität die heldenhaften Anstrengungen des spanischen Volkes."

Die Solidarität mit dem revolutionären Spanien äußerte sich auch darin, daß die akademische Jugend "Wochen der Hilfe für das kämpfende Spanien" unter der Losung "Die Sache des spanischen Volkes ist unsere Sache" organisierte. Innerhalb dieser Wochen wurden Geld, Arzneimittel und vieles andere gesammelt. Immer wieder zeigte man der polnischen Jugend, daß es ihr nicht gleichgültig sein dürfe, ob der Faschismus Spanien unterjoche, da seine Stärkung auch in einem so weit entfernten Land wie Polen sich auswirken werde, und umgekehrt werde eine Niederlage des Faschismus in Spanien zu einer Schwächung des Faschismus in Polen führen.

Ebenso lebhaft reagierte die polnische studentische Jugend, als das faschistische Italien den verbrecherischen Überfall auf Abessinien begann. In vielen Aufrufen wurde der polnischen Jugend gezeigt, daß dies der Herd eines neuen Weltkrieges sei, den die Faschisten entfachen wollten:

"Kommilitonen!

Kaum zwanzig Jahre sind seit dem großen Völkermorden verflossen, und schon wieder sind wir Zeugen eines neuen imperialistischen Krieges, der durch das faschistische Italien entfacht wird ... Ungestraft plündert Mussolini Abessinien; morgen können Hitler und andere seinen Spuren folgen. Heute streckt Mussolini seine Klauen nach Abessinien aus, morgen kann Hitler auf Klaipeda, Pomorze, Górny-Slask oder die Ukraine losmarschieren, wenn die Kriegsbrandstifter keine gebührende Abfuhr erhalten."

Auf zahlreichen Kundgebungen und Demonstrationen, die oft von der Polizei auseinandergetrieben wurden, verkündete die fortschrittliche Jugend die Losung: "Nicht ein einziges Gewehr, kein Stück Kohle, keine Tropfen Erdöl für die faschistischen Eroberer!"

An den Häusern wurden damals folgende Losungen angebracht: "Wir fordern die Beteiligung Polens an den Sanktionen gegen Mussolini! Wir fordern den Beitritt zum Ostpakt! (Wahrscheinlich ist damit der am 2. Mai 1935 geschlossene französisch-sowjetische Beistandspakt gemeint. K.H. J.) Wir fordern Liquidierung des Kriegsbündnisses mit Hitlerdeutschland!"

Diese Aktionen berührten so breite Kreise der Intelligenz und der gesamten Bevölkerung, daß die faschistische Regierung Polens (fälschlicherweise wird die rechtsgerichtete polnische Regierung als faschistisch bezeichnet. K.H. J.) es nicht wagte, offen die Räuber zu unterstützen.

Ein hervorragendes Beispiel des proletarischen Internationalismus war auch der Kampf der akademischen Linken für die Befreiung des deutschen Arbeiterführers Ernst Thälmann und Tausender durch das Hitlerregime eingekerkerter Antifaschisten. Auf allen legalen und illegalen Kundgebungen und in den herausgegebenen Flugblättern verurteilte die antifaschistische Jugend das barbarische Hitlerregime und forderte die Freilassung der deutschen Antifaschisten aus Gefängnissen und Konzentrationslagern.

Als faschistische polnische Organisationen 1935 eine Delegation des Nationalsozialistischen Deutschen Studentenbundes nach Polen eingeladen hatten und diese in Warszawa eintraf, nahm die Empörung der Studenten ein solches Ausmaß an, daß die offiziellen Regierungsvertreter sich fürchteten, die Delegation in die Hochschulen zu führen.

Die akademischen Linken waren schon mehrere Tage vorher über die Ankunft der faschistischen Studentendelegation informiert worden und hatten alles zu ihrer "Begrüßung" vorbereitet. In einem Aufruf hieß es:

"Kommilitonen und Genossen!

Die faschistische Verwaltung der Akademischen Kolonie nimmt die Gäste aus Hitlerdeutschland mit dem blutigen Hakenkreuz auf dem Arm herzlich auf. Die diplomatischen Besuche und das geheime Ränkeschmieden eines Kriegsbündnisses des polnischen Faschismus mit dem Dritten Reich werden ergänzt durch die Versuche, freundschaftliche Beziehungen zwischen der Bevölkerung beider Länder anzuknüpfen.

Kommilitonen und Genossen!

Rufen wir uns in Erinnerung, auf welchem Weg die Hitlerschen Häscher zur Macht gekommen sind! Wir kennen ihre Ziele und Absichten gut. Deshalb müssen alle Bewohner der Studentenwohnheime solidarisch und in Massen demonstrieren und bekunden, daß sie die braunen Kanaillen in ihrem Haus nicht dulden.

Wir dulden nicht die braunen Kanaillen in unserem Haus! Hitler verrecke! Es lebe der revolutionäre Kampf gegen den Faschismus!"

Dieses Flugblatt wurde überall dort, wo die "braunen Gäste" auftauchten, verbreitet. Die Polizei, die die Delegation schützte, war nicht in der Lage, die Täter zu finden, da sich die überwiegende Mehrheit der akademischen Jugend mit dieser Aktion solidarisch erklärte. Das Ergebnis war, daß die Delegation die ganze Zeit im Hotel blieb oder ihr in der Umgebung Paläste gezeigt wurden. Eine Begegnung mit den polnischen Studenten wurde sorgfältig vermieden.

Ähnliche Empfänge bereitete die antifaschistische Jugend auch anderen "Gästen" aus Hitlerdeutschland. Im Juni 1936 wurde der faschistische Rechtswissenschaftler Dr. König nach Polen eingeladen. Er sollte eine Vorlesungsreihe über das Recht und die Erziehung der Jugend in Hitlerdeutschland halten. Seine erste Vorlesung fand im Auditorium Maximum der Universität in Warszawa statt. Der Saal füllte sich zum Bersten mit Hörern. Noch nie waren zu einer Vorlesung in diesem Saal so viele Menschen gekommen. Aber als Dr. König das Katheder betrat und seine Vorlesung beginnen wollte, traten eine Studentin und ein Student an ihn heran. Als sie ihm einen prächtigen Strauß roter Rosen überreichten, sagten sie: "Wenn Sie nach Berlin zurückkehren, legen Sie bitte diese Rosen auf die Gräber der deutschen Antifaschisten, die von den Hitlerfaschisten ermordet wurden."

Gleichzeitig erschollen im Saal Rufe: "Fort mit Hitler!" - "Freiheit für Ernst Thälmann!" - Die Studenten begannen die Internationale zu singen. Der Referent war so erschrocken, daß er keine Zeit hatte, seine Papiere vom Katheder zu sammeln und durch die Tür in das benachbarte Zimmer zu entkommen. Er mußte das Lied des internationalen Proletariats zu Ende hören, ehe es die Organisatoren wagten, ihn aus dem Gebäude herauszuführen.

Der nächste faschistische Rechtswissenschaftler, der nach Polen kam, Dr. Frank, konnte seine Vorlesung nur einem geschlossenen Saal vor einer kleinen Gruppe von "Würdenträgern" halten, da auch ihm die Polizei vor den antifaschistischen Studenten keine Sicherheit garantieren konnte.

Niemals Vergessen! Aus dem antifaschistischen Widerstand der Studenten Europas, Berlin 1959, S. 74 ff.

Erich und Rosl Jungmann (Deutschland /Österreich)

"Der Nationalsozialismus Hitlers war, wie die Geschichte seines blutigen Regimes zeigt, antinational. Dies zu erkennen ist eine Lebensfrage der deutschen Nation. Sie kann nur gerettet werden gegen den Tyrannen, nicht mit ihm. Der deutsche Patriotismus liegt in den Händen jener heroischen Minderheit, die gegen seine Pläne und Taten Widerstand leistet, seit er in die Reichskanzlei eingezogen ist.

Wenn die bewaffnete Erhebung in Deutschland nicht kommt, ehe die Fronten vollständig zusammenbrechen, wenn die kämpfende Minderheit nicht zur Mehrheit wird, ehe letzter Schuß fällt, wird die Zukunft Deutschlands sich schwieriger gestalten, als wir uns heute vorstellen können. Bewaffnete Erhebung gegen Hitler oder tiefster Sturz Deutschlands - das ist jetzt die Frage für das deutsche Volk."[1]

"Die Entlarvung der Zionisten als einer Agentur des amerikanischen Imperialismus entlarvt zugleich die feindliche Rolle des Agenten Paul Merker in der deutschen Emigrationsgruppe in Mexiko von 1942 bis 1946. Während dieser Zeit arbeitete Merker eng mit dem im Prager Prozeß verurteilten Verbrecher André Simon zusammen. Die von dem Genossen Alexander Abusch mit vielen Beiträgen von Paul Merker, André Simon und dem Genossen Erich Jungmann in Mexiko herausgegebene Zeitschrift 'Freies Deutschland' entwickelte sich immer mehr zu einem Publikationsorgan zionistischer Auffassungen... Im Februar 1945 wird diese feindliche Linie von dem heutigen Chefredakteur Genossen Erich Jungmann in einem Artikel vertreten. Obgleich Jungmann die fürchterlichen Zerstörungen, die die faschistischen Okkupanten vor allem in der Sowjetunion und in Volkspolen angerichtet haben, nur zu gut bekannt waren, fordert er, 'daß alle den deutschen Juden zugefügten Schäden vom deutschen Volk und bevorzugt vor allen anderen Schäden wieder gutgemacht werden'."[2]

Erich Jungmann[3] gehörte im August 1944 zu der Minderheit des deutschen Volkes, die seit über einem Jahrzehnt gegen den Hitlerfaschismus kämpfte. Als stellvertretender Vorsitzender des Kommunistischen Jugendverbands in Deutschland und ab Dezember 1942 als Sekretär der Bewegung "Freies Deutschland" in Mexiko trug er besondere Verantwortung.

1952, als in der DDR, ähnlich wie in anderen sozialistischen Ländern, ein großer Prozeß gegen angebliche Parteifeinde und Agenten westlicher Geheimdienste vorbereitet wurde, war Erich Jungmann wegen seiner Zusammenarbeit und Freundschaft mit dem früheren Mitglied des Politbüros des ZK der SED, Paul Merker, starken Angriffen und Diffamierungen ausgesetzt.[4]

Am 31. Juli 1907 war Erich Jungmann in Dresden in einer sozialdemokratisch orientierten Arbeiterfamilie geboren worden. Nach dem Besuch der Volksschule und einer Lehre als kaufmännischer Angestellter sammelte er Berufserfahrungen bei der Lackfabrik Naumann und später in der Landesversicherungsanstalt Dresden.

Bereits im Spätherbst 1929 traf ihn die Arbeitslosigkeit. Zu diesem Zeitpunkt war er bereits engagiert in der Arbeiterjugend tätig. Unter dem Einfluß des Ersten Weltkrieges und der schweren Jahre danach hatte er sich 1926 dem Kommunistischen Jugendverband und 1929 der KPD angeschlossen. An dieser Entscheidung hatte die Familie eines Freundes maßgeblichen Anteil

Zwischen 1928 und 1933 wirkte Erich Jungmann im Jugendverband in verschiedenen Funktionen, zunächst in Dresden, dann in der Bezirksleitung Sachsen und ab 1931 im Reichsmaßstab in Berlin. Im November 1932 übernahm er die Aufgaben des stellvertretenden Vorsitzenden des KJVD. Kurz vorher, am 6. November 1932, erfolgte sein Wahl in den Reichstag. Mit 25 Jahren war er einer der jüngsten Abgeordneten.

Im Zentrum seiner vielseitigen Tätigkeit standen der Einsatz für die von der Weltwirtschaftskrise besonders schwer betroffene arbeitende Jugend und die Auseinandersetzung mit dem in der jungen Generation immer mehr Einfluß gewinnenden Hitlerfaschismus.

Die Ernennung Adolf Hitlers zum Reichskanzler am 30. Januar 1933 schuf eine völlig neue Situation. Zunächst versuchte der KJVD, wie andere Arbeiterorganisationen, legal Widerstand gegen die Errichtung der nationalsozialistischen Gewaltherrschft zu leisten. Bald zeigte sich aber, daß dies nicht mehr möglich war. Erich Jungmann gehörte zu den auf der Liste der KPD am 5. März 1933 gewählten 81 Reichstagsabgeordneten, die unmittelbar nach dem Volksvotum gehindert wurden, ihr Mandat wahrzunehmen.

Aus der Illegalität heraus versuchte Erich Jungmann von Februar 1933 bis zum Frühjahr 1934 den antifaschistischen Widerstand, vor allem der Arbeiterjugend zu organisieren.[4] Die anschließenden eineinhalb Jahre arbeitete er in Moskau im Mitteleuropäischen Sekretariat der Kommunistischen Jugendinternationale (KJI). Gestützt auf die deutschen Erfahrungen half er mit, die neue Politik zur internationalen Vereinigung der Jugendbewegung im Kampf gegen Faschismus und Krieg auszuarbeiten, wie sie im Sommer bzw. Herbst 1935 auf den Weltkongressen der Kommunistischen Internationale und der KJI beraten worden war.

Von November 1935 bis Mitte 1937 gehörte Erich Jungmann zur Abschnittsleitung West der KPD in Amsterdam.

Jungkommunisten organisierten u. a. im Ruhrgebiet Aktionen zur Verteidigung elementarer sozialer und demokratischer Interessen der heranwachsenden Generation in der Auseinandersetzung mit der Jugendpolitik der NSDAP. In den beiden Vorkriegsjahren hielt er sich vorrangig in Paris beim Sitz des Sekretariats des ZK der KJVD auf. Die Jungkommunisten waren bemüht, die Kriegsvorbereitungen Deutschlands aufzudecken und zum Widerstand dagegen aufzufordern. Diesem Ziel diente auch die Reise Erich Jungmanns zum Weltjugendkongreß für den Frieden im August 1938 in die USA, nach Poughkeepsis im Staat New York.[5] Erich Jungmann blieb bis November 1938 in Amerika. In den drei Monaten sprach er auf zahlreichen Veranstaltungen in den Staaten New York, Jersey und Pennsylvenia über die Lage in Nazideutschland und den Widerstand der Antifaschisten. Bei diesen Zusammenkünften wurden über 20000 Dollar für die deutschen Hitlergegner gespendet. Damals traf Erich Jungmann u. a. mit der Frau des Präsidenten der USA, Eleanor Roosevelt, und dem bekannten, von den Nazis verjagten Physiker, Albert Einstein, zusammen.

Trotz vielfältiger internationaler Bemühungen gelang es nicht, den Ausbruch des Zweiten Weltkrieges zu verhindern. Am 1. September 1939, dem ersten Kriegstag, gehörte Erich Jungmann zu den deutschen Antifaschisten, die von den französischen Behörden festgenommen wurden. Nach mehrwöchigem Aufenthalt im Pariser Polizeigefängnis kam er in das Internierungslager Le Vernet, wo Antifaschisten mehrerer Nationen unter unwürdigen Bedingungen leben mußten.[6] Als Mitglied der illegalen Lagerleitung nutzte Erich Jungmann, wie andere bekannte Gegner des Faschismus, seine internationalen Kontakte, u. a. in die USA und die Schweiz, um auf die komplizierte Lage der Gefangenen aufmerksam zu machen und um materielle Unterstützung zu ersuchen.

Da sich u. a. Eleanor Roosevelt für seine Ausreise nach Mexiko einsetzte, gelang es Erich Jungmann am 19. Dezember 1941 das Lager Le Vernet zu verlassen. Bis er am 8. März 1942 mit dem portugiesischen Schiff "Njassa" in Veracruz ankam, war eine beschwerliche letzte Etappe zu bewältigen. Stark bewacht war er von Le Vernet nach Marseille und von dort nach Les Milles gekommen. Die folgenden Stationen waren französische Lager in Oran (Algerien) und Casablanca (Marokko).

In Mexiko lebte im Frühjahr 1942 eine große Gruppe deutscher Antifaschisten, die über vielfältige Möglichkeiten legaler Tätigkeit gegen Nazideutschland verfügte.[7] Erich Jungmann traf hier Bekannte und Freunde. Sie wirkten in der Organisation der KPD sowie in der Bewegung "Freies Deutschland". Trotz aller Schwierigkeiten, fern von Deutschland auf dem amerikanischen Kontinent leben und arbeiten zu müssen, bestanden in Mexiko für die Emigranten aus Deutschland und Österreich günstige Bedingungen. Für Erich Jungmann gab es keine Probleme, schnell Kontakt zu finden. Persönlichkeiten mit seinen Erfahrungen und Fähigkeiten wurden überall gebraucht. Schon bald wurden ihm verantwortungsvolle Aufgaben übertragen. Ab April 1942 konnte er als Redakteur bei der monatlich erscheinenden deutschsprachigen Zeitung "Freies Deutschland. Alle-mania Libre" arbeiten.[8] Als Einstieg in die journalistische Tätigkeit erschien im April 1942 sein erster Artikel "Der 800. Tag. Tagebuchblätter aus Vernet 1941 - 42". Vor 800 Tagen, am 1. September 1939, hatte die Internierung deutscher Hitlergegner in Frankreich begonnen. Aus eigenem Erleben konnte Erich Jungmann über ihre Lage berichten, und er rief zur Solidarität mit den politischen Gefangenen auf, die in dem streng bewachten Gefängnis der Vichy-Regierung, Castres, auf die Auslieferung an die Gestapo warteten.

"Dreizehn Männer verschiedener politischer Anschauung, jedoch alle Hitlergegner, harren noch ihres Schicksals: Franz Dahlem, Siegfried Rädel, Heiner Rau, Rudolf Leonhard, Siegmund Nielsen, Heinrich Ebstein, Paul Stork, Stefan Walke, Werner Wohlers, Joseph Wagner, Paul Hahn, (Richard) Kirn und (Dr.) Auerbach.

Sie sind streng bewacht, erhalten keine Briefe, keine Pakete, kein Geld. Jeder Tag kann ihre Auslieferung bringen. Als ihr Freund, ihr Kamerad in 800 Verneter Tagen, muß ich meine Stimme für sie erheben. Wer hat Einfluß auf die Regierung von Vichy, um diese tapferen Männer zu retten?"[9]

Im Dezember 1942 wurde Erich Jungmann zum Sekretär des Ausschusses der Bewegung "Freies Deutschland" gewählt. An der Seite seines Präsidenten, des Schriftstellers Ludwig Renn, hat er über dreieinhalb Jahre in dieser Funktion umfangreiche und vielseitige Arbeit geleistet. Sie verzahnte sich zum Teil mit der Mitgliedschaft in dem 1943 gebildeten Lateinamerikanischen Komitee der Freien Deutschen, an dessen Spitze als Präsident Heinrich Mann und als Sekretär Paul Merker standen.

Zu Paul Merker, dem ehemaligen Mitglied des Politbüros des ZK der KPD, hatte Erich Jungmann in diesen Jahren besonders enge Beziehungen.[10]

Die kluge Politik der Organisation der KPD, die den veränderten Bedingungen des Krieges Rechnung trug, ist vor allem auf den Einfluß Paul Merkers zurückzuführen. Anläßlich des 50. Geburtstages von Paul Merker am 2. Februar 1944 sprach Erich Jungmann im Namen der Bewegung "Freies Deutschland" auf einer Feier im Restaurant Chapultepec in der mexikanischen Hauptstadt: "Wir wünschen Dir, daß Dein nächster Geburtstag in einem befreiten Deutschland gefeiert werde, in dem Du Deine Kräfte inmitten unseres Volkes und in der Heimat für den Fortschritt der Menschheit, für die Sühne der Kriegsverbrechen, für den Wiederaufbau der zerstörten Gebiete, für eine glückliche Zukunft unseres Volkes einsetzen kannst."[11]

Zur Leitung der KPD in Mexiko gehörten u. a. Alexander Abusch, Erich Jungmann und Simon Katz.

Erich Jungmann war auch im Hilfskomitee antinationalsozialistische Emigranten tätig. Sein Hauptarbeitsfeld lag jedoch im journalistischen Bereich. Neben der Arbeit als Redakteur der Zeitung "Freies Deutschland. Allemania Libre" schrieb er auch für die "Demokratische Post" und war an der Herausgabe der Publikation "Schwarzbuch über den Naziterror in Europa" maßgeblich beteiligt. Einen differenzierten Einblick in seine Arbeit geben 30 Artikel, die von April 1942 bis Mai 1946 in der Zeitung "Freies Deutschland. Allemania Libre" unter seinem Namen erschienen sind. Darunter war z. B. im Februar 1945 der Beitrag "Zur Notkonferenz des jüdischen Weltkongresses", der 1952 zu der Beschuldigung führte, Erich Jungmann habe in Mexiko zionistische Auffassungen vertreten.[12]

Der im Mai 1946 veröffentlichte letzte Artikel trug die Überschrift "Nazis im Untergrund". Am Ende des Textes stand folgender Gedanke:

"Mit der Genehmigung der Besatzungsbehörden wurde soeben ein Gesetz zur Entnazifizierung in der amerikanischen Besatzungszone veröffentlicht. Wenn dieses Gesetz zur Durchführung unter Leitung deutscher Hitlergegner käme, so wäre das ein großer Schritt vorwärts. Entscheidend ist, daß die Möglichkeiten zu einer wirklichen Durchführung geschaffen werden. Uns scheint, daß im Kampfe gegen illegale Naziorganisationen nicht Polizeimaßnahmen allein genügen, sondern daß eine grundlegende Änderung in politischer und ökonomischer Hinsicht notwendig ist, vor allem die Heranziehung der erprobten Antifaschisten, die Zulassung der Einheitsgewerkschaften und der Einheitspartei der deutschen Arbeiterklasse."[13]

Die vier Jahre Mexiko haben das Leben von Erich Jungmann grundlegend geprägt. In einem Kreis Gleichgesinnter erfuhr er in vielfältiger Hinsicht eine Bestätigung seines Könnens und genoß aufgrund seiner Sachlichkeit und Bescheidenheit Vertrauen. In Mexiko traf er interessante Menschen. An erster Stelle trifft dies auf seine spätere Frau Rosl Liner zu. Sie war ihm bereits aus dem französischen Exil bekannt. In Paris hatten sie sich mehrfach getroffen. Als sie sich im Frühjahr 1942 in Mexiko-Stadt wieder begegneten, war Rosl 36 Jahre alt.

Sie stammte aus einer österreichischen jüdischen Kaufmannsfamilie und ist am 10. Dezember 1905 in Wien geboren.[14] Nach dem Besuch der Volks- und später der Bürgerschule in der österreichischen Hauptstadt hatte sie den Beruf einer Damenschneiderin erlernt. 1929 erwarb sie an der Schneider-Akademie Wien das Meisterdiplom. Anschließend arbeitete sie bis 1937 als selbständige Schneiderin. Dann ging Rosl Liner nach Paris, sowohl mit dem Wunsch, ihre Berufskenntnisse zu erweitern, als auch aus Furcht vor den in Österreich immer frecher auftretenden Faschisten.

In Paris lebte ihre zehn Jahre ältere Schwester Gisl, die mit dem bekannten tschechischen Schriftsteller Egon Erwin Kisch verheiratet war. Bei den Kischs fand Rosl stets ein offenes Haus und lernte viele neue Menschen, unter ihnen auch Erich Jungmann, kennen.

Zu Beginn des Zweiten Weltkrieges gelang es Egon Erwin Kisch, zusammen mit seiner Frau von Frankreich aus in die USA zu emigrieren. Von dort kamen sie später nach Mexiko.

Rosl Liner fand 1939 keinen Weg, Frankreich zu verlassen. Zunächst arbeitete sie in Paris weiter als Schneiderin. Als aber aufgrund des Krieges die Aufträge immer spärlicher wurden, nahm sie eine Anstellung als Kellnerin in einem Restaurant bei Versailles an.

Infolge der Besetzung Frankreichs durch deutsche Truppen im Sommer 1940 kamen in das Restaurant auch Offiziere und Soldaten der Wehrmacht. Rosl Liner versuchte von ihnen Informationen zu erhalten und in Gesprächen Zweifel und Nachdenklichkeit über die Kriegsführung des NS-Regimes zu erzeugen. Zu diesem Zeitpunkt stand sie in Kontakt mit Angehörigen der französischenWiderstandsbewegung.

Sicher ist es auf die Initiative von Gisl und Egon Erwin Kisch zurückzuführen, daß Rosl Liner im Herbst 1941 das Visum für Mexiko erhielt und auch die Ausreise bekam. Ab Oktober 1941 lebte sie in Mexiko, wo sie wieder als Schneiderin Arbeit fand. In ihrer Freizeit beteiligte sie sich an Aktionen österreichischer und deutscher Antifaschisten.

Seit Sommer 1942 lebten Rosl Liner und Erich Jungmann zusammen. Erich Jungmann schreibt in seinen Erinnerungen darüber:

"Nach meiner Ankunft in Mexiko im März 1942 traf ich Rosl auf Kulturveranstaltungen und bei Besuchen bei Kischs wieder... Später mieteten wir auch eine Wohnung in der Juanacatlan 147, ganz in der Nähe von Kischs..."[15]

Oft haben sie sich zu viert in der Wohnung der Kischs in der Tamaulias 129 getroffen, und zwischen ihnen entstand enge Vertrautheit. Geheiratet haben Rosl Liner und Erich Jungmann erst am 21. November 1945 in der mexikanischen Hauptstadt. Ihre Trauzeugen waren Gisl und Egon Erwin Kisch sowie Margarete und Paul Merker. Dies geschah zu einem Zeitpunkt, als sich die deutschen politischen Emigranten intensiv darum bemühten, nach Deutschland zurückzukehren, um mithelfen zu könne, die Folgen von Krieg und Faschismus zu beseitigen und einen demokratischen Neuanfang in ihrer Heimat zu unterstützen. Sowohl die amerikanische als auch die britische Regierung hatten aber kein Interesse daran, daß deutsche Antifaschisten schnell nach Hause zurückkehrten. Sie verweigerten deshalb die notwendigen Papiere. Erich Jungmann berichtet darüber: "Nach Beendigung des Krieges wollten wir schnell in die Heimat zurück. Die Amerikaner und Engländer verweigerten uns jedoch Visen, um über den Atlantik zu fahren...

1946 konnten ein Teil unserer deutschen Gruppe und einige ungarische und österreichische Genossen von der Westküste Mexikos von Manzanillo aus mit einem sowjetischen Schiff, das Jute in Jucatan geladen hatte, die Ostküste Mexikos hinunterfahren, durch den Panamakanal zur Westküste zum Hafen Manzanillo Mexiko verlassen. Wir konnten mit diesem sowjetischen Schiff über die Hawaiischen Inseln (Honulu) über Kamtschatka und Wladiwostok fahren und dann mit der Transsibirischen Eisenbahn in die Heimat nach Berlin zurückkommen." [16]

Im Juni 1946 trafen Rosl und Erich Jungmann in Berlin ein. Über zwölf Jahre waren vergangen, seit Erich Jungmann im Frühjahr 1934 als stellvertretender Vorsitzender des Kommunistischen Jugendverbands die deutsche Hauptstadt verließ. Wieviel hatte sich seitdem verändert. Besonders bedrückend waren die großen Zerstörungen und die Resignation vieler Menschen. Erich Jungmanns Absicht war, so schnell wie möglich Aufgaben zu übernehmen, um mitzuhelfen, diese Situation zu verändern. Sicher war es auf den Einfluß seines Freundes Paul Merker zurückzuführen, der trotz Abwesenheit im April 1946 in die Führungsspitze der SED gewählt worden war, daß Erich Jungmann im Juli 1946 den Auftrag erhielt, bei der Rückführung und Wiedereingliederung heimkehrender deutscher Kriegsgefangener aus der Sowjetunion zu helfen. Im Lager Cronenfelde bei Frankfurt an der Oder gehörte er zu den Persönlichkeiten, die sich um die ankommenden Transporte kümmerten, sich für ihre Versorgung einsetzten und vielen Hilfesuchenden mit Rat zur Seite standen. In zwei Monaten sind über 120000 Männer über diesen Zwischenaufenthalt nach Deutschland zurückgekehrt. Die Arbeit geschah in engem Kontakt mit Paul Merker, der im Parteivorstand der SED die Hauptverantwortung auf diesem Gebiet trug. Mehrfach kamen auch die Vorsitzenden der SED, Wilhelm Pieck und Otto Grotewohl, nach Cronenfelde, um die durch Krieg und Gefangenschaft so schwer geprüften Menschen willkommen zu heißen.

Im November 1946 wurde Erich Jungmann zu einem Gespräch in das Haus des Parteivorstands der KPD eingeladen. Mit ihm trafen sich Franz Dahlem und Walter Ulbricht, um ihm nahezulegen, künftig in Westdeutschland politische Arbeit zu leisten. Die SED wollte der Leitung der KPD den Vorschlag machen, Erich Jungmann als stellvertretenden Landesvorsitzenden in Niedersachsen einzusetzen. Vorsitzender der KPD war dort zu diesem Zeitpunkt Kurt Müller. Erich Jungmann kannte Westdeutschland aus der illegalen Arbeit in der Nazizeit gut. Unter den Kommunisten, die dort jetzt unter schwierigen Bedingungen wirkten, waren einige seiner früheren Kampfgefährten aus dem KJVD. Dies war ein Grund, weshalb er den Vorschlag annahm, was aber für Rosl Jungmann bedeutete, daß sie ihre Tätigkeit als Angestellte in der Berliner Stadtverwaltung wieder aufgeben mußte.

Anfang Dezember 1946 brachte Richard Stahlmann die Jungmanns mit einem Auto illegal über die Zonengrenze. Die Ankunft in Hannover war bereits vorbereitet. In der niedersächsischen Metropole lebten und arbeiteten Erich und Rosl Jungmann von Dezember 1946 bis Mitte 1949. Erich Jungmann war zunächst stellvertretender Vorsitzender der Landesorganisation der KPD. Als Kurt Müller 1948 die Aufgabe des stellvertretenden Vorsitzenden der KPD für die drei Westzonen übernahm, trat Erich Jungmann an die Spitze der niedersächsischen KPD. In den zweieinhalb Jahren leistete er kluge und zuverlässige Arbeit, die ihm das Vertrauen zahlreicher Kommunisten und anderer Bürger einbrachte.[17]

Von 1949 bis Februar 1951 gehörte Erich Jungmann dem Sekretariat des Parteivorstands der KPD an. Er war für die Zusammenarbeit mit den Massenorganisationen verantwortlich. Die Tätigkeit erfolgte zunächst in Frankfurt/Main und dann in Düsseldorf.

Teile des erhalten gebliebenen Briefwechsels zwischen Erich und Rosl Jungmann mit Gisl Kisch vermitteln einen Einblick in die Lebensbedingungen der Familie Jungmann zwischen 1947 und 1949.

Erich Jungmann an Gisl und Egon Erwin Kisch, Hannover, 10. 2. 1947:

"Die Genossen hier arbeiten unter viel schwierigeren Bedingungen als anderswo. Vom ersten Tag, als sie aus dem KZ entlassen wurden, stehen sie ihren Mann, ohne Urlaub und Ausspannung. Ich habe viele gute Freunde, mit denen ich vor 33 oder in der Illegalität zusammenarbeitete, wiedergetroffen...

Rosl fühlt sich unter diesen Bedingungen noch nicht restlos glücklich. Vorläufig arbeitet sie noch nicht. Es ist hier auch nicht so einfach wie drüben. Andererseits ist sie einen großen Teil des Tages beschäftigt mit dem Haushalt. Wir haben zwar nur 1 1/2 Zimmer und Küchenbenutzung und noch keine Möbel, aber gerade das gibt die viele Arbeit, weil alles herumliegt und unser Kanonenofen macht soviel Dreck, daß es dauernd zu putzen gibt. Das Heranschaffen der paar Lebensmittel nimmt Zeit in Anspruch. Nicht selten muß man zehnmal um Fleisch und andere Dinge rennen, ehe man etwas erhält. Momentan erleben wir die dritte Kältewelle, und nach Mexiko spürt man die Kältewelle besonders hart."[18]

Erich Jungmann an Gisl und Egon Erwin Kisch, Hannover, 5. 3. 1947: "Der Winter war sehr hart, und wir hatten sehr zu kämpfen, ein paar Kohlen zu bekommen."[19]

Rosl Jungmann an Gisl Kisch nach dem Tode von Egon Erwin Kisch, Hannover, 20. 5. 1948:

"Es war für Erich und mich ein sehr harter Schlag. Wir konnten es anfangs gar nicht glauben, daß wir unseren guten alten Egonek nicht mehr sehen sollten; jedesmal sagte Erich zu mir: Erinnerst Du Dich, was E. damals oder dort zu dem und jenem gesagt hat?"[20]

Erich Jungmann an Gisl Kisch, Dresden, 19. 3. 1949:

"Du hast wahrscheinlich schon lange auf ein Lebenszeichen von uns gewartet. Es ist aber nicht nur Zeitmangel, wenn es bis heute nicht geschah. Ich bin seit dem letzten Herbst nicht mehr in Berlin gewesen und jetzt, wo unsere Partei von der SED organisatorisch getrennt ist, kommen wir auch nicht mehr hin... Ich bin jetzt für vier Tage bei meiner Mutter und meiner Schwester. Die Mutter hatte einen Schlaganfall, und ich mußte unbedingt nach dem rechten sehen... Über mein Kommen hat sie sich sehr gefreut."[21]

Erich Jungmann an Gisl Kisch, Annen Hohne, 12. 10. 1949:

"Wir haben einige Tage Urlaub und nutzen die Gelegenheit, Dir einige Zeilen zu schreiben. Durch meine Arbeit in Frankfurt war es spät mit dem Urlaub geworden...

Uns geht es einigermaßen. Rosl wohnt vorläufig noch in Hannover, und ich komme zum Wochenende nach Hause, wenn nicht gerade eine Konferenz ist. Wir wollen übersiedeln, aber es ist wirklich schwer, eine Wohnung zu erhalten."[22]

Im Frühjahr 1951 kam es zu einer Zäsur im Leben der Familie Jungmann, sie mußte in die DDR übersiedeln. In einem von Erich Jungmann geschriebenen Lebenslauf steht über die Jahre 1951 bis 1959:

"Von 1951 bis 1952 war ich stellvertretender Chefredakteur der 'Märkischen Volksstimme' in Potsdam und von 1952 bis 1959 Chefredakteur der 'Volkswacht' in Gera. Von 1953 bis 1956 beauftragte mich die Parteiführung mit besonderen Aufgaben. Von 1956 bis 1959 erhielt ich die Funktion des stellvertretenden Chefredakteurs der 'Berliner Zeitung'".[23]

Was war geschehen? Warum wurde ein angesehener und besonders an der Basis geschätzter führender Funktionär der KPD plötzlich abberufen und mußte mit seiner Frau aus der BRD in die DDR ziehen? War seine anschließende Entwicklung in der DDR wirklich so geradlinig, wie es nach den Angaben aus dem Lebenslauf erscheint?

Auf der Sitzung des Parteivorstands der KPD am 9. Februar 1951 wurden der 2. Vorsitzende der KPD, Fritz Sperling, und die Mitglieder des Sekretariats, Erich Jungmann, Josef Schleifstein und Rudi Singer sowie die Mehrzahl der Bezirkssekretäre ihrer Funktionen enthoben.[24] Um diese den Statuten der Partei zuwiderlaufende Entscheidung zu verdecken, beschloß das veränderte Sekretariat des Parteivorstands am 20. März 1951:

"Die Übersiedlung folgender Genossen in die DDR wird genehmigt: Fritz Sperling, Erich Jungmann, Rudi Singer, Jupp Schleifstein, Fritz Nickolay, Robert Leibbrand, Hermann Nuding."[25]

Diese Beschlüsse waren Bestandteil repressiver Maßnahmen der SED und der

KPD sowie von Staatsorganen der DDR gegen vollkommen unschuldige Parteimitglieder und Funktionäre. Sie standen im Zusammenhang mit Schauprozessen u. a. in Ungarn und Bulgarien gegen führende Funktionäre kommunistischer und Arbeiterparteien, denen grundlos parteifeindliches Verhalten in Verbindung mit der Tätigkeit ausländischer Geheimdienste vorgeworfen wurde. Auf Veranlassung des sowjetischen KGB waren von diesen den Arbeiterparteien großen Schaden zufügenden Eingriffen seit 1949 auch die SED und die KPD verstärkt betroffen. Anfang 1951 kam es zu einer weiteren Zuspitzung. Zahlreiche bewährte Antifaschisten, die in Spanien gekämpft hatten, in Westeuropa bzw. auf anderen Kontinenten im Exil gegen Nazideutschland aufgetreten waren, wurden gemaßregelt. Unter ihnen war auch Erich Jungmann. Wie für andere bedeutete dies für ihn den Verlust aller Funktionen und die Aufgabe des Wohnsitzes in der Bundesrepublik. Die Übersiedlung in die DDR wurde angeordnet. Zunächst hieß dies, in einem Ort außerhalb Berlins zu leben.

Erich und Rosl Jungmann kamen im Frühjahr 1951 nach Potsdam. Hier durften Rosl Jungmann als Sachbearbeiterin bei der HO und Erich Jungmann als Redakteur bei der "Märkischen Druck- und Verlags-GmbH" tätig sein. Ab Januar 1952 konnte er sogar stellvertretender Chefredakteur der "Märkischen Volksstimme" sein und am 1. September 1952 erfolgte die Ernennung zum Chefredakteur der "Volkswacht" in Gera.

Nach einem Jahr hatte ihn seine Vergangenheit im Zweiten Weltkrieg wieder eingeholt, denn er wurde entlassen und mußte unmittelbar den Wohnsitz wechseln. Bereits am 22. September 1953 begann er eine untergeordnete Arbeit bei der HO in Karl-Marx-Stadt.

Der Hauptgrund für diese erneute Diskreminierung war der Slánský-Prozeß in der Tschechoslowakei. Zu den in Prag unschuldig zum Tode Verurteilten gehörte Simon Katz, ein Freund Erich Jungmanns aus Mexiko. Dieser Umstand wurde von der SED zum Anlaß genommen, um Paul Merker, Erich Jungmann und Alexander Abusch in dem Beschluß des Zentralkomitees vom 21. Dezember 1952 "Lehren aus dem Prozeß gegen das Verschwörerzentrum Slánský" in völlig unsachlicher Weise anzugreifen und schwer zu beschuldigen.

Im April 1954 durfte Erich Jungmann von Karl-Marx-Stadt nach Berlin zurückkehren. Arbeit fand er zunächst bis zum 31. August 1955 bei der HO im Stadtbezirk Prenzlauer Berg und später bei der Bezirksverwaltung der HO.

Rosl Jungmann, die in Gera und Karl-Marx-Stadt ohne Arbeit geblieben war, bekam in Berlin 1956 eine Anstellung im Deutschen Modeinstitut. Erich Jungmann konnte ab September 1955 im Amt für Literatur und Verlagswesen tätig sein. Erst unter dem Einfluß des XX. Parteitages der KPdSU durfte er im September 1956 in Übereinstimmung mit seinen Fähigkeiten stellvertretender Chefredakteur der "Berliner Zeitung" sein. Über drei Jahre leistete er an diesem Platz eine sehr qualifizierte und geschätzte Arbeit.

Im August 1956 war durch die Regierung Konrad Adenauer in der Bundesrepublik die KPD verboten worden. Die Kommunisten wurden zwölf Jahre, von 1956 bis 1968, in die Illegalität gedrängt. Sie hatten es erneut besonders schwer. Dringend gebraucht wurden an ihrer Spitze so erfahrene und kluge Kommunisten wie Erich Jungmann. Anfang Dezember 1959 erklärte er sich bereit, Verantwortung in der Führung der KPD zu übernehmen. Von Ende 1959 bis 1968 war er als Kandidat des Politbüros und Sekretär des Zentralkomitees der KPD tätig. Die Führung der KPD hatte in dieser Zeit ihren Sitz in der Hauptstadt der DDR, in Berlin. Die Familie Jungmann wohnte in einem Mietshaus in der Krügerstraße 21 im Stadtbezirk Prenzlauer Berg. Rosl Jungmann bekam 1959 Arbeit als technische Mitarbeiterin im Institut für Marxismus-Leninismus beim ZK der SED. In ihrer Freizeit wirkte sie im Wohngebiet in der Jugendhilfe mit.

Als 1968 die DKP gegründet wurde, setzte sich die KPD dafür ein, daß möglichst viele ihrer Mitglieder ihren Platz in der sich unter veränderten Bedingungen neu formierenden Arbeiterpartei fanden. Dieser Prozeß des Übergangs von der Illegalität zur Legalität erstreckte sich über mehrere Monate. Die meisten Funktionäre, die jahrelang in der Führung der KPD gearbeitet und in der DDR gewohnt hatten, gingen zurück nach Westdeutschland.

Aufgrund einer schweren Erkrankung seiner Frau kam dies für Erich Jungmann nicht in Frage. Seit 1966 klagte Rosl Jungmann über heftige Schmerzen und mußte wiederholt ins Krankenhaus. Ihr Mann kümmerte sich beispielhaft um sie. Dies geschah bis zum letzten Tag, als die Tumore das Leben dieser so tapferen Frau schon fast unerträglich gemacht hatten. Am 3. Juli 1972 schrieb Erich Jungmann: "Rosl ging es um diese Zeit nicht gut; sie mußte täglich ins Krankenhaus zum Spritzen und war hinterher fertig. Selbst sonnabends und sonntags kamen die Ärzte nach Hause, um die Spritze zu verabreichen. Jetzt geht es ihr etwas besser, bis auf die Rückenschmerzen, deren Ursache man noch nicht gefunden hat."[27]

Nach mit viel Tapferkeit ertragenem Leid starb Rosl Jungmann am Abend des 21. Mai 1974 im Alter von 68 Jahren.

Für ihren Mann und ihre Freunde war dies ein großer Verlust. Auch in den schwersten Situationen stand sie in den 32 Jahren gemeinsamen Lebens fest zu ihrem Mann und gab ihm Halt. Mit ihrem klugen und feinfühligem Wesen war sie oft sein erster und wichtigster Ratgeber.

Als Rosl Jungmann starb, hatte Erich Jungmann in der DDR bereits wieder eine ihn voll fordernde Aufgabe übernommen. Seit 1972 leitete er als Intendant den Rundfunksender "Radio Berlin International". Hier konnte er seine reichen journalistischen Fähigkeiten sinnvoll nutzen. Hervorstechendstes Kennzeichen seines Wirkens war sein tiefer Internationalismus.

1975 übergab Erich Jungmann seine Stellung als Intendant in jüngere Hand.

Bis zu seinem Tode, am 29. März 1986, war er noch über ein Jahrzehnt u.a. als Mitglied des Komitees der Antifaschistischen Widerstandskämpfer rege an der Entwicklung in der DDR und in der BRD beteiligt. Vielfältige Fäden verbanden ihn auch mit Gleichgesinnten im Berliner Bezirk Prenzlauer Berg.

Im letzten Jahrzehnt lebte er mit Grete Köhler, einer ehemaligen Schulkameradin aus Dresden, zusammen, die ihn fürsorglich betreute.

Menschen, die Erich Jungmann näher kannten, haben ihn stets geachtet und geschätzt. Er war sehr zuverlässig und hilfsbereit. Zwischen Wort und Tat gab es keine Kluft.

Immer versuchte er, anderen gegenüber freundlich und verständnisvoll zu sein. Seine kommunistische Überzeugung bildete eine Einheit mit einem bescheidenen Lebensstil.

Ein Charakterzug, der sicher stark im illegalen Kampf gegen das Hitlerregime geprägt worden ist, war seine Verschwiegenheit. Damit in Verbindung steht auch, daß bis heute wenig über seine illegale Tätigkeit in der KPD zwischen 1959 und 1970 bekannt ist.

Selbst gegenüber guten Freunden sprach er nicht oder nur sehr wenig über die schweren Jahre der Repressalien und Demütigungen zwischen 1951 und 1956.

Ein Mensch wie Erich Jungmann hatte bis zum Lebensende Freunde, auf die er sich verlassen konnte. Gleiches galt für sein Verhältnis zu Menschen, denen er vertraute. Zu seinen Freunden und engen Bekannten zählten auch Persönlichkeiten, die Opfer von Verfolgungen und Ausgrenzungen in der DDR und in der Sowjetunion geworden waren. Hierzu gehörten u.a. Paul Merker und seine Frau Margarete, Franz Dahlem, Lydia Sperling, Bruno Fuhrmann und Carola Karg.

Ähnlich wie Franz Dahlem setzte er in den letzten zweieinhalb Jahrzehnten seines Lebens viel Kraft ein, die Wahrheit über die Geschichte der deutschen und internationalen Arbeiterbewegung sowie des antifaschistischen Kampfes im In- und Ausland zu erforschen und bekanntzumachen. Hauptthemen seines Interesses waren die Geschichte der Arbeiterjugendbewegung, die Rolle der Jugend im antifaschistischen Widerstand, die Beziehungen der deutschen Arbeiterbewegung zur Sowjetunion, das französiche Internierungslager in Le Vernet und die Bewegung "Freies Deutschland" in Mexiko. Hilfe leistete er auch bei Forschungen zur Geschichte des Rundfunks und der Presse in der DDR.

Mit den engen persönlichen Bindungen an die Jugendbewegung hängt sicher zusammen, daß sich Erich Jungmann für die Interessen junger Menschen immer besonders einsetzte. Einen zentralen Platz nahm die Vermittlung historischer Erfahrungen und Lehren aus der Geschichte des 20. Jahrhunderts ein. Im Zentrum stand dabei die Vermittlung der Wahrheit über die Verbrechen des Faschismus in Deutschland und in der Welt. Besonders am Herzen lag ihm die Geschichte des antifaschistischen Widerstands. Das Wissen um diese Zusammenhänge, verbunden mit dem Bemühen, der heranwachsenden Generation Erfahrungen und Werte des Antifaschismus zu vermitteln, sah er für die Zukunft Deutschlands als lebensnotwendig an. Für dieses Ziel war Erich Jungmann bis zur letzten Stunde seines Lebens unermüdlich tätig. Vielfältige Kontakte und eine umfangreiche Korrespondenz mit Jugendlichen, Jugendgruppen und Lehrern belegen, daß dieser Einsatz nicht ergebnislos war.

Anmerkungen:

1 Zit. nach: Erich Jungmann. Das deutsche Volk vor der Entscheidung, in: Freies Deutschland. Alemania Libre, Mexiko, August 1944, S. 10

2 Zit. nach: Lehren aus dem Prozeß gegen das Verschwörerzentrum Slánský. Beschluß des ZK der SED, 20. 12. 1952, in: Dokumente der SED, Bd. IV, Berlin 1954, S. 205, 207

3 Der Verf. war von 1962 bis 1986 mit Erich Jungmann bekannt. Befragungen zu seiner Biographie fanden am 18. 2. 1964, 12. 4. 1964 und 5. 12. 1974 statt. Angaben über das Leben von Erich Jungmann sind in zahlreichen Akten der Nazijustiz sowie in Akten der SED und der KPD enthalten. Auf Vorschlag des Verf. entstand 1983 an der Wilhelm-Pieck-Universität Rostock die Diplomarbeit von Uta Fronczyk "Leben und Kampf von Erich Jungmann, insbesondere sein Wirken in der Leitung des Kommunistischen Jugendverbandes Deutschland (1928 - 1939)".

4 Vgl. Karl Heinz Jahnke. Jungkommunisten im Widerstandskampf gegen den Hitlerfaschismus, Berlin 1977, S. 12 ff.

5 Vgl. Ebenda, S. 280 f.; Illustrierte Geschichte. Deutsche Arbeiterjugendbewegung 1904 - 1945, Berlin 1987, S. 239 f.

6 Vgl. Sibylle Hinze. Antifaschisten im Camp Le Vernet, Berlin 1988

7 Vgl. Wolfgang Kiessling. Alemania Libre in Mexiko, Bd. 1 u. 2, Berlin 1974

8 1975 erschien eine vierbändige Reprintausgabe dieser Zeitung. Vgl. Freies Deutschland. Alemania Libre, Bd. I - IV, Leipzig 1975.

9 Erich Jungmann. Der 800. Tag. Tagebuchblätter aus Vernet 1941 - 42, in: Freies Deutschland. Alemania Libre, April 1942, S.13

10 Stiftung Archiv der Parteien und Massenorganisationen der DDR im Bundesarchiv, Berlin (SAPMO-BArch), EA 1306/2

11 Freies Deutschland, Alemania Libre, März 1944, S. 32 (vgl. S. 68-70)

12 Ebenda, Februar 1945, S. 11 f.

13 Ebenda, Mai 1946, S. 10

14 Der Verf. war mit Rosl Jungmann von 1962 bis 1974 bekannt.

15 SAPMO-BArch, EA 1990, Bl. 62

16 Ebenda, Bl. 59 f.

17 Über die Tätigkeit von Erich Jungmann in Niedersachsen gibt es bisher keine umfassenderen Angaben. Für den Verf. waren entsprechende Quellen der KPD nicht zugänglich. Gleiches gilt für die Jahre 1949 bis 1951 sowie 1959 bis 1970.

18 SAPMO-BArch, NL 236/21, Bl. 27

19 Ebenda, Bl. 28

20 Ebenda, Bl. 37

21 Ebenda, Bl. 47

22 Ebenda, Bl. 52

23 Ebenda, EA 1990, Bl. 66

24 Vgl. Karl Heinz Jahnke "... ich bin nie ein Parteifeind gewesen". Der tragische Weg der Kommunisten Fritz und Lydia Sperling, Bonn 1993, S. 80

25 BA Koblenz, B 118, 137 Bl. 07123

26 Zit. aus einem Brief von E. Jungmann an den Verf., Berlin, 3.7. 1972

Erich Jungmann, Mexiko 1942

Rosl und Erich Jungmann im Urlaub

Erich Jungmann bei einer Jugendweihefeier in Berlin

Erich Jungmann spricht als Vertreter der KPD auf dem IX. Parteitag der Bulgarischen Kommunistischen Partei, Sofia, November 1966 (im Hintergrund L. Breshnew, T. Shiwkow)

Erich Jungmann,
Berlin Friedrichsfelde,
14. Januar 1973

Rosl und Erich Jungmann im Urlaub in Nordkorea

Brief von Erich Jungmann an Carl Hofmaier (Zürich), Le Vernet, 14. September 1941

Lieber Carl,
ich war sehr froh, auf meinen Brief endlich Antwort zu erhalten. Einen Tag vorher hatte ich noch eine Karte geschickt. Hast Du sie erhalten. Deine Schilderung der Lage auch bei euch finde ich sehr interessant. Ja. es wird eben überall knapp. Wir spüren das in den letzten Wochen besonders hart. Ich weiß nicht, wie das werden soll, wenn jetzt das bißchen Gemüse noch wegfällt. Wir gehen unter ungleich schlechteren Bedingungen in den 3. Winter hinein, als in die beiden vorhergehenden. Gesundheitlich hat jeder gelitten. Kaufen kann man nur wenig und *die Pakete sind beängstigend selten geworden.* Wir sind deshalb mehr als je zuvor auf die Hilfe lieber Menschen draußen in der Welt angewiesen. Ist es nicht möglich, daß sich wie früher, einzelne Freunde dort um einzelne von hier bemühen? Auf eine Reihe Briefe an Paten kam gar keine Antwort. Z.B. erhält man für 10 sfr., die am "Le Coios Suisse" Zürich, Wibichstr. 81 eingezahlt werden ein ganz nettes Paket von Toulouse. Das wäre schon eine große Hilfe. Pakete aus Portugal sind schon seit vielen Wochen nicht mehr angekommen. Du mußt es nun an solche Leute schicken, die bestimmt noch hier sind. Am Schluß nenne ich eine Reihe Namen. Pakete an Internierte, die ausgewandert sind oder in ihre Heimat fuhren, werden an den ausgehändigt, der Vollmacht hat, noch gehen sie zurück. Ich bitte Dich das Rote Kreuz davon zu unterrichten. Hier ist man überhaupt nicht gut zu sprechen auf solche Sendungen, obwohl man gut weiß, daß wir leiden. Ich bitte Dich trotzdem, alles zu tun, daß wir Portugal-Pakete erhalten, aber eben nur an Menschen, die noch hier sind. Vielleicht ist es auch möglich, daß uns das Rote Kreuz vorher informiert, wann an wen und mit welchem Inhalt Pakete abgeschickt wurden, damit eine Kontrolle vorhanden ist. Sprich bitte auch mit dem Doktor darüber. Ich schreibe so ausführlich darüber, weil es Fragen sind, die mir sehr am Herzen liegen.

Grüße bitte Helen recht herzlich auch von den übrigen Freunden. Jetzt einige Namen: Franz D/22, Siegfried R/21, Paul Richter 21, Emil Werner 21, Julius Goldstein 8, Leonhard 8, Hans Weyers 21, Willi Eildermann 22, Edgar Lienick 8, Hugo Salzmann 22, Willi Bürger 21, Heinz Gérald 21, Ernst Zoellner 22. Ich freue mich, daß sich Deine Frau um die Tabakfrage kümmern wird. Inzwischen kann ich Dir einen Tipp geben. Schicke Schweizer Stumpen-Stummel (Reste) per Muster ohne Wert (echantillons sans valeur) in kleinen Döschen oder Kästchen. Man muß außen darauf schreiben: "Reste du tabac". Ein Freund von mir hat schon ein solches Kästchen hier. Es ist zehnmal besser als Bohnenkraut und Tee.

Lieber Carl, Du fragst, wie es mit der Ausreise steht. Gestern wurde ein Freund nach der Information gerufen, wo man ihm mitteilte, daß Deutsche bis 48 Jahre Frankreich nicht verlassen dürfen. Obwohl die Mehrzahl hier ausgebürgert sind - also nach dem einfachsten internationalen Gesetz *keine* Deutschen mehr sind - scheint es, daß man uns fälschlicherweise mit zu Deutschen rechnen will und nicht ausreisen läßt. Es ist an der Zeit, daß man das Problem der deutschen Emigration als eine prinzipielle Frage behandelt und erledigt. Ich bin fest davon überzeugt, daß eines Tages unsere Frage erledigt werden wird und vielleicht schneller als mancher denkt und anders als es anderen lieb ist. Für heute genug. Ich hoffe, regelmäßig von Dir zu hören. *Nimm Dich bitte unserer an.* Es drückt Dir fest die Hand Erich
Abschrift aus dem Nachlaß von Erich Jungmann.

Erich Jungmann: Der 800.Tag. Tagebuchblätter aus Vernet 1941 - 42, Mexiko, April 1942

Heute sind es achthundert Tage her, daß wir interniert sind. Als wir hierher kamen nach Vernet, dachten wir: eines Tages wird sich für uns alle *das* Lager öffnen, alle zusammen werden wir in die Freiheit gehen. Aber wie viele sind schon fort. Für mehr als hundert wird sich das Lager niemals öffnen - sie sind auf Ewigkeit im Quartier interniert. Wir sagen immer "Quartier D" und niemals Friedhof. Viele hundert, meist Spanier und Freiwillige aus dem spanischen Bürgerkrieg, sind nach Afrika gebracht worden, wo es ihnen ebenso geht wie es ihnen hier erging, nur tritt dort zu allen Nöten noch die Wassernot. Durst. Seit ein paar Tagen gibt es eine neue Art, eine furchtbare Art der Entlassung aus Vernet: die Auslieferung.

Morgens war ich beim Lager-Zahnarzt. Wir warteten draußen. Vor der Krankenbaracke wälzt sich jemand auf der Erde und schreit gellend, verzweifelt, furchtbar. Seine Beine sind zusammengekrümmt, seine Hände verkrampft. Er ist, wie der Krankenpfleger uns sagt, aus dem Bett gesprungen und ins Freie gerannt, weil er es vor Schmerzen drinnen nicht mehr aushielt. Kaum kann ich sein Gesicht erkennen und nicht seine Stimme. Dann erkenne ich ihn doch. Es ist der Abessinier, der im Herbst 1939, genau vor 800 Tagen, mit uns im Gefängnis Santé in Paris war und mit uns nach Vernet gebracht wurde. Damals war er ein kräftiger untersetzter Bursch voll guter Laune, - immer brachte er uns zum Lachen. Was sich da im Schmerz vor uns windet, ist ein Skelett. Der Krankenpfleger sagt uns, am besten wäre, es ihm eine Kampferspritze zu geben. Ohnehin habe er höchstens noch eine Woche zu leben, sein Magen verträgt nichts mehr. Vorher hätte der Magen alles vertragen. Aber der Magen des armen Abessiniers bekam nichts. Kein Brief kam für ihn, keine Postanweisung, kein Paket. Täglich hat er - wie wir alle - Runkelrüben, Steckrüben, eine knolliges Gewächs namens "Topinambour", Kraut und Kürbis gegessen, alles nur in Wasser gekocht, immerfort das gleiche, wochenlang, monatelang. Wer nichts Zusätzliches zu essen hat, geht zugrunde.

Andere verkaufen ihre Kleider, ihre Wäsche, ihre Schuhe und ihre Koffer, um sich in der Kantine Karotten oder Biskuits aus Kleie zu kaufen. Der Abessinier hatte längst nichts mehr zu verkaufen. Er strich, wie viele Andere, zu den Abfalleimern und suchte mit irren Blick, wie viele Andere, nach Resten von Nahrungsmitteln. Aber wo gibt es Reste von Nahrungsmitteln, wenn alle Hunger haben? Keine Schale bleibt ungegessen. Und die Ratten sind schon fast alle erjagt.

Jeder leidet an der Krankheit, die jetzt den Abessinier erwürgt: am Hunger. Jeder von denen, die nach Abfällen suchen müssen, ist krank: Apathie, Furunkulose, geschwollene Beine, Wasserbauch. Als der Typhus wütete, im August, fand er nur wehrlose Opfer. Als man zu impfen begann, war es schon zu spät, die Leichenkarren hatten Pendelverkehr mit dem "Quartier D". Wer geimpft wurde, bekam an drei Tagen kein Brot, angeblich, weil es die Wirkung der Impfung beeinträchtige; aber in Wirklichkeit geschah es, um die Kosten für das Serum zu decken.

Die Post bringt mir einen Brief mit algerischer Briefmarke. Aus Djelfa. Dort sind hunderte, die früher bei *uns* in Vernet waren, im Lager... "Wasser bekommen wir einen halben

Liter zum Waschen, Trinken und zur Wäsche. Wir haben keine Behälter, um diesen halben Liter zu fassen. Könnt Ihr uns nicht ein paar Blechgefäße schicken? Die Tage sind heiß, die Nächte schrecklich kalt. Wißt Ihr nicht, wie wir Decken bekommen könnten? Nur *Datteln* könnte man kaufen, aber wir haben kein Geld. Erinnerst Du Dich an Pepe, den lustigen Spanier aus Baracke 20? Er ist tot, wie viele andere. Teilt unsere neue Adresse nach Amerika mit, vielleicht kann man uns etwas schicken. Denkt an uns!"

Nach dem Rassemblement bin ich mit Franz vor der Baracke. Plötzlich ruft der Quartierchef seinen Namen: "Dahlem Francois!" Alles erschrickt, alle wissen, was das bedeutet. Sind doch erst vor drei Tagen zwei Kameraden weggeholt worden, mitten in der Nacht und sind nicht mehr zurückgekehrt. Der Ausdruck von Franz hat sich verfinstert, aber die Entschlossenheit aus seiner Miene ist nicht gewichen, während er mit dem Quartierchef spricht. Wir warten aufgeregt. Da Franz zurückkommt, sagt er: "Man bringt mich weg, in einer Viertelstunde muß ich fertig sein."

Wie ein Lauffeuer verbreitet sich die Nachricht durch die Quartiere, alles strömt zur Baracke 22, aber inzwischen ist auch schon die Garde Mobile aufmarschiert und sperrt den Weg zu Franz. Auch mich versucht man, von ihm abzutrennen, aber es gelingt mir doch zu bleiben und Franz beim Einpacken zu helfen. Er trägt mir eine Botschaft an seine Frau auf und an seine Kinder. Mir zittern die Hände. Die letzten paar Minuten mit einem alten Freund, einem großen Menschen, Tränen stehen in meinen Augen. "Vite! Vite! Depechez-vous," brüllen die Garden.

Als Franz geht, von Garden flankiert, haben Kameraden schon den Kordon durchbrochen. Alle schenken ihm etwas, was sie sich vom Munde abgespart. "Als Wegzehrung, Franz!" "Mach's gut, Franz!" Sie umarmen ihn: Abschiedsgruß. Immer wilder schreien die Garden: "Allez-hop, depechez-vous!" So geht's bis zum Tor des Quartiers. Franz hat eine Kriegsverletzung am Arm, so darf ich ihm den Koffer tragen bis zum Lagergefängnis. Dort stehen schon Heiner Rau und Luigi Gallo, die das gleiche Schicksal erwartet. Wohin wird man sie verschleppen?

Es ist Anfang Januar 1942. Obwohl die Regierung von Vichy ihren Aufenthaltsort geheim halten wollte, haben wir ihn doch erfahren. Aus dem Gefängnis Castres, der Sammelstelle für solche, die der Gestapo ausgeliefert werden sollen, sind Nachrichten in die Öffentlichkeit gedrungen. Drei der Insassen sind schon drüben. Leben sie noch? Dreizehn Männer verschiedener politischer Anschauung, jedoch alle Hitlergegner, harren noch ihres Schicksals: Franz Dahlem, Siegfried Rädel, Heiner Rau, Rudolf Leonhard, Siegmund Nielsen, Heinrich Ebstein, Paul Stork, Stefan Walke, Werner Wohlers, Joseph Wagner, Paul Hahn, Kirn und Auersbach.

Sie sind streng bewacht, erhalten keine Briefe, keine Pakete, kein Geld. Jeder Tag kann ihre Auslieferung bringen. Als ihr Freund, ihr Kamerad in 800 Verneter Tagen, muß ich meine Stimme für sie erheben: Wer hat Einfluß auf die Regierung von Vichy, um diese tapferen Männer zu retten?

Freies Deutschland. Allemania Libre (Mexiko), April 1942, S. 13

Erich Jungmann: Paul Merker, 50 Jahre alt, Mexiko, Februar 1944

Von den fünfzig Jahren seines Lebens hat Paul Merker mehr als dreißig im Kampfe gestanden, stets gegen den gleichen Feind, wenn dieser sich auch hinter den verschiedensten Namen tarnte: als Junge gegen Hunger und Elend, als Soldat des ersten Weltkrieges gegen die Imperialisten des eigenen Landes, als Heimkehrer gegen die Kräfte, welche die neue deutsche Republik zu einer Festung der Reaktion machen wollten und mit dem Aufkommen Hitlers gegen den Nationalsozialismus und seine Welteroberungspläne. Stets stand hinter dem Kampf die gleiche Idee: alle zu einen, die der Faschismus bedrohte.

Die erste Arbeit Paul Merkers auf diesem Kontinent galt der Einheit aller deutschen Hitlergegner, dem Zusammenschluß der Freien Deutschen Lateinamerikas. Ihr Vertrauen hat ihn zum Sekretär des Lateinamerikanischen Komitees gemacht.

Als sie ihn wählten, wußten die Freien Deutschen hier, daß ihr erster Sekretär ein Mann ist, der im Kampfe für die Freiheit reiche Erfahrungen gesammelt hatte. Mit 17 Jahren war er schon Mitglied der deutschen Gewerkschaftsbewegung. Der erste Weltkrieg brachte ihn in die Reihen der Unabhängigen Sozialdemokratie. Doch bald fand er Führung in den Flugblättern und Broschüren Karl Liebknechts und Rosa Luxemburgs gegen den imperialistischen Krieg der Schwerindustriellen und ihrer Verbündeten, der preußischen Junker. Seine Arbeit gegen den Krieg in der Armee stempelte Paul Merker zum "politisch Unzuverlässigen". Zur Strafe wurde ihm jahrelang der Urlaub verweigert. Um der Verhaftung zu entgehen, nahm er von der Westfront "Zwangsurlaub". So nennt er die letzten sechs Monate des Krieges, in denen er in der Heimat sich am illegalen Kampfe gegen den Krieg beteiligte.

Die revolutionäre Erhebung 1918 sah Paul Merker als aktiven Mitstreiter. Er gehörte zu denen, welche die Schwächen der jungen Republik schnell erkannten, welche sich gegen das Bündnis des Sozialdemokraten Friedrich Ebert mit dem kaiserlichen General von Hindenburg erhoben. Es gehört zu den großen Tragödien Deutschlands, daß die Warnungen und der Widerstand dieser freiheitlichen Männer sich nicht durchsetzten.

Als Freund und Mitarbeiter Ernst Thälmanns und Wilhelm Piecks, als Gewerkschaftsführer und Preußischer Abgeordneter war Paul Merker unter den Führern des Abwehrkampfes der deutschen Arbeiter gegen die Senkung ihrer Lebensbedingungen, gegen die wachsende Gefahr des Faschismus. Von der Überzeugung beseelt, daß nur eine geeinte Arbeiterklasse im Bündnis mit den Bauern und dem Mittelstand der wachsenden Gefahr Herr werden könnte, arbeitete er unermüdlich an der Verwirklichung des Zieles. Er täuschte sich nicht über den Umfang der Gefahr für Deutschland, für Europa, für die Welt, die das Anwachsen der Reaktion auf deutschen Boden bedeutete. Gegen die chauvinistischen Hetzer arbeitete er für eine Verständigung des deutschen Volkes mit den westlichen Völkern. In einem ehrlichen Bündnis der deutschen Republik mit der Sowjetunion sah er die Rettung von der Kriege, da es die demokratischen Kräfte in Deutschland entscheidend gestärkt und die aggressiven Imperialisten zurückgedrängt hätte.

Der Sieg des Nationalsozialismus trieb Paul Merker in die Illegalität, unter neuen härteren Bedingungen als 1918. Für ihn waren sie ein Ansporn, den Kampf gegen die Kriegstreiber und Ausbeuter des Volkes zu verstärken. Er gehörte in Berlin zur Führung der deutschen Untergrundbewegung gegen Hitler. Die Gestapo war ihm ständig auf den Fersen. Rechts und links von ihm fielen Kampfgefährten, wurden von der SA in die Hölle der Konzentrationslager verschleppt. Aufrecht und unbeirrt ging Paul Merker den schweren Weg des illegalen Kampfes weiter bis ihn neue Aufgaben in die Emigration riefen.

Hier hieß es nicht mehr allein, an der Einigung der deutschen Antinazis, der deutschen illegalen Gewerkschaftsbewegung zu arbeiten, sondern auch gegen das Gift des appeasement, für die Aufrüttelung der Völker gegen die drohende nazistische Kriegsgefahr zu wirken. Gegen Hitler sein war nicht nur in Deutschland gefährlich. Auch im Frankreich George Bonnets mußte Paul Merker unterirdisch leben. Bei Kriegsausbruch wurde er, der vorbildliche Kämpfer gegen den Nazismus, mit vielen seiner Freunde im berüchtigten Konzentrationslager Vernet d'Ariege interniert. Durch glückliche Umstände rechtzeitig aus Vernet befreit, gelang es ihm, der von der Gestapo geforderten Auslieferung nach Hitlerdeutschland zu entgehen. De gaullistische Untergrundkämpfer halfen ihm von Marseille nach Mexiko weiter, dessen demokratische Regierung ihm in großherziger Weise Asyl gewährte. Er ist in diesem schönen Lande, seit mehr als 1 1/2 Jahren nicht mehr von SA oder Petains Garden gehetzt, ein freier Mann in einem freien Gastlande. Seine schriftstellerische Tätigkeit hat ihm hier schnell einen Namen geschaffen. Seine politische Erfahrung ist Eigentum aller deutschen Hitlergegner dieses Kontinents geworden.

Der Mensch Paul Merker hat hier schnell viele neue Freunde gefunden. Er gehört zu jenen, die lieber zuhören als erzählen, doch wenn er erzählt, dann spricht aus ihm jahrzehntelange Erfahrung im Kampfe für den Fortschritt, glühenden Liebe für die Freiheit, tiefe Besorgnis für das Schicksal seines Volkes. Diese glühende Freiheitsliebe hat ihn zum bedingungslosen Streiter für die Sache der Vereinigten Nationen gemacht. Seine reiche Erfahrung hat ihn gelehrt, Worte und Taten zu wägen und wieder zu wägen. Wenn es gilt, schnelle Entscheidungen zu treffen, zögert Paul Merker nicht. Doch immer wieder versucht er, seine Kampfgefährten zu gründlicher Überlegung und Erwägung zu veranlassen.

In Paul Merker sind die besten Traditionen der deutschen Arbeiterklasse verkörpert. An seinem 50. Geburtstag, am 1. Februar, feiern wir in Paul Merker einen führenden und entschlossenen Kämpfer des Antifaschismus, dessen Begabung bei der künftigen demokratischen Neugestaltung Deutschlands von großem Nutzen sein wird. Er macht sich über die Größe und Schwere der Aufgaben nach dem Sturz Hitlers keine Illusionen. Er ist sich der Mitverantwortung des deutschen Volkes an den schändlichen Kriegsverbrechen des Hitlerfaschismus, der Verpflichtung zur Wiedergutmachung voll bewußt. Er hat sie in Artikeln und Broschüren eindeutig ausgesprochen, deren Texte von Sendern der Vereinigten Nationen nach Deutschland übermittelt wurden. Er hat sich, kaum hier angekommen, mit der gleichen Entschiedenheit gegen den offenen und versteckten Antisemitismus gewandt und die egoistischen Motive enthüllt, welche die deutschen Trustherren und Nazis zu ihren Verbrechen gegen die jüdische Bevölkerung führten.

Die Zukunft Deutschlands hängt zum nicht geringen Teil von der Einigung aller hitlergegnerischen Kräfte ab. An ihr arbeitet Paul Merker unermüdlich. Haß gegen den Krieg, Haß gegen Reaktion und Faschismus paaren sich in ihm mit der Ergebenheit für die Sache des Fortschritts. Sein 50. Geburtstag ist für alle seine Freunde Anlaß, sich der großen Leistungen Paul Merkers zu erinnern und ihm dafür zu danken. Für ihn ist er ein anderer Tag im Kampfe gegen die Tyrannei, für die Befreiung der Heimat. Wir wünschen ihm, daß er sie zusammen mit allen vertriebenen deutschen Antifaschisten bald wiedersehen möge, befreit durch die Erhebung des deutschen Volkes gegen Hitler.

Freies Deutschland, Allemania Libre (Mexiko), Februar 1944, S. 16 f.

Erich Jungmann: Zur Notkonferenz des jüdischen Weltkongresses, Mexiko, Februar 1945

Zum ersten Male im Kriege sind Vertreter der Juden vieler wichtiger Länder in Atlantic City zusammengetreten. Die Ergebnisse dieser Konferenz wurden nicht nur von den Juden, sondern von allen fortschrittlichen Menschen aufmerksam erwartet. Auf der Tagung spielten die Fragen der Wiedergutmachung der von den Nazis an den Juden begangenen Verbrechen und der angerichteten Schäden eine besondere Rolle. Das jüdische Volk hat im Verhältnis zu seiner Zahl am schrecklichsten unter der Nazibarbarei gelitten. Jeder Freie Deutsche wird und muß es begrüßen, daß die Juden jetzt konsequent und energisch mit ihren Forderungen auf Wiedergutmachung an die Öffentlichkeit treten. Dieser Ruf darf im Rate der Vereinten Nationen nicht ungehört bleiben.

Dr. Nahum Goldmann, neben Dr. Stefan Wise der führende Mann des Jüdischen Weltkongresses, erklärte auf der Konferenz:

"Der Wiederaufbau des jüdischen Lebens in der Zukunft kann nicht ausschließlich eine Aufgabe der Juden sein. Nach dieser Katastrophe, die alle europäischen Juden, die ihre Leben retten konnten, zu Bettlern gemacht hat, wird es wirtschaftlich unmöglich und moralisch undenkbar sein, die wirtschaftliche und soziale Rehabilitation der europäischen Juden dem jüdischen Volke zu überlassen".

In Artikeln und Reden haben wir unsere Stellung zum jüdischen Problem schon seit Jahren klar und eindeutig dargelegt. Wir haben den Antisemitismus als ein Mittel Hitlers gekennzeichnet, das er in Deutschland zur chauvinistischen Aufpeitschung der Massen gegen eine kleine Minderheit und später zur Kriegshetze gegen andere Völker anwandte. Wir verlangen die Aburteilung aller Kriegsverbrecher. Wir treten dafür ein, daß alle den deutschen Juden zugefügten Schäden von deutschen Volk, und bevorzugt vor allen anderen Schäden, wieder gutgemacht werden. Wir messen dieser Frage eine so große Wichtigkeit bei, weil wir der Meinung sind, daß die an den deutschen Juden begangenen Verbrechen von besonderer Gemeinheit und Niedertracht sind. Die Juden haben Deutschland viele und hervorragende Wissenschaftler, Künstler, Schriftsteller, Musiker und Rechtsgelehrte gegeben. Sie waren so verwachsen mit unserem Volke, daß der deutsche Antisemitismus ein besonderer Schandfleck für Deutschland ist. Wir halten aber die sofortige und vordringliche Wiedergutmachung der den deutschen Juden zugefügten Schäden auch für eine Forderung von größter politischer Bedeutung, für eine der Voraussetzungen der Umerziehung des deutschen Volkes. Anerkennung der Verantwortung, Wiedergutmachung der angerichteten Schäden und Bestrafung der Kriegsverbrecher werden der Prüfstein der kommenden deutschen Demokratie sein.

Wir sind der Meinung, daß es nach Kriegsende den Juden aus Deutschland überlassen sein muß, ob sie in dem jetzigen Asyllande verbleiben, nach Palästina, Birobidschan (autonomes jüdisches Gebiet in der UdSSR, K.H.J.) oder einem anderen Lande weiterreisen, nach Deutschland zurückkehren oder - was die Juden anbelangt, die in Deutschland verblieben sind - noch emigrieren wollen. Selbstverständlich sollen in die Wiedergutmachung auch jene deutschen Juden voll einbezogen werden, die nicht nach Deutschland zurückkehren wollen.

Auf der jüdischen Tagung in Atlantic City spielte die Frage der Rückkehr nach Deutschland eine große Rolle.- Und es wurde davon gesprochen, keine jüdische Gemeinschaft mehr in Deutschland aufzubauen. Einige Redner äusserten sich auch in dem Sinne, die deutsche Staatsbürgerschaft, die nach der Ungültigkeitserklärung aller Nazi-Gesetze seit 1933 durch die Alliierte Militärverwaltung und eine kommende deutsche demokratische Regierung automatisch wieder hergestellt wird, strikte abzulehnen.

Es wäre unseres Erachtens nicht zweckmäßig, wenn die jüdischen Führer den Neuaufbau einer jüdischen Gemeinschaft in Deutschland ablehnen und von der Rückreise deutscher Juden nach Europa abraten würden. Die Geschichte lehrt uns, daß der Antisemitismus nicht die naturgegebene Eigenschaft eines bestimmten Volkes ist, sondern von herrschenden Cliquen und Gesellschaftsgruppen - auch in anderen Ländern - gezüchtet wird.

Es besteht kein Zweifel darüber, daß er in Deutschland auf einen besonders fruchtbaren Boden fiel. Mit der Ausrottung des Nazismus wird auch das Übel des Antisemitismus bis auf die Wurzeln ausgebrannt werden. Man darf in diesem Zusammenhang einmal mehr auf das zaristische Rußland hinweisen. Unter diesem Regime wurden die grausamsten Progrome verübt. Mit dem Sturz des Zarismus, dem Aufbau eines sozialistischen Regimes und einer sozialistischen Erziehung änderte sich das grundlegend. Wenige Jahre haben genügt, um den Antisemitismus auszurotten. Wir meinen, daß das in einem konsequent demokratisch regierten Deutschland - wenn vielleicht auch mit größeren Schwierigkeiten und drakonischen Maßnahmen - ebenfalls möglich sein wird. Aller Wahrscheinlichkeit nach wird der Antisemitismus in Europa nach diesem Kriege liquidiert werden, aber man weiß nicht, ob er nicht in anderen Ländern wachsen wird.

Es gibt auch andere Gründe dafür, daß die Juden die deutsche Staatsbürgerschaft nicht von vornherein ablehnen sollten. Leider ist es eine Tatsache, daß die emigrierten Juden in einer Reihe von Ländern nicht oder sofort Staatsbürger werden konnten oder können. Dr. Martin Rosenblüth, der Vorsitzende des German Jewish Representative Committee, schilderte ihre Lage wie folgt:

"Für uns gibt es kein 'Government in Exil', mit dem wir wegen der Vertretung unserer Forderungen verhandeln können. Ob und in welchem Ausmaß die Regierungen der United Nations bereit sein werden, die Erfüllung unserer Ansprüche in ihr Programm einzuschließen, ist zweifelhaft. Vorläufig sind wir noch immer, wenn in den meisten Ländern auch nur im technischen Sinne, Enemy Aliens."

Die Juden aus Deutschland gelten in vielen Ländern als Staatenlose und sind als solche meist rechtlos, oft ohne das Recht, ihre Geschäfte ausüben zu dürfen. Viele der Juden, die in einer Reihe südamerikanischer Staaten vorübergehend Asyl gefunden haben, wollen weiter reisen. Als Staatenlose ist ihnen das heute - und wahrscheinlich auch noch eine geraume Zeit nach Kriegsende - fast unmöglich; denn sie besitzen keinerlei Reisepapiere, und wir wissen aus Erfahrung, welche Schwierigkeiten es in der Vergangenheit gemacht hat, sie zu erlangen.

Man kann sich vorstellen, daß aus rein praktischen Gründen die deutschen Juden, die sich in Deutschland befinden, schneller entschädigt werden. Gewiß werden viele Juden ihre Ansprüche bei der Regierung ihres Gastlandes anmelden und durch sie einzutreiben versuchen. Da aber jede dieser Regierungen selbst Forderungen an Deutschland hat, ist eine Verzögerung in der Erfüllung jüdischer Ansprüche zu befürchten. Aus all diesen Gründen scheint es uns nicht ratsam, über die Beziehungen der deutschen Juden zu einem kommenden Deutschland heute schon Entscheidungen zu treffen, die später vielleicht nicht aufrecht erhalten bleiben können.

Wir rollen diese Fragen, die auf der Tagung eine große Rolle spielten, im Interesse der deutschen Juden selbst auf. Natürlich wird jeder Einzelne gemäß seiner besonderen Lage die Entscheidung, die er für richtig hält, treffen müssen. Sich dabei allerdings auf vorhitlersche oder internationale Gesetze zu berufen, erscheint uns müßig. Es kommt auf den Geist an, mit dem eine kommende demokratische Regierung in Deutschland ans Werk geht. Wir lassen uns bei unseren Erwägungen auch von dem Gesichtspunkt leiten, daß vielleicht die günstigste Lösung nicht sofort am Anfang gegeben ist. Entscheidend für uns ist deshalb nur das Ziel: die deutschen Juden voll und als erste zu entschädigen und damit einen Teil der Schande wiedergutzumachen, die das deutsche Volk auf sich geladen hat.

Freies Deutschland. Allemania Libre (Mexiko), Februar 1945, S. 11f

Erich Jungmann: Der Ruf zur Hilfe, Mexiko, September 1945

Der Vorstand der Bewegung Freies Deutschland, Mexiko, hat in seiner letzten Sitzung beschlossen, eine großzügige Hilfs-Aktion für die Opfer des Hitlerfaschismus in Deutschland einzuleiten.

Unter den Opfern befinden sich Männer und Frauen, die jahrelang unter den furchtbarsten und menschenunwürdigsten Bedingungen in den nazistischen Konzentrationslagern, Gefängnissen und Zuchthäusern gesessen haben und wegen ihrer antifaschistischen Gesinnung gefoltert, geschunden und ausgehungert wurden.

Unter ihnen befinden sich zehntausende Frauen und Kinder, denen der Gatte und Vater von den nazistischen Henkersknechten genommen und ermordet wurde. Diesen Menschen fehlt es heute am Notdürftigsten. Sie sind ohne Wohnung, ohne genügende Nahrung, ohne Kleidung und ohne Medikamente, um sich einigermaßen auszuheilen.

Unter den Opfern befinden sich ebenfalls die wenigen tausend Juden, die der Verschleppung, Vergasung, Verbrennung und sonstigen Ermordung durch die braunen Mörder entgingen, die jetzt halbverhungert aus den Lagern kamen oder sich jahrelang unter schwierigen Bedingungen versteckt halten mußten. Sie, die nur deshalb verfolgt wurden, weil sie Juden waren, stehen mittellos und gesundheitlich ruiniert da.

Allen diesen Opfern des Faschismus zu helfen, ist nicht nur eine menschliche Pflicht, sondern es ist die erste Voraussetzung für die Errichtung eines neues demokratischen Deutschland. Die Antifaschisten haben von Anfang an dem deutschen Volk erklärt, daß Hitler den Krieg und der Krieg die Katastrophe für Deutschland bedeutet. Diese Menschen, die damit wirklich national gedacht und gehandelt und für ihre Überzeugung gelitten haben, zu unterstützen, heißt einem demokratischen, freien und friedlichen Deutschland helfen.

Dem schwergeprüften jüdischen Teil unseres Volkes tatkräftig zu helfen, bedeutet einen geringen Teil der Schande wiedergutzumachen, die die braunen Mörder an ihm begangen haben und an der das deutsche Volk eine schwere Mitverantwortung trägt.

In Deutschland selbst ist mit der Sammelaktion begonnen worden. In Berlin hat sich auf Initiative der vier demokratischen Parteien ein zentrales Hilfskomitee *gebildet.* Aber in Deutschland ist nicht sehr viel zu sammeln. Hitler hat Deutschland ausgeplündert und verwüstet.

Deshalb ergeht der Ruf zur Sammlung von Geldern, Lebensmitteln, Kleidung und Medikamenten besonders an die Deutschen im Ausland. Jeder möge nach seinen Möglichkeiten geben und all seine Freunde anhalten, ebenfalls zu spenden. Wer es ehrlich meint mit einem neuen Deutschland, tut alles in seinen Kräften Stehende, um diesen Menschen zu helfen.

Es wird gebeten, alle Sendungen an die Zeitschrift "Freien Deutschland" mit dem Kennwort "Hilfswerk für Deutschland" zu richten.

Freies Deutschland, Allemania Libre (Mexiko), September 1945, S. 33f.

Giorgio Caputo (Italien)

Am Sonntag, den 13. August 1961, besuchten wir in Polen das ehemalige Konzentrationslager Auschwitz. Wir waren 33 junge Leute, vorwiegend Studenten und angehende Wissenschaftler aus neun europäischen Staaten, aus Dänemark, der Bundesrepublik Deutschland, der Deutschen Demokratischen Republik, Frankreich, Italien, Polen, Rumänien, der Tschechoslowakei und Ungarn.

Auf Initiative des Internationalen Komitees zur Erforschung des antifaschistischen Widerstandskampfes der Jugend und Studenten Europas fand vom 8. bis 19. August 1961 eine Exkursion durch die Tschechoslowakei, Polen und die DDR zu Stätten der Verbrechen des Faschismus und des antifaschistischen Widerstandes statt. Besucht wurden u. a. das KZ Theresienstadt, die von der deutschen Wehrmacht völlig zerstörten Dörfer Lidice und Lezaky, das KZ Auschwitz, das Warschauer Ghetto sowie die KZ Sachsenhausen und Buchenwald.

Tief betroffen waren alle Teilnehmer von dem Ausmaß der Verbrechen, die im Namen Deutschlands und seiner Verbündeten durch den Faschismus im Zweiten Weltkrieg verübt wurden. Bei Begegnungen mit Antifaschisten u. a. in Prag, Lidice, Krakow, Warschau, Berlin und Weimar stand bei vielen Gesprächen im Mittelpunkt: Was kann getan werden, daß in Europa und in der Welt künftig nie wieder Faschismus und Krieg regieren und derartiges Leid den Völkern zugefügt wird.

Den Kranz, den unsere Gruppe in Auschwitz zum Gedenken an die Millionen ermordeten Juden und anderen Opfer des Naziterrors niederlegte, trugen zwei Studentinnen aus Prag und Leipzig sowie zwei Studenten aus Warschau und Rom.

Der Italiener hieß Giorgio Caputo.[1] Wenige Monate zuvor war er in seiner Heimat mit dem Preis eines nationalen Wettbewerbs für die beste Arbeit über die Teilnahme von Schülern und Studenten am antifaschistischen Widerstand in Rom ausgezeichnet worden. Die Entscheidung hatte ein Jury unter der Leitung des Historikers Prof. Dr. Ernesto Raggionieri von der Universität Florenz getroffen.

Die intensive Beschäftigung Giorgio Caputos mit der Geschichte des Widerstands gegen den italienischen Faschismus und für die Befreiung seines Heimatlandes von den deutschen Besatzungstruppen hängt eng mit der Entwicklung seiner Familie zusammen.

Giorgio Caputo ist am 30. Mai 1931 in Rom geboren worden. Seine Eltern, Giovanni und Lea Caputo, zählten zu den angesehenen und wohlhabenden Familien der italienischen Hauptstadt. Am 19. Dezember 1921 hatten Giovanni Caputo und Lea Bentini geheiratet. Giovanni Caputo kam aus einer reichen Familie in Süditalien. Seine Frau hatte er als Jurastudent in Rom kennengelernt. Ihr Vater, Pietro Bentini, war ein bekannter, sozialistisch eingestellter Advokat.

Giorgio wuchs zusammen mit den drei älteren Geschwistern auf, der Schwester Franca und den Brüdern Luigi und Pietro.

Auf Initiative der Mutter fand 1933 die Trennung vom Vater statt. Die Ursachen dafür lagen in den unterschiedlichen Lebensauffassungen der beiden sowie in der Haltung zur Macht des Faschismus in Italien. Giovanni Caputo handelte und dachte trotz seiner humanistischen Bildung und der großen Begabung als Jurist in den Kategorien reicher süditalienischer Familien. Er gehörte zu den Anhängern und Trägern des seit 1922 in Italien unter Führung von Benito Mussolini errichteten faschistischen Regimes. Völlig anders war die Einstellung seiner Frau und ihrer Familie. Die Bentinis zählten von Beginn an zu den Gegnern des Faschismus. Eine Folge dieser Situation war, daß es in der Familie Caputo wiederholt zu Auseinandersetzungen über die Erziehung der Kinder gekommen war. Die Mutter trat für eine demokratische Erziehung, verbunden mit einer allseitigen humanistischen Bildung ihrer Kinder ein. Diese Haltung schloß eine Mitgliedschaft in den faschistischen Jugendorganisationen der "Schwarzhemden" aus.

Als Lea Caputo 1933 die Scheidung beantragte, war dies mit der Absicht verknüpft, die Kinder künftig allein zu erziehen und zu versorgen. Dies war ein sehr mutiger Entschluß, war es doch im faschistischen Italien für eine progressiv eingestellte Frau sehr schwer, vier Kinder im Alter zwischen zwei und zehn Jahren selbständig aufzuziehen. Giovanni Caputo war mit dem Verhalten seiner Frau überhaupt nicht einverstanden und setzte alles daran, ihr die Kinder zu entziehen. Fünf Jahre lang fanden heftige juristische Auseinandersetzungen zwischen den Eheleuten statt, die zeitweise die Aufmerksamkeit der Öffentlichkeit erfuhren. Lea Bentini bekam Unterstützung von bekannten Rechtsanwälten, die ebenfalls antifaschistisch dachten. Sie scheute sich nicht, vor Gericht den Streit mit ihrem Mann zu führen. 1938 erhielt sie allein das Sorgerecht für ihre Kinder zugesprochen.

Lea Bentini arbeitete zwischen 1933 und 1945 als Lehrerin an verschiedenen Schulen in Rom. Die vielfältigen Belastungen und Sorgen wären ohne die Hilfe ihrer Mutter, Italia Corradetti, kaum zu meistern gewesen.

Lea Bentini und ihre Kinder nahmen im Zweiten Weltkrieg in Rom am antifaschistischen Widerstand teil und erlebten deshalb Verfolgungen und Repressalien. 1944 beteiligte sich z. B. Giorgio Caputo als dreizehnjähriger Schüler an der Verteilung antifaschistischer Flugblätter.

Mit großer Freude begrüßte die ganze Familie im Frühjahr 1945 die Selbstbefreiung bedeutender Teile Italiens durch die Resistenza.

In den Nachkriegsjahren waren Lea Bentini und ihre Kinder in verschiedenen

Bereichen tätig, um entsprechend dem Vermächtnis des antifaschistischen Kampfes stabile demokratische Verhältnisse in Italien schaffen zu helfen.

Lea Bentini arbeitete mit großem Erfolg als Pädagogin und Sprachwissenschaftlerin. Ihr ältester Sohn, Luigi, absolvierte ebenfalls ein Pädagogikstudium und war als Geschichtslehrer tätig. Die Tochter Franca wählte den gleichen Beruf. Bis zu ihrer Pensionierung unterrichtete sie die Fächer Italienisch und Philosophie. Pietro studierte zunächst orientalische Sprachen und anschließend Musik. Viele Jahre wirkte er in Rom als Professor für Musiktheorie und hochgeschätzter Dirigent.

Unter diesen Bedingungen ist Giorgio Caputo aufgewachsen. Seine Mutter kümmerte sich darum, daß ihr jüngster Sohn auch eine fundierte Ausbildung bekam. An den Besuch eines humanistischen Gymnasiums schloß sich ein mehrjähriges Universitätsstudium an. Zum einen erwarb Giorgio Caputo Kenntnisse auf den Gebieten der Natur- und Technikwissenschaften. Er absolvierte ein Ingenieurstudium für Straßenbau und Verkehrswesen. Parallel dazu studierte er humanistische Wissenschaften, vorrangig Literatur, Kultur und Geschichte.

Bereits als Schüler hatte er an mehreren nationalen Wettbewerben auf den Gebieten der Literatur und der Geschichte teilgenommen. Seine Arbeiten zur Geschichte hatten die Entwicklung Italiens im 19. und 20. Jahrhundert zum Gegenstand. Später wurde die Geschichte des Faschismus und des antifaschistischen Widerstands das bestimmende Thema.

Ende der 50er Jahre, als in der DDR ein Autor für einen Sammelband gesucht wurde, der über die Teilnahme italienischer Studenten am antifaschistischen Widerstand zwischen 1922 und 1945 berichtet, erklärte sich Giorgio Caputo dazu bereit. Sein Aufsatz trug den Titel "Aus dem studentischen Widerstandskampf in Italien".[2] Neben einer differenzierten Darstellung des Verhaltens der Studenten in der Zeit des Faschismus enthält der Beitrag auch interessante Gedanken über die Rolle des Antifaschismus in der Nachkriegsgeschichte:

"Die Widerstandsbewegung vereinigte Arme und Reiche, Arbeiter und Bauern, schuf neue Verbindungen zwischen den Menschen und - auch das muß gesagt werden - trug dazu bei, rückständige und überholte Begriffe von Kultur und Leben zu überwinden und den Horizont für neue Perspektiven einer politischen und sozialen Zukunft zu öffnen.

Heute, vierzig Jahre nach den ersten antifaschistischen Kämpfen und sechzehn Jahre nach der Gründung der Partisanenformationen, hat die Widerstandsbewegung allen, die sie erzogen hat, ein Erbe hinterlassen, das es zu verteidigen gilt und ein Ideal, das verwirklicht werden muß.

Und solange wir die Erinnerung an unsere Toten zu verteidigen haben und unser Ideal unerfüllt ist, wird der Geist der Resistenza immer in unserem Leben und in unserem Kampf gegenwärtig sein.

Die ruhmreichen Namen der Gefallenen, die Erinnerung an die durchfochtenen Kämpfe sind nunmehr eine Legende in der Geschichte Italiens geworden. Diese Geschichte des Kampfes, einer langen Straße vergleichbar, reicht von 1919 bis in unsere Tage."[3]

Am 23. und 24. Oktober 1959 nahm Giorgio Caputo in Greifswald an der ersten internationalen Konferenz zum Anteil der europäischen Studenten am Kampf gegen Faschismus und Krieg teil. Seine Anwesenheit war illegal, da die italienische Regierung zu diesem Zeitpunkt kein Interesse daran hatte, daß Bürger ihres Landes an derartigen Tagungen in der DDR teilnahmen und für diejenigen Schwierigkeiten entstanden, die sich nicht an das Verbot hielten. Seine Greifswalder Rede stand unter dem Titel "Der Kampf der demokratischen italienischen Jugend gegen Faschismus und deutschen Militarismus - betrachtet am 20. Jahrestag des Ausbruchs des zweiten Weltkrieges".[4] Bilanzierend stellte Giorgio Caputo 1959 fest:

"Seit damals ist die demokratische italienische Jugendbewegung dem Beispiel jener ersten Freiheitskämpfer gefolgt und hat immer gegen Kriegsgefahr und nazistischen Militarismus gekämpft, in den Jahren 1943 - 1945 ebenso wie in der jüngsten Vergangenheit."[5]

Aus seiner Rede spricht auch, wie groß Ende der 50er Jahre die Hoffnung hinsichtlich einer realen Chance zur Verwirklichung des antifaschistischen Erbes war:

"Uns stützt die Überzeugung von der Gerechtigkeit unserer Sache, das Bewußtsein unserer Kraft, die Gewißheit, daß das Wort Frieden eines Tages eine einzige Wirklichkeit auf der ganzen Erde sein wird."[6]

Für dieses Ziel hat Giorgio Caputo in den letzten dreieinhalb Jahrzehnten gearbeitet. Er leistete einen maßgeblichen Beitrag zur Erforschung des Anteils von Schülern und Studenten am antifaschistischen Widerstand in Rom und in ganz Italien. In den 60er Jahren entstanden von ihm zu dieser Thematik mehrere anerkannte Publikationen. Darüber hinaus war er journalistisch tätig, u. a. für die Zeitungen "Rinascita", "Il Pease" und "Patria".

Enge Kontakte verbanden Giorgio Caputo mit dem Internationalen Komitee zur Erforschung des antifaschistischen Widerstandskampfes der Jugend und Studenten Europas.

In diesen Jahren arbeitete er nur teilweise in seinem eigentlichen Beruf als Ingenieur für Straßenbau und Transportwesen. Forschungen zur Geschichte füllten sein Leben stark aus. Besondere Anerkennung erfuhren seine Veröffentlichungen über den Anteil der Studenten Roms am Kampf gegen den Faschismus, zur Rolle der Schüler im Widerstand sowie das 1965 erschienene Buch "Probleme und

Dokumente des Widerstands in Rom".

Zeitweilig war Giorgio Caputo Mitarbeiter des Gramsci-Instituts und auch des Instituts für die Geschichte des Faschismus und des Widerstands in Italien.

Besonders eng gestalteten sich seit 1959 seine Beziehungen zur DDR, da er diejenigen unterstützen wollte, die sich dafür einsetzten, daß in Deutschland für immer Faschismus und Militarismus ihre Basis verlieren. Von ihm erschienen in der Studentenzeitung "forum" mehrere Artikel über den antifaschistischen Widerstand italienischer Studenten im Zweiten Weltkrieg und zu den Auseinandersetzungen an italienischen Hochschulen zwischen Fortschritt und Reaktion in den 60er Jahren

1966 trug er dazu bei, daß in der mecklenburgischen Stadt Waren eine Ausstellung über die Befreiung Italiens vom Faschismus zwischen 1943 und 1945 gezeigt wurde. Zu diesem Zeitpunkt erhielt in Waren eine Straße den Namen des Chemikers Gianfranco Mattei. Im Alter von 27 Jahren war er am 4. Februar 1944 von Deutschen in Mailand ermordet worden.

Forschungsprojekte von Kollegen und Freunden in der DDR über die Teilnahme junger Menschen am Kampf der Internationalen Brigaden in Spanien und über internationale Aktionen gegen die Durchführung der Olympiade 1936 in Berlin unterstützte Giorgio Caputo.

Anfang der 70er Jahre trat in seinem Leben eine Zäsur ein. Er entschloß sich, auch im Interesse seiner Familie, künftig hauptsächlich in seinem eigentlichen Beruf zu arbeiten. In einem Brief vom 21. März 1971 schrieb er darüber:

"Leider habe ich sehr wenig freie Zeit, weil ich nun fest in meinem technischen Beruf arbeite und seit vielen Monaten nur selten über den Widerstandskampf schreiben kann. 'Fast nur' ist noch nicht 'nur': Für mich ist es unmöglich, den historischen Beruf aufzugeben - so viele Leute wollen von mir Artikel, Nachrichten und Essays haben."[7]

Giorgio Caputo entwickelte sich zu einem angesehenen Ingenieur der Urbanistik. Sein guter Ruf steht damit in Verbindung, daß es ihm nicht nur um überzeugende technische Entwicklungen geht, sondern daß globale Fragen des Territoriums in ihrer Einheit von Natur, Mensch, Industrie und Verkehrswesen ausreichende Beachtung finden.

Trotz hoher Belastungen und Herausforderungen hat er niemals seine Tätigkeit als "Historiker" völlig aufgegeben. Viel Kraft kostete ihn z. B. die im Auftrage des Bürgermeisters gestaltete Ausstellung über den antifaschistischen Widerstand in Rom, die 1969 anläßlich des 30. Jahrestags des Beginns des Zweiten Weltkrieges gezeigt wurde. 1977 ging die Ausstellung in die Schweiz, nach Bern. Leider ist es trotz vielfältiger Bemühungen nicht gelungen, in einer deutschen Stadt diese so eindrucksvolle Darstellung von Schlüsselereignissen der italienischen Geschichte des 20. Jahrhunderts zu zeigen.

Die Entwicklung und das Wirken von Giorgio Caputo waren auf das engste mit dem Leben seiner Mutter, Lea Bentini, und seiner ganzen Familie verknüpft. Die Mutter gab ihm viele Anregungen und bestärkte ihn in seinem Engagement für die Erforschung der Geschichte des antifaschistischen Widerstands.

Im Februar 1979 ist diese tapfere, außergewöhnliche Frau im Alter von 80 Jahre gestorben. Für ihre Kinder bedeutete ihr Tod einen sehr schmerzhaften Verlust, und eine nicht zu schließende Lücke entstand.

Zum Gedenken an die Mutter gründeten ihre Kinder in Arrone, einem kleinen Ort, 18 km von der Stadt Terni entfernt, das Forschungszentrum "Bibliotheca Lea Bentini. Centro di Cultura della Valnerina". In einem Brief vom 28. Dezember 1988 schrieb Giorgio Caputo, der wesentlichen Anteil an der Gründung dieser Forschungsstätte hat:

"Dieses Zentrum beschäftigt sich mit Studien zur Geschichte, zur Kunst und zum Städtebau. Insbesondere, was die Geschichte betrifft, sind wir an Forschungen über die Resistanza und die Arbeiterbewegung interessiert."[8]

In Arrone findet der Forscher günstige Arbeitsbedingungen. Er kann die Bibliothek und das Archiv benutzen. "Im Archiv werden Originalplakate der Wehrmacht, Flugblätter von Partisanen (einige in Deutsch, da an deutsche Truppen gerichtet) und Zeitungen aus der Zeit des Faschismus aufbewahrt. Wir verfügen über eine umfangreiche Dokumentation zur italienischen antifaschistischen Jugendbewegung."[9]

Von Beginn an war das Zentrum bemüht, internationale Forschungen zu unterstützen. Z. B. beteiligte sich Giorgio Caputo im Februar 1988 mit einem Beitrag an dem wissenschaftlichen Symposium "Wissenschaftler und Studenten im Antifaschismus" an der Universität Rostock. Das Thema lautete "Wissenschaft und Antifaschismus - eine Straße in die Zukunft".[10] Die folgenden Zeilen aus diesem Text geben auch Einblick in die ethischen Auffassungen von Giorgio Caputo als Wissenschaftler: "Es liegt auf der Hand, daß der Wissenschaftler nicht ein simpler Techniker sein darf, sondern ein soziales, staatsbürgerliches Gewissen haben muß, das ihn in seiner Arbeit auf Ziele lenkt, die dem wahren Fortschritt und dem friedlichen Zusammenleben dienen."[11]

Zutiefst war und ist Giorgio Caputo davon überzeugt, daß wissenschaftliche Forschung und Lehre der Sicherung und Bereicherung des Lebens der Menschen auf unserem Planeten dienen muß. Eine Schlüsselstellung nimmt dabei seiner Auffassung nach der Antifaschismus ein:

"Um die antifaschistischen Ideale können sich aber von neuem Menschen verschiedener Rassen, verschiedener Religionen, verschiedener politischer Richtungen scharen. In diesem Geiste müssen wir die jungen Leute, welche die naturwissenschaftlichen Fakultäten besuchen, vor allen Dingen die Wissenschaft des Friedens lehren. Wir müssen sie lehren, daß die Wissenschaft vom Atom niemals zivilen Fortschritt bringen wird, wenn nicht das Leben der Menschen geschützt wird. Ihnen wollen wir das Opfer der jungen antifaschistischen Widerstandskämpfer ins Gedächtnis rufen, und wir wollen ihnen, im Geiste der Kämpfer, das Erbe der Kultur und des Kampfes als höchste Botschaft der Hoffnung und der Liebe übermitteln."[12]

Das Ende der DDR und der Sowjetunion haben Giorgio Caputo und seine Freunde tief getroffen. Damit wurde eine Hoffnung auf ein wahrhaft antifaschistisches und demokratisches Deutschland zerstört. Trotz der Schwere der Niederlage hat Giorgio Caputo nicht aufgegeben. Die völlig veränderte Situation der Gegenwart, einschließlich der einschneidenden Konsequenzen in Italien, bereitet ihm große Sorge, bedeutet aber zugleich auch eine Herausforderung im Sinne des im Oktober 1959 formulierten Gedankens:

"Und solange wir die Erinnerung an unsere Toten zu verteidigen haben und unser Ideal unerfüllt ist, wird der Geist der Resistanza immer in unserem Leben und in unserem Kampf gegenwärtig sein."[13]

Anmerkungen

1 Der Verf. ist seit 1959 mit Giorgio Caputo bekannt. Im April 1990 fanden mit ihm in Arrone und Rom mehrere Gespräche zur Geschichte der Familie und seiner Biographie statt.

2 Vgl. Niemals vergessen! Aus dem antifaschistischen Widerstandskampf der Studenten Europas, Berlin 1959, S. 148ff. (vgl. S. 81 f.)

3 Ebenda, S. 148 f.

4 Vgl. Für eine Welt ohne Krieg und Faschismus, Berlin 1961, S.77 ff.

5 Ebenda, S. 80

6 Ebenda

7 Brief von Giorgio Caputo an den Verf., Rom, 21. 3. 1971

8 Brief von Giorgio Caputo an den Verf., Arrone, 28. 12. 1988

9 Ebenda

10 Das Manuskript befindet sich im Besitz des Verf. (vgl. S. 83 f.)

11 Ebenda

12 Ebenda

13 Niemals vergessen!, S. 149

Giorgio Caputo (am Rednerpult) während seines Vortrags, Greifswald, 24.10. 1959

Giorgio Caputo (Bildmitte) im ehemaligen KZ Buchenwald, August 1961

Istituto romano per la storia d'Italia dal fascismo alla Resistenza

Roma
Palazzina La Vignola - Tel. 733143
(Piazza di Porta Capena)

[redacted]

Roma, 9 aprile 1966

Dr. K. Heinz Jahnke
Historisches Institut
Domstr. 9a
Greifswald

Caro Karl Heinz,

soltanto oggi posso rispondere al= la tua ultima lettera, poichè in questa settimana sono stato a letto influenzato. Per tale motivo non mi è possibile inviar= ti entro il 15 aprile il materiale sulla Mostra che l'Istituto storico di Greifswald allestirà sulla guerra di Spagna. Ti ac= cludo unicamente alcuni dati statistici sulla partecipazione dei volontari antifascisti italiani alla guerra civile spagnola. Tu, però, mi avresti dovuto scrivere al principio e non alla fine del mese di marzo...

Nei prossimi giorni cercherò di ottenere il seguente mate= riale:

1 - Fotografie degli anni di guerra in Spagna.
2 - Testimonianze di ex-combattenti italiani in Spagna, soprat= tutto per quanto riguarda la partecipazione dei giovani e i rapporti tra antifascisti italiani e tedeschi.
3 - Messaggi di saluto indirizzati a te e agli altri compagni del tuo Istituto in occasione della Conferenza del 15 maggio, da parte di Associazioni e personalità antifasciste. Ciò al= lo scopo di fare propaganda alla Conferenza.
4 - Libri sulla guerra di Spagna.

Vorrei sapere se questo materiale può essere utile alla Mo= stra e alla Conferenza.

E' quasi certo che io verrò a Greifswald il 15 maggio, ma è possibile che giunga a Berlino anche ai primi di maggio. Inve= ce non potrò essere presente alla inaugurazione della Mostra di Waren perchè il 27 aprile sarà presentato in una libreria roma= na il mio libro "Problemi e documenti della Resistenza romana".

Con i migliori saluti per te, per il prof. Schildhauer, per il prof. Besthorn e per tutti gli altri amici e compagni

Giorgio Caputo

Giorgio Caputo:
Aus dem antifaschistischen Widerstand italienischer Studenten

Sehr oft bezeichnet man in der Geschichte des italienischen Antifaschismus mit dem Wort "Resistenza" den Zeitraum, der vom September 1943 bis zum April 1945 reicht. Dies war die Periode des Partisanenkampfes, des harten und blutigen Kampfes gegen die italienischen Faschisten und die deutschen Nazisten, in dem 76 000 Kämpfer für die Freiheit fielen und ganze Landstriche barbarisch zerstört wurden. Zu dem tschechischen Lidice kam damals nicht nur das französische Oradour, sondern auch das italienische Marzabotto.

Aber der Widerstand gegen den Faschismus hatte viel früher begonnen; man kann sagen, daß er mit dem Faschismus selbst entstand. Gegen die ersten faschistischen Provokationen und Gewalttaten erhob sich sofort das Volk zum Kampf. Dieser Widerstand galt nicht einfach einer Verteidigung von Parteiinteressen, sondern einer Verteidigung der Freiheit, der Demokratie und der Menschenwürde. Er entwickelte sich zum offenen Kampf, wie in den Jahren 1921/ 1922, im Spanienkrieg und schließlich im Partisanenkrieg, bestand aber auch aus geheimer Aktion, unterirdischer Propaganda und aus Tausenden Verbindungen, die die antifaschistischen Gruppen der ganzen Halbinsel vereinigten...

Seit 1937 und 1938, dem Abschluß des Abkommens zwischen Hitler und Mussolini, der Achse Berlin-Rom, der Einführung der Hitlerschen Rassengesetzgebung in Italien, enthüllte der Faschismus von neuem sein wahres Gesicht und seine wahren Ziele: die Errichtung einer Weltherrschaft Italiens, die physische Vernichtung und Versklavung der nichtarischen Rassen, Ziele, die schon Hitler in "Mein Kampf" ausgesprochen hatte. Die Einverleibung Österreich und antisemitischen Gesetze sind zwei Tatsachen, die das Gewissen von großen Massen italienischer Studenten aufrüttelten und den Mythos des Faschismus, der angeblich für die "Größe des Vaterlandes" kämpfte, ins Wanken brachten. Der sogenannte "Anschluß" rief eine der ersten antifaschistischen Kundgebungen der römischen Studenten im April 1938 hervor.

Die faschistischen Gesetze trafen nicht nur Studenten und Professoren als eine Beleidigung der Menschenwürde, sondern waren der endgültige Beweis dafür, daß Mussolini ein Helfershelfer Adolf Hitlers war. Die Studenten hatten seit langem den leeren, billigen Optimismus der faschistischen Kultur kritisiert und die aufrichtigen, kühnen Werke der Kunst und des Denkens gesucht, die man der Öffentlichkeit vorenthielt; sie hatten auf die wenigen freien Stimmen gehört, die sich in Italien noch vernehmen ließen, um die freiheitlichen Traditionen der italienischen Geschichte wiederzufinden. Aber nach der Unterwerfung Italiens unter den Willen Hitlers wurden diejenigen, die zuerst nur als Unwürdige angesehen worden waren, in den Augen großer Teile von Jugendlichen die Verräter, die sie einem grausamen, schändlichen Feind ausgeliefert hatten.

Als Ende 1943 nach dem tragischen Waffenstillstand vom 8. September dieser Feind die italienischen Städte und Dörfer besetzte, kam der Appell zum Widerstand gerade von der Universität. Concetto Marchesi, der Rektor der Universität Padua, ein hervorragender Meister in der Wissenschaft und im Labor, wandte sich folgendermaßen an die Studenten seiner Stadt, bevor er sein Amt verließ und der Partisanenbewegung beitrat:

"Studenten der Universität Padua! Ich bin an der Spitze eurer Universität geblieben, solange ich hoffte, sie unversehrt vor faschistischer deutscher Bedrohung zu halten; solange ich hoffte, euch gegen politische und militärische Knechtschaft zu verteidigen und mit meinem öffentlich bekannten Glauben euren Glauben zu schützen, der zum Schweigen gezwungen ist. Dieser Vorsatz hat mich das immer stärker werdende Unbehagen überwinden lassen, auf einem Posten zu bleiben, der den Fremden der eines friedlichen Zusammenlebens zu sein schien, während es ein Posten unaufhörlichen Kampfes war.

Heute ruft mich meine Pflicht anderswohin. Heute kann man nicht mehr hoffen, daß die Universität ein ungestörter Zufluchtsort eines freien tätigen Bewußtseins bleibt, während der Feind an die Türen unserer Institute drängt und der Befehl einer Regierung, die sich wegen der Abtrünnigkeit eines alten Komplizen eine republikanische zu nennen wagt, die Universitätsjugend in eine Miliz von mordenden Söldnern und Schergen verwandeln möchte.

Am Eröffnungstag des Akademischen Jahres habt ihr gesehen, wie ein Manipel jener Elenden, die das Auditorium Maximum geschändet hatten, unter der ungeheuren Welle eures Zornes überwunden wurde. Und ich, ihr jungen Studenten, habe diesen Tag erwartet, an dem ihr euren Tempel, der mehr als zwanzig Jahre entheiligt war, wieder weihen würdet, und ich danke dem Schicksal, daß es mir die Freude einer so feierlichen Kommunion mit eurer Seele gegeben hat. Aber diejenigen, die zwanzig Jahre lang alles Ehrenhafte beschimpft, verfälscht und verleumdet haben, verwandeln die Niederlage in Prahlerei, erstikken in ihren lügnerischen Ankündigungen euren Ruf und bemächtigen sich meines Wortes.

Studenten! Ich kann das Amt des Rektors der Universität Padua nicht verlassen, ohne einen letzten Appell an euch zu richten. Eine Generation von Menschen hat eure Jugend und euer Vaterland vernichtet, hat euch zwischen Haufen von Ruinen geworfen; ihr müßt zwischen diese Ruinen das Licht eines Glaubens und den Aufbruch zur Tat tragen, ihr müßt die Jugend und das Vaterland wiederaufbauen.

Verraten von Betrug, Gewalt, Feigheit und verbrecherischer Unterwürfigkeit, müßt ihr zusammen mit der Arbeiter- und Bauernjugend die Geschichte Italiens neu schreiben. Sucht in den Erinnerungen und Schlupfwinkeln der Vergangenheit; hinter den Mördern steht die ganze führende Schicht Italiens, die in ihren totalen Ruin getrieben wurde.

Studenten! Ich scheide von euch in der Hoffnung, nach einem brüderlichen und gemeinsam gefochtenen Kampf zu euch zurückzukehren. Bei dem Glauben, der euch erleuchtet, bei dem Zorn, der euch entflammt, laßt es nicht zu, daß der Unterdrücker noch über euer Leben verfügt. Laßt eure Bataillone wiedererstehen, befreit Italien von Knechtschaft und Schande, fügt zu der Flagge eurer Universität den Ruhm einer neuen, größeren Auszeichnung in dieser letzten Schlacht für die Gerechtigkeit und den Frieden der Welt!"

Dieser Appell, in Tausenden Abschriften nachgedruckt, durchlief ganz Venetien und sehr bald Europa. Seine Worte entflammten die Herzen der Jugend und rüttelten sie zum Kampf und zur Tat auf.

Die faschistischen Führer wollten den Krieg gegen Italien, und Italien stand gegen sie auf. Viele Professoren und Studenten standen mit in der ersten Reihe in diesem nationalen Krieg der Vergeltung und der Befreiung. So wurde die im "Klima des Liktorenbündels" aufgewachsene Jugend die Generation der Resistenza.

Niemals vergessen! Aus dem antifaschistischen Widerstandskampf der Studenten Europas, Berlin 1959, S. 148, 152f.

Giorgio Caputo:
Wissenschaft und Antifaschismus - eine Straße in die Zukunft

Die Geschichte der Menschheit ist eine Geschichte von Forschungen, Erfindungen und Entdeckungen. Seit seinem Erscheinen auf der Welt hat der Mensch versucht, die ihm umgebende Wirklichkeit immer besser kennenzulernen. Getrieben von Wissensdrang, hat er schrittweise seine Kenntnisse auf allen Lebensgebieten erweitert. Er hat die Säulen des Herkules (die Straße von Gibraltar) durchfahren, hat die Geheimnisse der Pole gelüftet, hat himmlische Räume erreicht, die unzugänglich schienen. Die Erforschung der Materie mit dem Projekt Elisatron beflügelt den Enthusiasmus der Wissenschaftler. Neue Horizonte eröffnen sich denen, die das Leben dieses unseres Planeten erforschen.

Leider sind jedoch Erfindungen und Entdeckungen von Motiven des Hasses und des Krieges beflügelt. Die Studien über Kernenergien haben zur Konstruktion von Raketen und Atombomben geführt, noch ehe ihre Ergebnisse zu friedlichen Zwecken genutzt wurden. Bevor der Computer seinen Einzug in die Wohnungen hielt, wurde er schon in der Kriegs-Luftfahrt-Industrie genutzt. So wird die Geschichte der Wissenschaft auch zu einer Geschichte des Todes und der Zerstörung, statt eine Geschichte von Zivilisation und Fortschritt zu sein.

Es liegt auf der Hand, daß der Wissenschaftler nicht ein simpler Techniker sein darf, sondern ein soziales, staatsbürgerliches Gewissen haben muß, das ihn in seiner Arbeit auf Ziele lenkt, die dem wahren Fortschritt und dem friedlichen Zusammenleben dienen Der künstliche Satellit ist nicht an sich schon ein Träger des Fortschritts, es ist notwendig, daß es für alle Völker Freiheit und soziale Gerechtigkeit gibt.

Seit über fünfzig Jahren begegnen sich die Wissenschaftler, die an diese Ideale glauben, in der antifaschistischen Bewegung. Die italienischen Wissenschaftler, die gezwungen waren, ihre Heimat wegen ihrer antifaschistischen Überzeugung zu verlassen, sind heute bekannt, auch weil viele von ihnen hohe internationale Auszeichnungen erhalten haben. Aber es gab auch junge Leute, Studenten und junge Doktoren, die die Treue zu diesen Idealen mit ihren Leben bezahlten. Ihr Opfer war besonders schmerzlich, nicht nur wegen ihrer Jugend, sondern auch, weil sie eine Hoffnung auf dem Gebiet der Wissenschaft darstellten. Von ihnen nenne ich nur die Namen von Walter Fillak, Student von 24 Jahren an der Fakultät für industrielle Chemie von Genua, und Gianfranco Mattei, 27 Jahre, Dozent der Chemie an der Universität Mailand. Den Namen Gianfranco Mattei gab die Stadt Waren im Jahre 1966 einer Straße, als Symbol der neuen Freundschaft zwischen unseren Völkern.

Wenn man sich heute dieser Menschen erinnert, so ruft das ein tiefes Bedauern hervor. Was haben die Opfer so vieler junger Menschen in den europäischen Ländern zur Zeit des Faschismus genützt, wenn die Wissenschaft weiter dazu dient, toxische und biologische Waffen zu produzieren! Wie kann die Menschheit die Kenntnis der Materie vertiefen, wenn sie nicht zuerst die Kenntnis ihres eigenen moralischen Bewußtseins vervollständigt?

Um die antifaschistischen Ideale können sich von neuem Menschen verschiedener Rassen, verschiedener Religionen, verschiedener politischer Richtungen scharen. In diesem Geiste müssen wir die jungen Leute, welche die naturwissenschaftlichen Fakultäten besuchen, vor allen Dingen die Wissenschaft des Friedens lehren. Wir müssen sie lehren, daß die Wissenschaft vom Atom niemals zivilen Fortschritt bringen wird, wenn nicht das Leben des Menschen geschützt wird. Ihnen wollen wir das Opfer der jungen antifaschistischen Wissenschaftler ins Gedächtnis rufen, und wir wollen ihnen, im Geiste der Kämpfer, das Erbe der Kultur und des Kampfes als höchste Botschaft der Hoffnung und der Liebe übermitteln.

Archiv des Verfassers. Der Text entstand im Januar 1988 in Rom.

Robert Scholl (Deutschland)

"Als Vater der Geschwister Scholl fühle ich mich verpflichtet, für Wahrheit und Recht derer, die ihr Leben in dunkler Zeit opfern mußten, einzutreten und ihr Bild vor Verfälschung zu schützen ...

Wie leicht urteilen heute manchmal Menschen, die unter der schrecklichen Hitlerzeit weder seelisch litten, noch Gefahren für Freiheit und Leben kennenlernten oder in jener erbarmungslosen Zeit nicht lebten, indem sie sagen, die Opfer jener blutrünstigen Vergangenheit hätten eben vorsichtiger sein, ja nichts dagegen tun sollen."[1]

"In letzter Zeit werden die jungen, im Dritten Reich gemordeten Studenten von Hamburg, Berlin und München durch unwahre Tatsachenschilderungen entehrt und ihre Opfer als zwecklos, ja unsinnig hingestellt. Dies hat mich so erschüttert, daß ich einen Kreislaufkollaps erlitt."[2]

Diese Zeilen schrieb 1968 der 77jährige Robert Scholl[3], Vater von Sophie und Hans Scholl, die 1942/43 im Zentrum der Münchner studentischen Widerstandsgruppe "Weiße Rose" gestanden hatten und deshalb am 22. Februar 1943 in München-Stadelheim hingerichtet worden waren.

Robert Scholl hatte seine Kinder selbst angeregt, dem NS-Regime kritisch gegenüberzustehen und, wenn notwendig, sich zu widersetzen. Nach ihrem Tode war er bemüht, das Werk von Hans und Sophie sowie ihrer Freunde fortzusetzen und zu verteidigen.

Robert Scholl war Zeit seines Lebens ein konsequenter Gegner des Faschismus.

Am 13. April 1891 ist Robert Scholl in einem kleinen Bauerndorf in Württemberg, in Steinbrück im Mainhardter Wald, geboren worden.[4] Zur Familie gehörten elf Kinder. Die Eltern waren nicht so vermögend, daß sie ihren Sohn nach dem Besuch der Dorfschule in die Stadt auf eine höhere Lehranstalt schicken konnten. Zusammen mit zwei anderen Jungen bereitete Pfarrer Liebing ihn auf den Besuch des Gymnasiums in Stuttgart vor. Der Erwerb der Mittleren Reife war die Voraussetzung, um einen Studienplatz an der Württembergischen Verwaltungsfachschule zu erhalten. Robert Scholl studierte hier bis 1913 .

Der Erste Weltkrieg unterbrach seine berufliche Entwicklung. Zunächst wurde er zur Infanterie eingezogen. Als Kriegsgegner gelang es ihm dann aber, im Sanitätsdienst eingesetzt zu werden. Im Fronteinsatz sind 1916 seine Brüder Christian und Wilhelm gefallen.

Im Reservelazarett Ludwigsburg lernte Robert Scholl die Krankenschwester Magdalene Müller kennen. Sie war im Diakonissenhaus Schwäbisch Hall ausgebildet worden. Zwischen den beiden jungen Leuten entstand tiefe Zuneigung.

Bereits im November 1916 schlossen sie den Bund fürs Leben. Am 11. August 1917 wurde die Tochter Inge und ein Jahr später, am 22. September 1918, der Sohn Hans geboren. Für beide hieß der Geburtsort Ingersheim an der Oberen Jagst, einem Nebenfluß des Neckars. In der Gemeinde Ingersheim-Altomünster hatte der 26jährige Robert Scholl 1917 die Stelle des Bürgermeisters übertragen bekommen.

Die 1920 erfolgte Berufung zum Bürgermeister in der Stadt Forchtenberg am Kocher bedeutete auch eine Anerkennung der Arbeit in den zurückliegenden drei Jahren.

Zehn Jahre wohnte die Familie in Forchtenberg. Sie wuchs in dieser Zeit auf sieben Mitglieder an. Am 27. Februar 1920 wurden Elisabeth, am 9. Mai 1921 Sophie und am 13. November 1922 Werner geboren. Alle Kinder erlebten eine weitgehend sorgenfreie und harmonische Jugend, die gleichermaßen von der Mutter und dem Vater geprägt wurde. Die Mutter als überzeugte Christin trug sehr zum inneren Frieden und Zusammenhalt in der Familie bei. Sie half den Kindern, sich im Leben zurechtzufinden.

Der Vater, der von vielen Einwohnern als Bürgermeister anerkannt und geachtet war, gab seiner Familie Sicherheit und Selbstvertrauen. Seine liberale und weltoffene Haltung hat den Charakter der Kinder maßgeblich geprägt.

In seiner Amtszeit vollzogen sich in Forchtenberg zahlreiche Veränderungen zugunsten der Einwohner, wie u.a. der Bau des Bahnhofs verbunden mit dem Anschluß an die Eisenbahn sowie die Anlage einer Kanalisation, außerdem entstanden eine Turn- und Festhalle sowie ein Lagerhaus.

Trotz dieser und anderer Verdienste für die Stadt wurde Robert Scholl 1930 nicht wieder als Bürgermeister gewählt.

Dies bedeutete für die Familie, die so vertraute Heimat zu verlassen. Zunächst übernahm Robert Scholl die Leitung einer Handwerkerorganisation in Stuttgart, die Familie wohnte in Ludwigsburg. Dieser Ort blieb aber nur eine Zwischenstation, bevor die Scholls 1932 nach Ulm zogen, wo Robert Scholl als selbständiger Steuerberater und Wirtschaftsprüfer tätig war.

Einschneidende Konsequenzen für die Familie hatte 1933 die Errichtung des NS-Regimes in Deutschland. Erstmals kam es zu tiefergehenden Auseinandersetzungen zwischen Robert Scholl und seinen Kindern. Der erfahrene Kommunalpolitiker, der fest auf dem Boden der bürgerlich-parlamentarischen Demokratie der Weimarer Republik gestanden hatte, lehnte von Beginn an die Politik der NSDAP und ihres Führers Adolf Hitler ab, während die Kinder trotz seiner Warnungen sich freiwillig der Hitlerjugend anschlossen. Inge Scholl hat später darüber berichtet:

"Wir waren mit Leib und Seele dabei, und wir konnten es nicht verstehen, daß unser Vater nicht glücklich und stolz ja dazu sagte. Im Gegenteil, er war sehr unwillig darüber, und zuweilen sagte er: 'Glaubt ihnen nicht, sie sind Wölfe und Bärentreiber, und sie mißbrauchen das deutsche Volk schrecklich.' Und manchmal verglich er Hitler mit dem Rattenfänger von Hameln, der die Kinder mit seiner Flöte ins Verderben gelockt hatte. Aber Vaters Worte waren in den Wind gesprochen, und sein Versuch, uns zurückzuhalten, scheiterte an unserer Begeisterung."[5]

Erst Mitte der dreißiger Jahre kamen vor allem bei Hans und Inge die Zweifel. Ein entscheidender Grund zur Umkehr war, daß sie 1937 von der Gestapo wegen der Fortsetzung verbotener bündischer Jugendarbeit verhaftet wurden. Aus Zweifel und Enttäuschung wuchsen Ablehnung und schließlich Gegnerschaft zum Dritten Reich.

Zwischen 1936 und 1939 halfen Robert und Magdalene Scholl mehreren von den Nazis verfolgten jüdischen Familien.

Der Briefwechsel von Hans und Sophie Scholl mit den Eltern gibt auch Aufschluß über die Rolle des Vaters in ihrem Leben. An die Stelle zeitweiliger Konfrontation und Unverständnis traten wieder Vertrauen und Halt. Am 18. Dezember 1937 schrieb Hans aus dem Gefängnis Stuttgart nach einem Besuch des Vaters an seine Eltern::

"Ich danke Vater vielmals, daß er gekommen ist. Er hat mir wieder Hoffnung gebracht ... Ich glaube wieder an meine eigene Kraft; und diese Kraft verdanke ich zuletzt doch nur Euch. Ich fühle jetzt erst ganz den Willen meines Vaters, den er selbst hatte, und den er mir übergab: etwas Großes zu werden für die Menschheit."[6]

Am 28. Juni 1938 schreibt Hans Scholl an die Eltern aus Stetten, wo er seine Ausbildung bei der Wehrmacht erhielt:

"Natürlich unterhalten wir uns dauernd über militärische Fragen. Wie sich das und jenes im künftigen Kriege entwickeln würde. Und nur ganz wenigen kommt der Gedanke: Warum überhaupt Krieg? Die allermeisten würden blind und dumm mit einer gewissen Neugierde und Abenteuerlust losmarschieren."[7]

In einem anderen Brief vom 28. Januar 1941 bemerkt Hans Scholl: "Man kommt sich immer mehr als Gefangener vor. Hoffentlich ist dieser Krieg bald zu Ende."[8]

Am 14. April 1941 hatte Robert Scholl in einem Brief an seine Tochter Sophie über die Kriegslage festgestellt:

"Neuerdings bin ich der Meinung, daß der Krieg doch etwas länger dauert. Das Barometer ist vorübergehend für den Oberflächlichen etwas gestiegen und kann in nächster Zeit voraussichtlich noch etwas steigen. Aber der Umschlag kommt mit unausbleiblicher Konsequenz."[9]

Maßgeblich beeinflußt durch die Kriegserlebnisse wuchs bei Hans Scholl die Entschlossenheit zum Widerstand gegen das Hitlerregime. Zusammen mit seinem Freund Alexander Schmorell rief er in den vier Flugblättern der "Weißen Rose" zum offenen Widerstand auf. Daran war auch Sophie Scholl beteiligt.

Ende Juli 1942 kam die Münchner Studentenkompanie, zu der Hans Scholl und Alexander Schmorell gehörten, an der Ostfront zum Einsatz. In Rußland erfuhr Hans Scholl von der Verhaftung seines Vaters. Robert Scholl wurde wegen Äußerungen gegen Hitler denunziert und zu vier Monaten Gefängnis verurteilt. Am 24. August 1942 schrieb Hans Scholl an seine Mutter:

"Es werden für Vater zunächst sehr harte Tage anbrechen, ich weiß es nur zu gut; so bar jeder Verbindung mit der Umwelt, nur mit sich allein zu leben in einem engen, grauen Raum. Aber er wird diese Zeit überstehen. Weil er stark ist, wird er noch stärker aus der Gefangenschaft in die Freiheit treten."[10]

Am 2. September 1942 teilte Sophie Scholl in einem Brief ihrer Freundin Lisa Remppis über ihren Vater folgendes mit:

"Eben bin ich mit meinem Beitrag zu Vaters Brief fertig. Denn wir dürfen ihm alle 14 Tage schreiben.

Auch er hat schon einen langen, lieben und schönen Brief geschrieben (er darf nur alle 4 Wochen). Ich habe eigentlich keine Sorgen um ihn, wenn es mir auch oft weh tut, ihn dort zu wissen, aber daß dies zu seinem allerbesten dient, und wie glücklich dieses Wissen macht, wenn man diesen Satz so recht bedenkt: zu seinem besten! Da hätte ihm gar nichts Besseres wiederfahren können. - Deshalb vergesse ich kein Wörtchen derer, die ihn in seine jetzige Lage gebracht haben. Nicht aus dem Gefühl des Hasses oder der Rache, aber um ihretwillen darf dies wie so vieles andere nicht vergessen werden."[11]

Am 19. November 1942 teilte Sophie Scholl ihrem Freund Fritz Hartnagel mit:

"Heute erhielt mein Vater die Nachricht, daß er seinen Beruf nimmer ausüben dürfe, da er politisch unzuverlässig sei. Wir hatten ja darauf gewartet, aber auf eine Eingabe von 30 unserer größten Kunden hin (darunter auch der Kreisamtsleiter von Ulm) doch noch einige Hoffnungen gehegt. Dieses Verbot hat mit der gerichtlichen Strafe meines Vaters nichts gemein, es wurde vom NS-Rechtwahrerbund auf Veranlassung von seiten der Partei erlassen."[12]

Anfang November 1942 kamen Hans Scholl, Alexander Schmorell, Willi Graf und andere Freunde von dem Kriegseinsatz an der deutsch-sowjetischen Front zur Fortsetzung des Studiums nach München zurück. Die Erlebnisse in der Sowjetunion und in Polen hatten ihre Entschlossenheit, den Widerstand gegen die verhaßte NS-Tyrannei fortzusetzen, verstärkt.

Unter dem Eindruck der Niederlage der deutschen Wehrmacht in der Schlacht von Stalingrad verbreiteten die Freunde im Januar und Februar 1943 zwei Flugblätter, die zur Umkehr, zur Beendigung des Krieges durch den Sturz des Hitlerregimes aufforderten. An zentrale Stellen in München schrieben sie: "Nieder mit Hitler" und "Freiheit".

An allen Aktionen waren Hans und Sophie Scholl maßgeblich beteiligt. Als sie am 18. Februar das "Studentenflugblatt" an der Universität verbreiteten, erfolgte ihre Festnahme.

Um ein Exempel zu statuieren wurde bereits vier Tage später durch den Volksgerichtshof unter Leitung seines Präsidenten, Roland Freisler, ein Prozeß anberaumt, der wenige Stunden später für Sophie und Hans Scholl sowie ihren Freund Christoph Probst mit dem Todesurteil endete.

Von der Nazijustiz wurde die Familie Scholl folgendermaßen charakterisiert: "Zwei von ihnen, Hans und Sophie Scholl, waren die Seele der wahrhaft hoch- und landesverräterischen, feindbegünstigenden, unsere Wehrkraft zersetzenden Organisation. Sie stammen aus einer Familie, die selbst volksfeindlich eingestellt war, und in der sie keine Erziehung genossen, die sie zu anständigen Volksgenossen machte."[13]

Robert und Magdalene Scholl wußten nichts von der gegen das Dritte Reich und den Krieg gerichteten Tätigkeit ihrer Kinder. Freunde benachrichtigten sie unmittelbar vor Prozeßbeginn. Es gelang ihnen noch, von Ulm nach München zu kommen. Als sie den Gerichtssaal betraten, gingen die Verhandlungen bereits dem Ende zu. Robert Scholl versuchte noch, seine Kinder zu verteidigen und wurde auf Veranlassung von Roland Freisler aus dem Raum verwiesen.

Die Eltern konnten noch am späten Nachmittag von Sophie und Hans im Gefängnis Abschied nehmen. Kurze Zeit danach fand die Hinrichtung der drei Studenten statt.

Am 24. Februar wurde der Familie Scholl gestattet, ihre Kinder Sophie und Hans auf dem Perlacher Friedhof in München zu beerdigen.

Im Zuge der Sippenhaft erfolgte am 27. Februar die Festnahme von Magdalene und Robert Scholl sowie ihrer Töchter Inge und Elisabeth. Auch unter diesen schlimmen Bedingungen versuchten die Scholls sich gegenseitig zu helfen. Am 13. April 1943 beging Robert Scholl im Gefängnis seinen 52. Geburtstag. Seine Tochter Inge schrieb ihm aus diesem Anlaß:

"Ich muß daran denken, wie Du in schweren Stunden, damals bei der ersten Verhaftung von Hans, die ihm gewiß innerlich zu einer großen Not geworden ist, zu Deinen Kindern gestanden bist, nicht mit der Rute, sondern mit großer, mitleidender Liebe. Und seither, wie hast Du immer das Gute für uns gewollt und Dich bemüht um unser volles Wohl. Immer warst Du der Schenkende, der voll Freude auch von der Reise zurückkehrte, wenn er etwas zum Mitbringen in der

Mappe hatte. Es hat mir einmal wehgetan, als Du halb melancholisch, halb im Spaß sagtest: 'Ihr braucht mich halt zum Lebensunterhalt.' Denn man kann einen guten Vater nicht lange genug haben und erst recht dann, wenn man ihn nicht mehr zum Lebensunterhalt nötig hätte. Die geistigen Bande, die ja die Grundlage unseres so selten schönen Familienlebens sind, sollten uns auch jetzt zusammenhalten, gerade in Krieg und Gefängnis."[14]

Ab Mai 1943 begannen Untersuchungen wegen "Rundfunkverbrechens" zur Vorbereitung eines Prozesses gegen die Scholls. Dies geschah, weil Robert Scholl ausländische Sender gehört hatte, u. a. Beiträge von Thomas Mann im Londoner Rundfunk. Robert Scholl erhielt eine Strafe von 18 Monaten Zuchthaus. Seine Frau und die Tochter Inge wurden freigesprochen.[15] Nach dem Urteil erfolgte die Verlegung von Robert Scholl aus dem Ulmer Gefängnis in des Zuchthaus Kislau bei Bruchsal.

Mit großer Anteilnahme und Trauer verfolgte er den Kriegsverlauf. Am 21. Mai 1943 schrieb er in einem Kassiber:

"In der Welt des Krieges ist die Hölle noch nicht losgebrochen. Mit Ausnahme des Kuban-Brückenkopfes und südöstlich Charkow sowie im Pazifik zwischen Japan und Alaska herrscht noch überall die Ruhe vor dem Sturm. Wir stehen vor dem blutigsten Sommer dieses Krieges."[16]

Drei Monate später, am 24. August, reagierte er auf den Fall von Charkow mit den Worten:

"Charkow, eine Millionenstadt und, bis in unsere Zeit, ehemalige Hauptstadt der Ukraine, ist gefallen, wie ich vor einigen Tagen richtig vermutete. Etwas habe ich seit August 1914 gelernt: zwischen den Zeilen zu lesen. Ihr solltet auch lesen, was die Zeitungen dazu sagen ... das Volk wird in einem ganz fürchterlichen Lügennetz eingesponnen oder eingenebelt."[17]

Sehr bewegten Robert Scholl die tragischen Schicksale anderer Menschen, vor allem von Ausländern, die er in den Monaten der Haft kennenlernte. Hervorgehoben seien zwei Beispiele vom Sommer 1943.

"Gestern war das Sondergericht in Ehingen. Da wurde der 18jährige Polenjunge in der Zelle neben mir (er sieht aus wie ein Kind) zum Tode verurteilt. Ich brächte als Richter so etwas niemals fertig ... Der Junge soll in Ehingen oder in der Ehinger Gegend eingebrochen haben, um Lebensmittel zu stehlen, weil er Hunger litt. Ich habe ihm übrigens schon seit Wochen Liebe und auch Magentrost ausgeteilt. Er gab mir morgens immer einen lieben Guten Morgen. Ich würde es niemals übers Herz bringen, ein so fern seinen Eltern befindliches Kind, überhaupt ein unmündiges Kind, zum Tode zu verurteilen. In welch grausamer Zeit leben wir doch! Wann werden die Menschen wieder als Gottes Ebenbild erkannt und behandelt! Das Maß der Schuld unserer Zeit ist voll, es ist übervoll."[18]

"Heute war ich mit Stadtpfarrer Dr. Müller und dem Vikar beim Duschen. Dabei erzählte mir der Vikar, er sei aus Metz. Dort habe er einem fast verhungerten französischen Soldaten etwas zu essen gegeben. Wegen dieses Verbrechens sei er zu 2 1/2 Jahren verurteilt worden."[19]

Die Briefe von Magdalene Scholl an ihren Mann sind Ausdruck tiefen gegenseitigen Verständnisses. Als kurz vor Weihnachten 1943 Robert Scholl von Ulm ins Zuchthaus Kislau gebracht wurde, versuchte seine Frau ihm in einem Brief Trost zu geben.:

"Weihnachten wird besonders für uns beide dies Jahr sehr schwer sein. Freilich für vieltausend andere auch. So viel Herzeleid und Trauern waren wohl noch nie auf dem Erdenball, wie in dieser Zeit. Und am schwersten ist's für dic, die keinen haltbaren Trost haben, sondern abhängig sind von dieser vergänglichen Zeit. Wie dankbar dürfen wir sein, daß wir Gott haben und sein Wort, das uns täglich speist und tröstet.

Wir wollen uns anstrengen, auch anderen davon abzugeben in Liebe und Geduld."[20]

Neben der Zerstörung der beruflichen Existenz für Robert Scholl folgte im Juni 1944 die Ausweisung der Familie aus der Wohnung in Ulm. Freunde halfen den Scholls, bis Kriegsende Unterschlupf bei Bauer Binninger auf dem entlegenen "Bruderhof" im Südschwarzwald zu finden. An diesen Ort kam auch Robert Scholl im November 1944 nach seiner Entlassung aus dem Zuchthaus.

Nach Kriegsende und der Kapitulation des Dritten Reiches kehrte die Familie Scholl nach Ulm zurück. Robert Scholl wurde kurze Zeit später gebeten, das Amt des Oberbürgermeisters zu übernehmen. Im Interesse vieler notleidender Bürger und des Wiederaufbaus der Kommune, willigte er ein. In dreijähriger unermüdlicher Arbeit tat er viel dafür, um in Ulm das durch Krieg und NS-Regime hinterlassene Erbe zu beseitigen und den demokratischen Neuanfang einzuleiten. Sein Wirken hinterließ in der Geschichte der Stadt unauslöschbare Spuren.

Infolge der restaurativen Veränderungen in Westdeutschland gelang es konservativen Kräften, auch in Ulm wieder die Oberhand zu gewinnen. Eine Folge war, daß Robert Scholl 1948 als Oberbürgermeister nicht wieder gewählt wurde. Erneut verdiente er jetzt den Lebensunterhalt als Steuerberater und Wirtschaftstreuhänder.

1951 verließen Robert und Magdalene Scholl Ulm und bezogen in München-Harlaching, Am Blumengarten 19, das nach eigenen Wünschen erbaute Haus.

Die Beendigung der Tätigkeit als Oberbürgermeister bedeutete für Robert Scholl keinen Abschied von der Politik. In Übereinstimmung mit seinen Lebenserfahrungen, insbesondere aus der Zeit des Hitlerfaschismus sah er sich verpflichtet, nicht zu schweigen, sondern erneut gegen Ungerechtigkeit, gegen wiederauflebende Gefahren durch Rechtsradikalismus, Neonazismus und Rassismus aufzutreten.

Zusammen mit Gustav Heinemann und Martin Niemöller zählte Robert Scholl zu den Gründern der Gesamtdeutschen Volkspartei.

Als die Bundesregierung 1962 das Verbot der Vereinigung der Verfolgten des Naziregimes plante, trat er zusammen mit Clara Harnack, Pfarrer Herbert Mochalski, Kirchenpräsident a.D. Martin Niemöller und dem Verleger Ernst Rowohlt dagegen auf.

In allen frohen und auch schweren Stunden stand Magdalene Scholl ihrem Mann fest zur Seite. Für Robert Scholl bedeutete es daher einen großen Verlust, daß seine Frau am 30. März 1958 nach fast 42 Jahren gemeinsamen Lebens starb. Eine nicht zu schließende Lücke entstand.

Aufmerksam verfolgte Robert Scholl an seinem Lebensabend alles, was den antifaschistischen Widerstand und seine Stellung in Nachkriegsdeutschland betraf. Bereitwillig gab er Historikern und anderen Interessierten Auskunft. Eng arbeitete er dabei mit seiner Tochter Inge zusammen, die mit ihrem in zahlreichen Ländern veröffentlichten Buch "Die Weiße Rose" den wichtigsten Beitrag zur Verbreitung der Wahrheit über das Geschehen 1942/43 in München leistete.

Viel Verständnis und Unterstützung fand Robert Scholl bei seiner zweiten Frau, Anneliese Hiemer geb. Planck (mit der er seit 1960 zusammenlebte).

Schockartig wirkten Ereignisse von Anfang 1968 auf Robert Scholl und seine Familie. Der 25. Jahrestag der Wiederkehr des Mordes an Sophie und Hans Scholl sowie von Christoph Probst waren zum Anlaß genommen worden, um deren Einsatz gegen das Dritte Reich als unbedeutend und sinnlos darzustellen. Am meisten Aufsehen rief eine Veröffentlichung von Christian Petry und Vincent Probst am 25. Februar 1968 im "Stern" hervor. Bezeichnend für die Tendenz waren Überschriften wie die folgenden: "Vor 25 Jahren Studenten aufs Schafott. Sie wollten die Freiheit und mußten sterben. Die Studenten von heute haben sie vergessen. Die Weiße Rose ein Vorbild für heute? Freunde warnten: Das ist doch Wahnsinn."

Eine ähnliche Tendenz hatte am 18. Februar eine Sendung des Bayrischen Rundfunks.

Die Gedenkveranstaltung an der Münchner Universität war von heftigen Auseinandersetzungen und Tumulten begleitet. Robert Scholl, der gebeten worden war, aus diesem Anlaß zur Erinnerung an seine Kinder und deren Freunde das Wort zu nehmen, war zutiefst erschüttert. In einem Brief schrieb er:

"Ich habe nach der Gedenkfeier in der Universität sehr viele Briefe, nicht nur aus dem Inland, erhalten, da ich gesundheitlich oft nicht auf der Höhe war, kam ich bis heute noch nicht dazu, alle zu beantworten. Die meisten Briefschreiber schreiben empört darüber, wie die Studenten sich unwürdig während der Gedächtnisfeier, die durch das Fernsehen übertragen worden war, benommen hatten. Es war jedoch ein falscher Eindruck. Die Studenten wollten nicht gegen die Totengedenkstunde demonstrieren. Sie verteilten vor der Universität und auf der Ludwigstraße schon vor der Feier an alle Passanten Flugblätter, in denen sie ankündigten, sie wollten dafür sorgen, daß die Geschwister Scholl ehrlich gefeiert werden. Als dann nach einer Begrüßungsansprache des Rektors und ein paar Worten meinerseits der ASTA-Vorsitzende, der erst unlängst gegen einen SDS-Studenten gewählt worden war, seine Ansprache mit scharfen Angriffen gegen den SDS begann, da kam es zu einem wahren Hexenkessel. SDS-Studenten riefen 'Nazis raus' und andere schrien dagegen 'SDS raus'. Einige SDS-Studenten entschuldigten sich nachher bei mir wegen der Störungen."[21]

Die Angriffe und die falschen Darstellungen hörten nach diesen Ereignissen nicht auf. Trotz seiner schlechten Gesundheit sah Robert Scholl sich am 29. September 1968 genötigt, ausführlicher zu dem Geschehen Stellung zu nehmen.[22]

Auch danach entstanden keine Ruhe und Versachlichung der Diskussion. Neue Auseinandersetzungen begannen, als am 31. Oktober 1968 im ARD-Sender Bremen der Fernsehfilm "Die Weiße Rose - Abschied von einem Mythos" angekündigt wurde. Robert Scholl beauftragte Rechtsanwalt Heinrich Hannover seine Interessen wahrzunehmen. Ungefähr zu dieser Zeit erschien auch im Piper Verlag München das Buch von Christian Petry "Studenten aufs Schafott. Die Weiße Rose und ihr Scheitern."[23]

Infolge der Aufregungen erlitt Robert Scholl einen Kreislaufkollaps. In dieser schweren Zeit blieben Robert Scholl und seine Familie nicht allein, Freunde in West- und Ostdeutschland, aber auch aus dem Ausland, stellten sich an ihre Seite.

Von Gewicht war, daß 1968 in der DDR zwei wissenschaftliche Publikationen zur Geschichte der Weißen Rose entstanden, die dazu beitrugen, die Auseinandersetzungen zu versachlichen und das Andenken der Geschwister Scholl und ihrer Freunde zu verteidigen.[24]

Geschichtsstudenten der Rostocker Universität gründeten einen Studentenzirkel und baten Robert Scholl, ihnen zu gestatten, den Studentenzirkel "Geschwister Scholl" zu nennen. Am 30. Dezember 1968 begrüßte Robert Scholl diese Absicht.[25]

Am 25. Oktober 1973, kurz nach dem Umzug von München nach Stuttgart, ist Robert Scholl im Alter von 82 Jahren gestorben. Er wurde nach München überführt und bei seinen Kindern Hans und Sophie sowie seiner Frau Magdalene Scholl bestattet.

Anmerkungen

1 Archiv des Verf.

2 Ebenda

3 Der Verf. stand von 1958 bis 1873 mit Robert Scholl in Kontakt.

4 Vgl. zur Biographie von Robert Scholl: Inge Scholl. Die Weiße Rose, Erweiterte Neuauflage, Frankfurt am Main 1982; Hans Scholl Sophie Scholl. Briefe und Aufzeichnungen. Hrsg. v. Inge Jens, Frankfurt am Main 1984; Sippenhaft. Nachrichten und Botschaften der Familie in der Gestapo-Haft nach der Hinrichtung von Hans und Sophie Scholl. Hrsg. v. Inge Aicher-Scholl, Frankfurt am Main 1993

5 Inge Scholl. Die Weiße Rose, S. 15

6 Zit. nach: Hans Scholl Sophie Scholl. Briefe und Aufzeichnungen, S. 13

7 Ebenda, S. 19

8 Ebenda, S. 42

9 Ebenda, S. 253

10 Ebenda, S. 86

11 Ebenda, S. 216

12 Ebenda, S. 228

13 Zit. nach: Karl Heinz Jahnke. Weiße Rose contra Hakenkreuz. Der Widerstand der Geschwister Scholl und ihrer Freunde, Frankfurt am Mai 1969, S. 20

14 Zit. nach: Sippenhaft, S. 15

15 Elisabeth Scholl war bereits im April 1943 aus der Haft entlassen worden. Magdalene Scholl und ihre Tochter Inge kamen am 29. Juli 1943 frei.

16 Zit. nach: Sippenhaft, S. 28

17 Ebenda, S. 84

18 Ebenda, S. 71 f.

19 Ebenda, S. 84

20 Ebenda, S. 123

21 Brief von Robert Scholl an den Verf., München, 21.5.1968

22 Robert Scholl übersandte im Oktober 1968 ein Exemplar seiner Ausarbeitungen an den Verf. (vgl. S. 100-104)

23 Christian Petry. Studenten aufs Schafott. Die Weiße Rose und ihr Scheitern, München 1968

24 Vgl. Klaus Drobisch. Wir schweigen nicht. Die Geschwister Scholl und ihre Freunde, Berlin 1968. Im März 1969 erschien im Röderberg-Verlag, Frankfurt am Main, das Buch von Karl Heinz Jahnke "Weiße Rose contra Hakenkreuz" mit einem Vorwort von Günther Weisenborn.

25 Archiv des Verf. (Vgl. S. 97)

Forchtenberg 1926 (r. Robert Scholl, Inge, Hans, Elisabeth, Sophie, Werner)
Die Aufnahme stammt von Magdalene Scholl.

Inge Scholl, Robert Scholl, Ulm 1942

Robert Scholl 1946

ROBERT SCHOLL
OBERBÜRGERMEISTER I. R.

8 MÜNCHEN-HARLACHING
AM BLUMENGARTEN 19
TELEFON 43 41 08

30.Dezember 68.

Liebe Freunde!

Ihr Gedenken meiner Kinder und die Wünsche für ein gutes, erfolgreiches Jahr 1969 durch Ihren geschätzten Brief vom 19.12.68 haben mich gefreut. In letzter Zeit wurden die jungen, im Dritten Reich gemordeten Studenten von Hamburg, Berlin und München durch unwahre Tatsachenschilderungen entehrt und ihr Opfer als zwecklos, ja unsinnig hingestellt. Das hat mich so erschüttert, dass ich einen Kreislaufkollaps erlitt. Ich leide sehr daran, körperlich und seelisch, so dass ich unfähig bin, mich dagegen zu wehren. Aber das geschieht von anderer Seite, auch Dr.Jahnke beteiligt sich an dieser in Westdeutschland geplanten Arbeit.

Nehmen Sie meinen Dank für Ihre Grüsse und guten Wünsche entgegen. Für 1969 wünsche ich Ihnen allen Glück und Erfolg zu Ihrer Arbeit. Übermitteln Sie bitte meine Wünsche auch Herrn Dr.Jahnke.

Ihr Robert Scholl

Robert Scholl

Brief von Hans Scholl an seine Eltern, Stuttgart, Gefängnis, 18. Dezember 1937

Meine lieben Eltern.
Da nun ein Tag vergangen ist, seit mich Vater besuchte, möchte ich Euch schreiben. Ich danke Vater vielmals, daß er gekommen ist. Er hat mir wieder Hoffnung gebracht. Es tut mir so unendlich leid, daß ich dieses Unglück über die Familie gebracht habe, und in den ersten Tagen meiner Haft war ich oft der Verzweiflung nahe. Aber ich verspreche Euch: Ich will alles wieder gut machen; wenn ich wieder frei bin, will ich arbeiten und nur arbeiten, damit Ihr wieder mit Stolz auf Euren Sohn sehen könnt.

Ich habe jetzt viel Zeit zur Besinnung, und vor meinen Augen zieht in den buntesten Farben meine ganze sonnige Jugendzeit vorüber. Zuerst kindliches Spielen, bald ernstes Arbeiten, und zuletzt der rastlose Einsatz für eine Gemeinschaft. Wie wenige hatten doch eine solch überaus große und stolze Jugend! Und nun habe ich auch wieder Vertrauen zu meiner Zukunft. Ich glaube wieder an meine eigene Kraft; und diese Kraft verdanke ich zuletzt doch nur Euch. Ich fühle jetzt erst ganz den Willen meines Vaters, den er selbst hatte, und den er mir übergab: etwas Großes zu werden für die Menschheit.

Ich bitte die Mutter dringend, ihre Fröhlichkeit nicht zu verlieren, die Geschwister haben diese ja so nötig. Vor allem soll Weihnachten ein Freudenfest in unserer Familie bleiben.

Ich denke so viel an Euch.

Euer Hans

N.S.(....) Die besten Grüße an Lisl, Inge, Sophie und Werner. Sophies Weihnachtsgeschenk durfte ich leider nicht annehmen. Schickt mir bitte die Lehrbücher der englischen Sprache, wenigstens die der letzten Klassen. Bücher zur Weiterbildung des Berufes sind erlaubt. Schickt mir außerdem noch andere wissenschaftliche Bücher. Aber Ihr müßt dazu schreiben, daß ich sie für meinen späteren Beruf brauche, sonst erhalte ich sie nicht.

Hoffentlich kann ich bald wieder zu Hause sein!

Hans Scholl Sophie Scholl. Briefe und Aufzeichnungen, Frankfurt am Main, 1984, S. 13.

Brief von Sophie Scholl an Robert Scholl, Ulm, 7. September 1942

Mein lieber Vater!
Über Deinen Brief waren wir alle sehr froh, obwohl ich nie Sorge hatte, daß Dein guter Mut durch Deine sogenannte Strafe gebrochen werden könnte. Denn daß diese Zeit für Dich notwendig ist und in einem uns noch unbekannten Sinne sogar das Beste für Dich, davon bin ich überzeugt, wenngleich ich deshalb nicht das kleinste Wort derer vergesse, die es soweit gebracht haben. Nicht aus einem Gefühl der Rache, sondern von einem ganz anderen Gesichtspunkt aus, den Du wohl kennst. - Nun, da Du nicht mehr da bist, der uns

auf dem laufenden hält, höre ich gewissenhaft die Nachrichten und stehe oft vor der Karte Europas. Die Frankfurter Zeitung hast Du erhalten und so doch das Wichtigste erfahren. - Den Fabrikdienst habe ich nun auch bald zur Hälfte überstanden. Die Arbeit sagt mir nicht im mindesten zu, und ich finde es entsetzlich, daß viele Menschen tagtäglich 10 Stunden ihr ganzes Leben von dieser geist- und leblosen Beschäftigung in Anspruch genommen sind und abends auch begreiflicherweise nicht mehr die Kraft haben, sich mit etwas anderem zu beschäftigen. Die meisten fühlen sich auch unglücklich. Doch ist der Betrieb ja kriegsmäßig und nachher wird sich das ändern. Hoffentlich. Mich hat das Schicksal so vieler doch tiefer berührt, als wenn ich bloß von außen geurteilt hätte.

Aus dem Felde kommen immer nur gute Nachrichten. Von vielen Freunden, denen ich von Dir schrieb, soll ich Dich grüßen, sie bauen alle an der Mauer von Gedanken, die um Dich sind, Du spürst doch, daß Du nicht allein bist, denn unsere Gedanken, die reißen die Schranken und Mauern entzwei: die Gedanken - !

Deine Sophie

Ebenda, S. 219.

Robert Scholl: Anmerkungen zu Christian Petrys Veröffentlichungen über die Widerstandsgruppe "Weiße Rose" in München, München, 23. September 1968

Die Darstellung Petrys über die Teilnehmer an der Widerstandsgruppe "Weiße Rose" im "Stern" und ganz besonders in der Gedenkstunde des Bayerischen Rundfunks am 18. Februar 1968 haben die nächsten Angehörigen der Toten schmerzlich berührt und haben sie als Herabwürdigung der Toten samt ihren Familien empfunden.

Als Vater der Geschwister Scholl fühle ich mich verpflichtet, für Wahrheit und Recht derer, die ihr Leben in dunkler Zeit opfern mußten, einzutreten und ihr Bild vor Verfälschung zu schützen.

I. Dokumentarische Unterlagen

1. Illustrierte Zeitschrift "Stern" Heft 8 vom 25.2.68, darin Beitrag von Christian Petry und Vincent Probst unter dem Titel "Die Weiße Rose - ein Vorbild von Studenten heute?"
2. Rundfunksendung des Bayerischen Rundfunks zum 25. Todestag meiner Kinder Hans und Sophie und ihrer Freunde, der Widerstandsgruppe "Die Weiße Rose"
3. Anklageschrift des Oberreichsanwalts beim Volksgerichtshof vom 21.2.43
4. Urteil des Volksgerichtshofs vom 22.2.43
5. Anklageschrift des Oberreichsanwalts beim Volksgerichtshof vom 8.4.43
6. Urteil des Volksgerichtshofs vom 19.4.43
7. Bericht von Lic. Dr. theol. Karl Alt "Wie sie starben"
8. Bericht von Else Gebel "Dem Andenken von Sophie Scholl"
9. Niederschrift des Gestapobeamten Robert Mohr

10. Presseinterview von Hans Hirzel und Aussagen von namhaften Zeugen über die Geschehnisse bei der "Weißen Rose" bis zum 22.2.1943
11. Brief von Ursel Ertel an Christian Petry

Aus vorstehend aufgeführten Dokumenten und aus Angaben zuverlässiger Zeugen stammen die folgenden Berichtigungen und Feststellungen.

Was schreibt und spricht Christian Petry?
Die Aktion der Geschwister Scholl war die Aktion unerfahrener, unpolitischer Jugendlicher. Sie waren leichtsinnig, haben das Material zur Herstellung ihrer Flugblätter in ihrer Wohnung herumstehen lassen, die Adressen ihrer politischen Freunde an die Wand geheftet, wo sie die Gestapo nur abnehmen durfte, sie hatten das Leben anderer leichtsinnig aufs Spiel gesetzt, sich bei ihren Aktionen dilettantisch benommen, der Gestapo die Flugblätter gewissermaßen vor die Füße geworfen, sie waren unfähig zu fliehen, als man sie entdeckte und waren im übrigen die Kinder eines unpolitischen, liberalen Bürgertums, das zu rationalen Überlegungen nicht fähig war und politisches Unvermögen mit einem Opfer aus Blut kompensierte, eines Bürgertums, das eigentlich Schuld daran sei, daß der Nationalsozialismus überhaupt aufkommen konnte.
Was berichtet die Gestapo?
Es gibt eine Reihe von Zeugen, die dieses Bild als unrichtig belegen können. Unverdächtig sind folgende Feststellungen aus dem Bericht jenes Gestapobeamten, der die Ermittlungen maßgeblich leitete:

1. Nach dem ersten Tag der Verhöre glaubte die Gestapo trotz vorausgegangener Durchsuchung, daß man die Geschwister Scholl wieder laufen lassen müßte, da sie glaubhaft machen konnten, daß sie mit dem Abwurf der Flugblätter nichts zu tun haben. Auch der herbeigerufene Reichsstudentenführer war der Meinung, daß die Geschwister Scholl nichts mit den Flugblättern zu tun hätten.

2. Der Verdacht entstand nicht durch aufgefundene Adressenlisten, Farben, Pinsel, Schablonen, sondern aus der Kombination, daß die Post in München viele 8-Pfennig-Briefmarken in letzter Zeit verkauft hatte mit der am Abend bekannt gewordenen Tatsache, daß im Zimmer von Hans Scholl viele dieser Marken gefunden wurden. Schließlich entdeckte man den Flugblattentwurf von Christl Probst.

3. Danach hatten die Geschwister Scholl alle Schuld auf sich genommen. Es gelang ihnen, die Aktionen auf vier Personen (sich selbst, Christoph Probst und Alexander Schmorell) zu begrenzen. Erst später setzten neue Verhaftungen ein.

Wie bedacht die Geschwister Scholl darauf waren, andere nicht in Gefahr zu bringen, zeigt neben zahlreichen anderen Aussagen auf, die der damaligen Studentin Christa Meyer-Heidkamp, die Hans Scholl aus den Vorlesungen Professor Hubers gut kannte. Sie berichtet: "Alle Ausgänge (der Universität) waren gesperrt. Die Studenten erhielten Anweisung, sich im Lichthof zu versammeln. Jeder, der ein Flugblatt an sich genommen hatte, mußte es an eigens dazu beauftragte Sammler abgeben. So standen wir zwei Stunden und warteten, bis schließlich Hans Scholl und seine Schwester mit gefesselten Händen an uns vorbeigeführt wurden. Sie haben uns noch einmal angesehen, aber kein Muskel seines

Gesichts zeigte ein Erkennen. Er wußte wohl, wie er jeden ihm bekannten Kommilitonen in den Augen der Gestapobeamten verdächtig machen würde."

Die gleiche Vorsicht bezeugte der Architekt Manfred Eickemeyer in seinem Vortrag im Geschwister-Scholl-Studentenheim. Die Zusammenkünfte der "Weißen Rose" fanden in seinem Atelier in der Leopoldstraße in München statt, und er war oft dabei.

Besonders betonte er, wie äußerst vorsichtig Hans Scholl bei Zulassung neuer Teilnehmer an den Gesprächen der Freunde war. Niemand wurde zugelassen, dessen Charakter und politische Überzeugung nicht zuvor geprüft war.

4. Hans Scholl wird in dem Bericht der Gestapo eine Intelligenz zugesprochen, die dem verhörenden Beamten in dieser prägnanten Form bis dahin nicht begegnet war. Die Verhöre waren vorwiegend politische Auseinandersetzungen. Die Haltung der Geschwister Scholl wird von den Beamten als ungewöhnlich eindrucksvoll bezeichnet.

5. Einige Tage nach dem Urteil erging von Berlin aus der Befehl zur "Sippenhaft". Man betrachtete das Elternhaus der Geschwister Scholl als politisch verseucht. Der Vater saß wegen Äußerungen gegen Hitler bereits früher im Gefängnis. Nun bekannte sich der Vater zur Tat seiner Kinder. Seine Äußerungen hätten bei Anzeige des Gestapobeamten zu seiner Hinrichtung geführt.

Was stellt der Volksgerichtshof fest?

In der Anklageschrift des Oberreichsanwalts steht u.a.: "Hans Scholl hatte sich bereits seit langem Gedanken über die politische Lage gemacht."

Im Urteil des zweiten Prozesses vom 19.4.43 steht: "Dieses Urteil muß mit dem Urteil, das der Volksgerichtshof vor wenigen Wochen hat fällen müssen, im Zusammenhang gesehen werden. ... Zwei von ihnen (den drei Verurteilten), Hans und Sophie Scholl waren die Seele der ... Organisation. Sie stammen aus einer Familie, die selbst volksfeindlich eingestellt war und in der sie keine Erziehung genossen, die sie zu anständigen Volksgenossen machte. Die damaligen Angeklagten hatten die Schuld dreier jetziger Angeklagter (Huber, Hirzel und Grimminger) mit auf sich genommen." Weiter heißt es: "Scholl hat, wie der Volksgerichtshof aus eigener Wahrnehmung weiß, einen stark suggestiven, durch Nur-Intellektualität noch gesteigerten Einfluß ausgeübt."

Hat Petry die Wahrheit gesucht?

Im einzelnen enthalten die Äußerungen Petrys eine Fülle von sachlichen Unrichtigkeiten. Einige seien erwähnt:

Die Flugblätter wurden nicht in der Wohnung hergestellt. Infolgedessen fand die Gestapo dort auch kein darauf schließendes technisches Material. Im Raum, in dem sie hergestellt wurden, fand man Telefonnummern an der Wand. Es waren private Nummern des Besitzers, die mit der Aktion der Geschwister Scholl nicht zu tun hatten. Der offenbar verdächtige "Uniformrock" von Alex Schmorell in der Wohnung von Hans Scholl war kein Uniformrock, sondern ein Russenkittel, aus dem die Gestapo keine Schlüsse zog. Christian Petry schreibt von 3 000 Flugblättern, die im Februar 43 entstanden, der Gestapobeamte berichtet von 8000 bis 10 000, in der Anklageschrift heißt es 7 000 Flugblätter.

Wes Geistes Kind waren die Geschwister Scholl?

Im Elternhaus der Geschwister Scholl spielten politische Fragen von jeher eine dominierende Rolle. Der Vater war bereits im ersten Weltkrieg gegen den Nationalismus und Militarismus aufgetreten. Er stand Friedrich Wilhelm Förster, dem ehemaligen Münchner Professor und Herausgeber der Zeitschrift "Die Menschheit" nahe. Als Vater Scholl 1942 vor das Stuttgarter Sondergericht kam, hatte die Kreisleitung folgende Äußerung über den Angeklagten gemacht:" Scholl blieb bis heute bei seiner liberalistischen, kosmopolitischen Haltung stehen." Im ersten Prozeß des Volksgerichtshofs fragte Roland Freissler die Angeklagte Sophie Scholl: "Ihr Vater hat sie also zur Demokratie erzogen?" Ihre entschiedene Antwort: "Nein, mein Vater hat uns immer unseren freien Willen gelassen, aber er hat uns Demokratie vorgelebt."

Christian Petry rechnet die Geschwister Scholl zur unpolitischen Tradition des deutschen Bürgertums und seiner durch den deutschen Idealismus geprägten unverbindlichen Haltung.

Das freundschaftliche Verhältnis der Geschwister Scholl zu Theodor Haecker hätte ihn stutzig machen sollen. Haecker hat in "Satire und Polemik" eine scharfe Abrechnung mit genau jener Tradition vorgenommen. Wie Hans Scholl früher Mitglied der D.J. 1.11 gewesen war, wie übrigens viele Köpfe der heutigen studentischen Opposition, dürfte er ebensowenig bürgerliche Neigungen gehabt haben wie diese. Es gibt Zeugen für die Diskussionen über die einzelnen Flugblattentwürfe. Petry hätte sie hören können. Sie belegen deutlich einen anderen geistigen und politischen Horizont.

Sind die Geschwister Scholl und ihre Freunde kein Vorbild für die heutige Jugend?

Das behauptet Petry und sagt, der Name "Geschwister Scholl" oder "Weiße Rose" sei bei der studentischen Opposition in den letzten drei Jahren kein einziges Mal gefallen, sie seien Kinder ihrer Zeit gewesen, sie seien nicht ein Stück unbewältigter Vergangenheit, sie seien Vergangenheit. Seine Landsmännin und Gesinnungsfreundin Ursel Ertel widerlegt seine Behauptung in ihrem Brief an ihn. Sie schließt mit der Bemerkung, Leben und Kampf Hans Scholls und seiner Freunde würden immer stärker lebendige Tradition werden.

Als er so schrieb und am Rundfunk sprach, wußte Petry nichts von den tausenden Flugblättern, welche die Studenten am 23.2.1968 auf der Leopoldstraße, vor der Universität und im Lichthof der Münchner Universität verteilten oder herunterwarfen, in denen immer die Geschwister Scholl genannt wurden. Er wußte auch nichts von den vielen Briefen, die der Vater Scholl nach der Feier von überall her, sogar aus dem Ausland, erhielt, darunter auch von Studenten.

Petry will auch nichts darüber wissen, daß die Geschichte der "Weißen Rose" und das Schicksal der Geschwister Scholl weltbekannt ist. Der Bericht darüber von Inge Scholl ist in Deutschland in einer Auflage von bald einer halben Million verbreitet. Er ist auch in allen nord-, mittel- und südeuropäischen Ländern in der Landessprache erschienen. Er wird von vielen Schulen Deutschlands im Unterricht verwendet, ebenso in ausserdeutschen Ländern. Seit vielen Jahren wird die "Weiße Rose" für den Deutschunterricht der high schools in den USA in verschiedenen Ausgaben behandelt. Die Universitäten von Padua, Bologna und andere sandten zum 22. Februar ihre Huldigungen nach München. Fernsehfilme und Berichte über die "Weiße Rose" gab es in den letzten Jahren in Schweden, Norwegen, Finnland, Holland, Belgien, Frankreich, Italien, ja sogar in Japan. Aus Kiew, Moskau, Prag kamen Bitten um Material von Schulklassen, die über die "Weiße Rose" schreiben und debattieren sollten.

Vor mehreren Jahren standen in Rom vor dem Papst polnische und deutsche Bischöfe einander gegenüber. Nachdem die deutschen Bischöfe ihre polnischen Amtsbrüder namens der guten deutschen Menschen um Verzeihung baten für die Untaten, die das Hitlerdeutschland Polen angetan hätten, antworteten die polnischen Bischöfe, es sei ihnen wohlbekannt, daß es damals auch gute Deutsche gab, wenn sie nur an die Münchner Studenten dächten.

Petry war das Büchlein Inge Scholls "Die Weiße Rose" als Leitfaden für seine Magisterarbeit zur Hand. Aber er mißachtete manche darin enthaltenen Tatbestände und drehte sie ins Gegenteil um. Im Gegensatz zu Petry beurteilte nicht nur seine Landsmännin Ursel Ertel, sondern auch der englische Schriftsteller Terence Prittie die "Weiße Rose" und die Geschwister Scholl in seinem Buch "Deutsche gegen Hitler", das 1965 auch in deutscher Sprache erschienen ist, sehr positiv.

Terence Prittie schreibt: "Millionen von Deutschen haben gelernt, zwischen den Zeilen zu lesen, in einem Land, wo man annehmen konnte, daß jedes gedruckte Wort der Zensur unterworfen war ... Für die meisten dieser Deutschen klang die Geschichte der "Weißen Rose" wie ein Heldenlied von Mut und Idealismus. Wahrscheinlich wären die Geschwister Scholl mit der heutigen westdeutschen Jugend gar nicht so unzufrieden. Denn sie ist geistig unabhängig."

Gegen Petry zeugt auch, daß in diesem Monat September 1968 allein im Rheinland drei neue Schulen mit dem Namen "Geschwister Scholl" mit Ansprachen über die "Weiße Rose" eingeweiht wurden. Hunderte von Schulen, Straßen und Plätzen tragen schon bisher diesen Namen.

Wie leicht urteilen heute manchmal Menschen, die unter der schrecklichen Hitlerzeit weder seelisch litten, noch Gefahren für Freiheit und Leben kennenlernten oder in jener erbarmungslosen Zeit nicht lebten, indem sie sagen, die Opfer jener blutrünstigen Vergangenheit hätten eben vorsichtiger sein, ja nichts dagegen tun sollen.

So hörte man auch über den tapferen von Stauffenberg sagen, wenn er schon sein Leben riskierte, warum er dann nicht in Hitlers Wolfschanze neben seiner Aktentasche mit dem Zeitzünder geblieben wäre, wodurch vermutlich die Explosion an dem von ihm bestimmten Platz mit dem beabsichtigten Erfolg stattgefunden hätte. Durch Opferung seines Lebens hätte er seine Kameraden und Freunde retten können.

Scholl

Archiv des Verfassers

Dr. Max Oppenheimer (Deutschland)

Fast 26 Jahre nach dem Ende des Dritten Reiches waren vergangen, als in der Bundesrepublik die erste umfassende Ausstellung zum antifaschistischen Widerstand zwischen 1933 und 1945 gezeigt wurde. Am 7. März 1971 fand die Eröffnung in der Paulskirche in Frankfurt am Main statt.

Längere Zeit hatten Antifaschisten, Wissenschaftler und Pädagogen für dieses Ziel intensiv gearbeitet. Die Idee entstand auf der vom 17. bis 19. Februar 1967 in Frankfurt am Main tagenden Konferenz "Probleme des Widerstandes und der Verfolgung im Dritten Reich im Spiegel der Schulbücher und des Unterrichts". Auf dieser Veranstaltung wurden große Defizite hinsichtlich der Vermittlung der historischen Wahrheit über diese Zeit an die Jugend festgestellt.

Eine Ausstellung über den antifaschistischen Widerstand sollte helfen, die Lücke zu verkleinern und dem wachsenden Interesse junger Menschen an diesem Kapitel jüngster Geschichte Rechnung tragen.

Die Gestaltung des Projekts übernahm der Graphiker Wolfgang Dohmen. Bereits einige Jahre zuvor hatte er mit einer Ausstellung über das KZ Auschwitz auf sich aufmerksam gemacht.

Für die inhaltliche Konzeption der Ausstellung trug der Publizist Max Oppenheimer besondere Verantwortung. Er war zu diesem Zeitpunkt im Präsidium der Vereinigung der Verfolgten des Naziregimes für das Referat Geschichtsforschung und -vermittlung zuständig. Sein großes Wissen, die persönlichen Erfahrungen aus der Konfrontation mit der nationalsozialistischen Gewaltherrschaft und seine Fähigkeit, mit anderen gleichberechtigt zusammenzuarbeiten, führten im Ergebnis gemeinsamen Suchens und intensiver Diskussionen zu einem tragfähigem Exposé. Die wichtigsten Gespräche und Vorarbeiten wurden in dem nach der Schulbuchkonferenz gegründeten "Studienkreis zur Erforschung und Vermittlung der Geschichte des deutschen Widerstandes 1933 - 1945 e. V." unter Leitung des Frankfurter Professors Heinz-Joachim Heydorn geleistet.

Max Oppenheimer ist am 20. Oktober 1919 in Karlsruhe geboren worden.[1] Bereits einige Monate später zogen seine Eltern nach Heidelberg. Diese direkt am Neckar gelegene, an geschichtlichen und kulturellen Denkmälern reiche Stadt wurde zur engeren Heimat des Jungen. Er wuchs in einer wohlhabenden jüdischen Familie zusammen mit seinem zwei Jahre jüngeren Bruder Hans auf. Sein Vater, Leopold Oppenheimer, war als Oberregierungsbaurat bei der Reichsbahn tätig, und mit seinem Namen ist die Errichtung mehrerer Bahnhöfe im Schwarzwald verbunden. Die Mutter, Rositta Oppenheimer geb. Kramer, kam aus Wiesloch bei Heidelberg, wo ihre Eltern Besitzer einer Rauchtabakfabrik waren.

Zehn Jahre, zwischen 1926 und 1936, besuchte Max Oppenheimer in Heidelberg zunächst die Volksschule und dann ein humanistisches Gymnasium. Früh fand er Kontakt zu verschiedenen Jugendvereinen. Einen besonderen Platz nahmen dabei der Bund deutsch-jüdischer Jugend und ab 1932/32 die Deutsche Jungenschaft (d.j. 1.11) ein. Darüber hinaus spielte in seinem Leben der Sport eine besondere Rolle. Er war aktives Mitglied des Deutsch-Jüdischen Sportvereins "Schild".

Infolge des Terrors des Dritten Reiches gegen die Juden wurde Max Oppenheimer 1936 in Heidelberg vom Gymnasium vertrieben. Weil das Leben für die Oppenheimers in Heidelberg jetzt immer unerträglicher wurde, zogen sie nach Wiesloch, wo die Eltern der Mutter wohnten.

In jüdischen Betrieben in Mannheim und Frankfurt am Main erhielt Max Oppenheimer zwischen 1936 und 1938 eine Ausbildung als Schlosser.

Im November 1938, als in Verbindung mit der Reichspogromnacht der Terror gegen die Juden weiter eskalierte, wurde auch die Wohnung der Oppenheimers in Wiesloch verwüstet. Leopold Oppenheimer und seine beiden Söhne wurden verhaftet. Max Oppenheimer kam vom 10. November 1938 ab für über vier Wochen in das Konzentrationslager Dachau und war hier, wie viele andere jüdische Gefangene, zahlreichen Demütigungen und Mißhandlungen der Wachmannschaften der SS ausgesetzt.

Als er kurz vor dem Weihnachtsfest nach Wiesloch zurückkehrte, befand sich seine Familie in großer Sorge. Sie sollten die Wohnung verlassen sowie das Haus und die Fabrik im Zuge der "Arisierung" verlieren. Dies geschah auch Anfang 1939. Die Eltern sahen nun keinen anderen Ausweg, als bei Freunden in Heidelberg Unterschlupf zu suchen. In der größeren Stadt glaubten sie leichter die Ausgrenzungen und Drangsalierungen der Nazis ertragen zu können.

In der Familie wuchs jetzt die Einsicht, daß für sie kein Platz mehr in Deutschland sei und deshalb so schnell wie möglich die Auswanderung ins Exil erfolgen müsse. Mit Hilfe von Verwandten gelang es dem besonders gefährdeten 19-jährigen Max Oppenheimer, Deutschland zu verlassen. Im KZ Dachau hatte er eine Erklärung unterschreiben müssen, daß er auf schnellstem Wege ausreisen werde. Am 14. März 1939 ging er aus Heidelberg fort. Sein Weg führte ihn über Basel nach Genf, wo Verwandte halfen, die ersten Wochen zu überbrücken. Da Max Oppenheimer aber in der Schweiz keine Arbeit bekam und die dortige Regierung sich zu den deutschen Juden nicht freundlich verhielt, konnte er in diesem Land nicht bleiben. Über Straßburg ging es weiter nach Paris. Frankreich war aber auch nur eine Zwischenstation, bis für ihn am 25. August die Überfahrt nach Großbritannien möglich wurde.

In London unterstützten Max Oppenheimer anfangs jüdische Verwandte, die hier bereits Asyl gefunden hatten sowie das Hilfskomitee für Flüchtlinge aus

Nazideutschland. Er bekam einen Schlafplatz in einem Ausländerheim im Osten Londons, sowie die Genehmigung, Gelegenheitsarbeiten übernehmen zu können.

Wenige Tage nach seiner Ankunft in Großbritannien begann der Zweite Weltkrieg. In dieser Situation erhielten alle Ausländer, die einen handwerklichen Beruf erlernt hatten, eine Arbeitsgenehmigung. Über eine Zwischenstation in einer Nähmaschinenreparaturwerkstatt begann Max Oppenheimer als Schlosser in einem Betrieb, der Waffen produzierte, tätig zu sein. Schnell fand er Kontakt zu britischen Kollegen und zur Gewerkschaft der Metallarbeiter.

Um diese Zeit entstand auch eine feste Bindung zu deutschen Antifaschisten, vor allem zu einer Gruppe junger Hitlergegner, die den Namen Freie Deutsche Jugend trug.[2] Bereits in Heidelberg hatte die Mitarbeit von Max Oppenheimer in verschiedenen Jugendvereinen dazu geführt, daß er sich für Politik zu interessieren begann. Der Terror und die Verfolgung durch die Nazis beschleunigten diesen Prozeß und die Herausbildung eines antifaschistischen Bewußtseins.

In Genf hatte Max Oppenheimer Kontakt zur Freien Jugend der Schweiz aufgenommen und sich an einzelnen Aktionen gegen Faschismus und Krieg beteiligt. Somit war der Boden für diejenigen, die in London den 20jährigen für eine Mitarbeit gewinnen wollten, schon bereitet.

Von Mai bis Dezember 1940 gehörte Max Oppenheimer zu der Mehrheit der männlichen deutschen Exilanten in Großbritannien, die in Internierungslager gebracht wurden. In Huyten und später auf der Insel Man fand eine rege antifaschistische Tätigkeit statt, an der sich Max Oppenheimer beteiligte. Gerade in dieser Zeit entstanden Verbindungen und Freundschaften, die weit über die Jahre in England Bestand hatten.

Große Sorgen bereitete Max Oppenheimer das Schicksal seiner Eltern und seines Bruders Hans. Er wußte zunächst nur, daß es ihnen vor Kriegsbeginn nicht mehr gelungen war, Deutschland zu verlassen. Später erfuhr er, daß seine Angehörigen zu den über 12000 Juden aus Baden und Württemberg gehörten, die am 22. 10. 1940 festgenommen und nach Frankreich in das berüchtigte Lager Camp de Gurs verschleppt worden waren.

Ab 1941 arbeitete Max Oppenheimer wieder als Schlosser in der Flugzeugindustrie in London. Diese Stelle behielt er bis 1946. Aufgrund seiner Leistungen und seiner kollegialen Haltung wurde er schon bald zum Gewerkschaftsfunktionär des Metallarbeiterverbandes im Norden Londons gewählt. In dieser Zeit begannen auch enge Kontakte zum Kommunistischen Jugendverband und zur Kommunistischen Partei Großbritanniens.

Ab 1942 gewann die deutsche antifaschistische Bewegung in England größeren Einfluß. Dies hing vor allem mit dem klugen und weitsichtigen Auftreten der Bewegung der Freien Deutschen in Großbritannien, der Tätigkeit anderer antifaschistischer Einheitsorganisationen, wie dem Freien Deutschen Kulturbund und der Freien Deutschen Jugend zusammen. Vielfältige Initiativen dienten der Aufklärung über die Lage in Hitlerdeutschland und dessen Kriegsziele sowie der direkten Unterstützung der Antihitlerkoalition im Kampf gegen den faschistischen Mächteblock.

Ein Schwerpunkt antifaschistischer Tätigkeit von Max Oppenheimer wurde die Arbeit in der Landesgruppe deutscher Gewerkschafter. Von 1943 bis 1945 vertrat er die jüngeren Mitglieder im Vorstand. Weiter gehörte er der Leitung der Freien Deutschen Jugend in Großbritannien an. Auch hier war sein Hauptwirkungsfeld die Arbeit unter jungen Deutschen, die in der britischen Industrie und Landwirtschaft beschäftigt waren, sowie der Kontakt zu britischen Gewerkschaftsorganisationen und Jugendverbänden.

Darüber hinaus war Max Oppenheimer publizistisch tätig. In der Zeitung "Freie Tribüne" erschienen mehrere Artikel von ihm. 1944/45 belegte er an der Freien Deutschen Hochschule in London Abendkurse in den Fächern Geschichte und Pädagogik.

Als einige Monate vor Kriegsende von der britischen Armee junge deutsche Antifaschisten gefragt wurden, ob sie bereit seien, sich zum Fallschirmspringer ausbilden zu lassen, gehörte Max Oppenheimer zu denjenigen, die sich damit einverstanden erklärten. Durch das schnelle Ende des Krieges kam er nicht mehr zum Einsatz

Max Oppenheimer hatte, wie zahlreiche andere Deutsche, in Großbritannien durch seine zuverlässige Arbeit in der Rüstungsindustrie und seine antifaschistische Tätigkeit Anteil am Sieg der Alliierten über Hitlerdeutschland.

Nur verständlich war, daß er nach Kriegsende darauf drängte, schnell nach Hause zurückkehren zu können, um dort bei der Entmachtung von Faschismus und Militarismus sowie beim demokratischen Neuaufbau mitzuhelfen. Die britische Regierung hatte aber kein Interesse daran, daß die deutschen Antifaschisten unmittelbar in ihre Heimat zurückkehrten. Ihre Rückreise war mit vielen Schwierigkeiten verbunden und wurde immer wieder verzögert.

Als am 10. November 1945 in London der Weltbund der demokratischen Jugend gegründet wurde, waren unter den Teilnehmern auch mehrere junge deutsche Antifaschisten, die im Exil lebten. Als Beobachter zu der Weltjugendkonferenz wurde der Vorsitzende der Freien Deutschen Jugend in Großbritannien, Horst Brasch, zugelassen. Darüber hinaus durften einzelne Deutsche als Gäste teilnehmen. Sie waren am 21. Oktober auf einer Beratung von Vertretern der Freien Deutschen Jugend, des Freien Deutschen Kulturbundes und der Bewegung der Freien Deutschen gewählt worden. Zu ihnen gehörte Max Oppenheimer als Mitglied des Arbeitsausschusses der Landesgruppe deutscher Gewerkschafter.

In einem Brief schrieb Max Oppenheimer am 28. November 1945 an seine Mutter nach Frankreich, wo diese den Krieg überlebt hatte, während der Vater und der Bruder Hans umgekommen waren.

"Die Konferenz selber hat mich hübsch beeindruckt. Wenn man so die Delegierten von der Sowjetunion, Frankreich, Jugoslawien, Polen etc. sieht und hört, werden einem zumindest zwei Dinge klar:

1. Was für ein Ausmaß von Vernichtung die deutschen Armeen in diesen Ländern hinterlassen haben und

2. was man mit dem festen Willen und der Erkenntnis, daß es für Menschen keine unüberwindlichen Schwierigkeiten gibt, erreichen kann."[3]

Der Mutter, Rositta Oppenheimer, gelang es, nach Überwindung zahlreicher Hindernisse 1946 in ihren Heimatort Wiesloch zurückzukehren. Hier mußte sie dann einen langwierigen Kampf um die Rückgabe ihres Eigentums, der Häuser in Wiesloch und Heidelberg sowie der väterlichen Fabrik, führen.

Zu dieser Zeit erfuhr sie auch die bittere Wahrheit über den Tod ihres Mannes und ihres zweiten Sohnes. Leopold Oppenheimer war im Februar 1943 in das KZ Maidanek verschleppt worden und dort im Alter von 61 Jahren ermordet worden. Hans Oppenheimer kam im Frühjahr 1943 in das KZ Auschwitz. Im Januar 1945 mußte er an dem Todesmarsch von Auschwitz nach Buchenwald teilnehmen. Im KZ Buchenwald ist Hans Oppenheimer im März 1945 im Alter von 23 Jahren umgekommen.

Max Oppenheimer gelang es im März 1947 endlich, nach Deutschland zurückzukehren. Der Weg führte ihn nach Wiesloch zu seiner Mutter. Acht Jahre waren vergangen, seit sie sich das letzte Mal gesehen hatten.

Der Sohn half in den nächsten Jahren der Mutter und sie unterstützte ihn beim Neuanfang. Viel Zeit ließen sie sich nicht füreinander - das schwere Leben der unmittelbaren Nachkriegszeit forderte sie beide an verschiedenen Plätzen. Viel Kraft brachte Rositta Oppenheimer für den Aufbau und die Leitung eines Altersheims in Heidelberg auf. Umfangreiche Pflichten nahm sie darüber hinaus in der jüdischen Gemeinde wahr.

Max Oppenheimer ging nach Stuttgart. Das Schicksal seiner Familie, die Erlebnisse in Nazideutschland und im britischen Exil verpflichteten ihn, sich nicht ins Privatleben zurückzuziehen, sondern sich dafür einzusetzen, daß in Deutschland niemals mehr der Faschismus sein Haupt erheben kann und Not über andere Völker bringt. Die beste Möglichkeit, für diese Ziel tätig zu sein, sah er in der KPD, die für ein antifaschistisch-demokratisches Deutschland eintrat. Bereits in London war Max Oppenheimer 1946 Mitglied der KPD geworden. Dort traf er auch mit Albert Buchmann zusammen, der als Gast am ersten Nachkriegsparteitag der britischen Kommunisten teilgenommen hatte. Buchmann hatte ihn aufgefordert, sich nach der Rückkehr beim Landesvorstand in Stuttgart zu melden. Dies tat Max Oppenheimer. Zunächst übernahm er Aufgaben auf dem Gebiet der Presse. Aufgrund seiner Erfahrungen in der Jugendarbeit wurde er kurze Zeit später vom Landesvorstand in Württemberg und Baden für die Tätigkeit unter der Jugend verantwortlich gemacht. Bereits 1947 übernahm er die Verantwortung für die Jugendarbeit der KPD in der amerikanischen Besatzungszone. In dieser Funktion setzte er sich vor allem für die Befreiung der Jugendlichen vom Einfluß der nationalsozialistischen Ideologie und Politik ein. Stark engagierte er sich für den Aufbau der Freien Deutschen Jugend in Westdeutschland.

Tragisch war, daß es seit 1949 in der KPD Kräfte gab, die Max Oppenheimers Wirken behinderten. Dies hing mit unbegründetem Mißtrauen gegen ihn und andere Kommunisten zusammen, die in einem westeuropäischen Land bzw. auf einem anderen Kontinent im Exil gewesen waren. Bei Max Oppenheimer kam als besonders "belastend" hinzu, daß britische Militärbehörden mit ihm über einen Einsatz als Fallschirmspringer verhandelt hatten.

Als im Februar/März 1951 zahlreiche angesehene Funktionäre der KPD wegen falscher Anschuldigungen ihrer Stellungen enthoben wurden und auf Anweisung der Parteiführung von der Bundesrepublik in die DDR übersiedeln mußten, stand der Name Max Oppenheimer auch auf der Liste. Diese Entscheidung lehnte er jedoch ab. Die Folge war, daß er in "Ungnade" fiel, seine erfolgreiche politische Arbeit nicht fortsetzen konnte und arbeitslos wurde. Bekannte in Wiesloch halfen ihm später, eine schlecht bezahlte Anstellung in der Stadthalle zu bekommen.

Leicht war es für ihn und seine Frau Gertrud in dieser Zeit gewiß nicht. Am 24. August 1952 hatten Gertrud Funk und Max Oppenheimer geheiratet, und 1953 wurde ihre Tochter Gabriele geboren.

Mitte der 50er Jahre erfolgte durch die KPD die Rehabilitierung von Max Oppenheimer. Alle Verdächtigungen hatten sich als unzutreffend erwiesen. Diese Entscheidung stand im Zusammenhang mit den Auseinandersetzungen in der kommunistischen Bewegung nach dem Tode J. W. Stalins und den Ereignissen des Sommers 1953 in der DDR.

Max Oppenheimer hat seine marxistische Überzeugung niemals aufgegeben und blieb auch in der Zeit der Ausgrenzung in Kontakt mit anderen Kommunisten. 1955 nahm er das Angebot der KPD an, als Lokalredakteur ihrer Zeitung "Badisches Volksecho" in Heidelberg zu arbeiten. 1956, bei den Wahlen in der KPD, wurde er Kreissekretär in Heidelberg. Durch das Verbot der Partei in der Bundesrepublik im August 1956 erfuhr sein Wirken eine starke Behinderung. Eine Folge war erneute Arbeitslosigkeit.

1957 erhielt Max Oppenheimer aufgrund seiner Erfahrungen im antifaschistischen Widerstand das Angebot, beim Bundesvorstand der Vereinigung der Verfolgten des Naziregimes in Frankfurt am Main zu arbeiten. Freudig nahm er dies an. Für die Familie, die in Wiesloch wohnen blieb, bedeutete die Entscheidung so manche Entbehrung und Belastung. Im Bundesvorstand und später im Präsidium der VVN übernahm Max Oppenheimer zunächst die Pressearbeit. 1958/59 vertrat er die VVN zeitweilig im Büro der "Internationalen Föderation der Widerstandskämpfer" in Wien.[4]

Regelmäßig erschienen von ihm Artikel und Kommentare in der antifaschistischen Wochenzeitung "die tat". Über ein Jahrzehnt war er verantwortlicher Redakteur der Monatszeitschrift der VVN "Stimme des Widerstandes". 1958/59 gehörte er in Wien dem Redaktionskollegium der Zeitschrift der FIR "Der Widerstandskämpfer" an. Darüber hinaus war Max Oppenheimer für die Herausgabe mehrerer Publikationen verantwortlich, die sich mit reaktionären Entwicklungen in Westdeutschland befaßten. Dazu gehörten 1960 das Buch "In Sachen Demokratie. Weißbuch über die militaristische und nazistische Gefahr in der Bundesrepublik"[5], 1961 "Eichmann und die Eichmänner. Dokumentarische Hinweise auf den Personenkreis Helfer und Helfershelfer bei der 'Endlösung'"[6] sowie 1962 "Die unbewältigte Vergangenheit"[7].

Bei dem 1962 von konservativen Kräften in der Bundesrepublik organisierten Prozeß gegen die VVN vertrat Max Oppenheimer vor Gericht zusammen mit Alfred Hausser und Ludwig Landwehr die Interessen westdeutscher Antifaschisten und ihrer Organisation.

In der Gewerkschaft IG Druck und Papier war Max Oppenheimer im Landesvorstand Hessen der Deutschen Journalistenunion (dju) mehrere Jahre tätig.

In seiner Arbeit bei der VVN erlebte Max Oppenheimer, daß eines der Haupthindernisse bei der Verbreitung der Wahrheit über das Dritte Reich und den antifaschistischen Widerstand unzureichende Kenntnisse über die Weimarer Republik und die Zeit von 1933 bis 1945 waren. Der in den 60er Jahren erreichte Forschungsstand setzte deutliche Grenzen. Dadurch war vor allem die Aufklärung der Jugend über die jüngste Vergangenheit stark behindert. Als Leiter des Referats Geschichtsforschung und -vermittlung begann sich Max Oppenheimer für eine Veränderung einzusetzen. An der Vorbereitung und Gestaltung der ersten wissenschaftlichen Konferenz vom 17. bis 19. Februar 1967 zum Thema "Probleme des Widerstands und der Verfolgung im Dritten Reich im Spiegel der Schulbücher und des Unterrichts" hatte die VVN maßgeblichen Anteil.

Damals war es gelungen, nicht nur Antifaschisten und Lehrer zusammenzuführen, sondern auch eine Reihe Wissenschaftler einzuladen, die zu dieser Thematik forschten. Hierzu zählten Prof. Dr. Wolfgang Abendroth, Prof. Dr. Walter Bartel, Dr. Heinz Boberach, Prof. Dr. Iring Fetscher, Dr. Imanuel Geiss, Prof. Dr.

Heinz-Joachim Heydorn, Dr. Karl Heinz Jahnke, Prof. Dr. Wolfgang Klafki, Prof. Dr. Max Stefl, Dr. Hans-Josef Steinberg, Prof. Dr. Herbert Steiner und Prof. Dr. D. Ernst Wolf.

Im Ergebnis der Tagung entstand 1967 der "Studienkreis zur Erforschung und Vermittlung der Geschichte des deutschen Widerstands 1933 - 1945 e. V.". Seinem Vorstand gehört Max Oppenheimer seit der Gründung an. In der vom Studienkreis herausgegebenen Zeitschrift "informationen" erschienen zahlreiche Beiträge von ihm. Darüber hinaus hatte er wesentlichen Anteil an der Entstehung der "Bibliothek des Widerstandes" im Röderberg-Verlag, Frankfurt am Main. Die ersten beiden Bände erschienen im Frühjahr 1969. Es waren die Bücher von Willi Bohn "Stuttgart geheim"[8] und von Karl Heinz Jahnke "Weiße Rose contra Hakenkreuz".[9]

Noch im Spätherbst desselben Jahres kam in dieser Reihe als Ergebnis mehrjähriger Forschungen von Max Oppenheimer über den antifaschistischen Widerstand in Mannheim das Buch "Der Fall Vorbote"[10] heraus.

Seit 1969 erfolgten intensive Vorbereitungen für eine zentrale Ausstellung über den antifaschistischen Widerstand. Am 7. März 1971 war es dann soweit, daß die Ausstellung "Antifaschistischer Widerstand 1933 - 1945" in der Paulskirche in Frankfurt am Main eröffnet werden konnte.

Mit diesen Initiativen des Referats Geschichtsforschung und -vermittlung der VVN zwischen 1967 und 1971 war eine Richtung systematischer, vor allem regionalgeschichtlicher Forschung zu Widerstand und Verfolgung, zur Entstehung örtlicher Geschichtswerkstätten, zur umfassenderen Beschäftigung von Lehrern, Schülern und Jugendgruppen mit dem Hitlerfaschismus und dem antifaschistischen Widerstand vorgezeichnet. Diese Entwicklung fand in den folgenden zwei Jahrzehnten vielseitige Fortsetzung. Ihr Ausgangspunkt stand im Zusammenhang mit den Veränderungen, die sich seit 1968/69 in der Bundesrepublik vollzogen hatten.

Weit über 200 000 Menschen, vor allem Jugendliche, besuchten in verschiedenen Städten die Ausstellung "Antifaschistischer Widerstand 1933 - 1945".

In der Bibliothek des Widerstandes kamen bis 1985 zahlreiche Bücher zur Geschichte des Faschismus und zum antifaschistischen Widerstand heraus. Der Röderberg-Verlag entwickelte sich für antifaschistische historische Literatur zum bedeutendsten Verlag in Deutschland. 1971 entstanden im Studienkreis ein Dokumentationsarchiv und eine Bibliothek zur Geschichte des Dritten Reiches und des Antifaschismus. Vom Studienkreis wurden weitere Ausstellungen über den Widerstand, die Verbrechen in deutschen Konzentrationslagern u. a. an Frauen, Kindern und Jugendlichen angefertigt. Die Mitarbeiter des Studienkreises haben maßgeblichen Anteil an den bereits für mehrere Bundesländer vorliegenden

"Wegweiser zu Stätten des Widerstands und der Verfolgung 1933 - 1945". Alle diese Arbeiten sind eng mit dem Namen Max Oppenheimer, seinen Ideen und seinem Einsatz verbunden.

Diese Ergebnisse hätten nicht erreicht werden können, wenn in der Bundesrepublik mit der VVN-Bund der Antifaschisten nicht eine Gemeinschaft bestände, die sich mit hohem Einsatz und mit Konsequenz dem Kampf gegen Faschismus und Militarismus, für Frieden und Demokratie verpflichtet fühlt. In den 60er und 70er Jahren standen an der Spitze des Präsidiums der VVN-BdA Persönlichkeiten wie Oskar Müller, Dr. Joseph Rossaint und Hans Jennes, die Max Oppenheimer schätzten und eng mit ihm zusammenarbeiteten.

Gleichzeitig gelang es auch, aus der jungen Generation Historiker, die sich dem Antifaschismus verpflichtet fühlten, zur Mitarbeit, vorrangig im Studienkreis, zu gewinnen. Für sie stehen die Namen Dr. Barbara Bromberger, Dr. Jutta von Freyberg, Dr. Ursula Krause-Schmitt und Dr. Gottfried Schmidt.

Drei Jahrzehnte wirkte Max Oppenheimer als Journalist, Publizist und Historiker in der VVN. Von ihm stammen eine Reihe Bücher zum antifaschistischen Widerstand, zur Geschichte der VVN-Bund der Antifaschisten sowie zur Auseinandersetzung mit rechten antidemokratischen Kräften in der Bundesrepublik. Drei Titel seien hervorgehoben: die Publikation des Tagebuchs seines im KZ Buchenwald ermordeten Bruders Hans "Das Tagebuch des Hans O. Dokumente und Berichte über die Deportation und den Untergang der Heidelberger Juden"[11], "Das kämpferische Leben der Johanna Kirchner. Porträt einer antifaschistischen Widerstandskämpferin"[12] und "Vom Häftlingskomitee zum Bund der Antifaschisten. Der Weg der VVN"[13].

Eine Krönung des umfangreichen publizistischen und wissenschaftlichen Wirkens von Max Oppenheimer bedeutete am 18. Juli 1984, einige Monate vor seinem 65. Geburtstag, die Promotion zum Dr. phil. an der Bremer Universität. Das Thema der Dissertation lautete "Vermittlung des antifaschistischen Widerstands 1933 - 1945 als Beitrag zur demokratischen Erziehung der jungen Generation".

Die jahrelange umfangreiche Tätigkeit Max Oppenheimers wäre ohne die Unterstützung und Toleranz seiner Frau und der Hilfe seiner Tochter undenkbar. Einen besonderen Platz in seinem Leben hat die Mutter eingenommen. Ihre umfangreiche Tätigkeit in der jüdischen Gemeinde Heidelberg und auf sozialem Gebiet hatte 1966 durch die Verleihung des Bundesverdienstkreuzes Anerkennung gefunden. Am 5. Juni 1972 ist Rositta Oppenheimer im Alter von 79 Jahren gestorben.

In den letzten Jahren seiner Tätigkeit im Präsidium der VVN-Bund der Antifaschisten war Max Oppenheimer Sekretär für internationale Arbeit. Bis 1990 gehörte er dem Büro der FIR in Wien als Mitglied an. Von vielen Antifaschisten im In- und Ausland wird Max Oppenheimer wegen seiner Gradlinigkeit, seiner antifaschistischen Überzeugung und seiner internationalistischen Haltung, aber auch wegen seines stillen Humors geschätzt. An zahlreichen internationalen Veranstaltungen und Treffen von Antifaschisten nahm er in den letzten vier Jahrzehnten teil. Besonders enge Beziehungen verbinden ihn mit Kameraden und Freunden in Großbritannien, den USA, Frankreich, Italien, Spanien, der Sowjetunion, Polen und der Tschechoslowakei.

In den letzten Jahren hat die Gesundheit seinem Wirken Grenzen gesetzt. Hinzu kamen 1989/90 tiefe Erschütterungen über die Niederlage der DDR, der Sowjetunion und anderer Länder. Trotz allem versucht Max Oppenheimer seine reichen Erfahrungen und seinen Rat vor allem im Studienkreis: Deutscher Widerstand einzubringen. Auf der Mitgliederversammlung im März 1993 wurde er zusammen mit Hanna Elling zum Ehrenvorsitzenden des Studienkreises gewählt.

In den 90er Jahren erschienen von ihm Aufsätze zur Geschichte der Juden in Heidelberg, zur Tätigkeit deutscher Antifaschisten in Großbritannien sowie über den demokratischen Neubeginn in der unmittelbaren Nachkriegszeit.[14]

Anmerkungen

1 Der Verf. ist mit Max Oppenheimer seit 1967 bekannt. Befragungen zu seiner Biographie fanden am 14. Mai 1993, 2. April 1993 und am 28. Oktober 1993 in Wiesloch statt.

2 Vgl. Karsten Schröder. Zur Tätigkeit der Freien Deutschen Jugend in Großbritannien 1936 - 1946, phil. Diss., Rostock 1987 (MS)

3 Privatarchiv Max Oppenheimer, Wiesloch

4 FIR - Federation International Resistance

5 Max Oppenheimer (Hrsg.). In Sachen Demokratie. Weißbuch über die militaristische und nazistische Gefahr in der Bundesrepublik, Frankfurt am Main 1960

6 Max Oppenheimer (Hrsg.). Eichmann und die Eichmänner. Dokumentarische Hinweise auf den Personenkreis Helfer und Helfershelfer bei der "Endlösung", Ludwigsburg 1961

7 Max Oppenheimer (Hrsg.). Die unbewältigte Gegenwart. Eine Dokumentation, Frankfurt am Main 1962

8 Willi Bohn. "Stuttgart Geheim". Widerstand und Verfolgung 1933 - 1945, Frankfurt am Main 1969

9 Karl Heinz Jahnke. Weiße Rose contra Hakenkreuz. Der Widerstand der Geschwister Scholl und ihrer Freunde, Frankfurt am Main 1969

10 Max Oppenheimer. Der Fall Vorbote. Zeugen des Mannheimer Widerstandes, Frankfurt am Main 1969

11 Max Ludwig. Das Tagebuch des Hans O.. Dokumente und Berichte über die Deportation und den Untergang der Heidelberger Juden, Heidelberg 1965. Diese Buch veröffentlichte Max Oppenheimer unter dem Pseudonym Max Ludwig.

12 Max Oppenheimer. Das kämperische Leben der Johanna Kirchner. Porträt einer antifaschistischen Widerstandskämpferin, Frankfurt am Main 1975

13 Max Oppenheimer (Hrsg.). Vom Häftlingskomitee zum Bund der Antifaschisten. Der Weg der VVN, Frankfurt am Main 1972

14 Kurz vor dem Erscheinen dieses Buches ist Max Oppenheimer am 15.8. 1994 gestorben.

Familie Leopold und Rositta Oppenheimer mit den Söhnen
Hans und Max sowie einer Bekannten, Kolberg, August 1926

Max Oppenheimer (Mitte), Pforzheim 1937

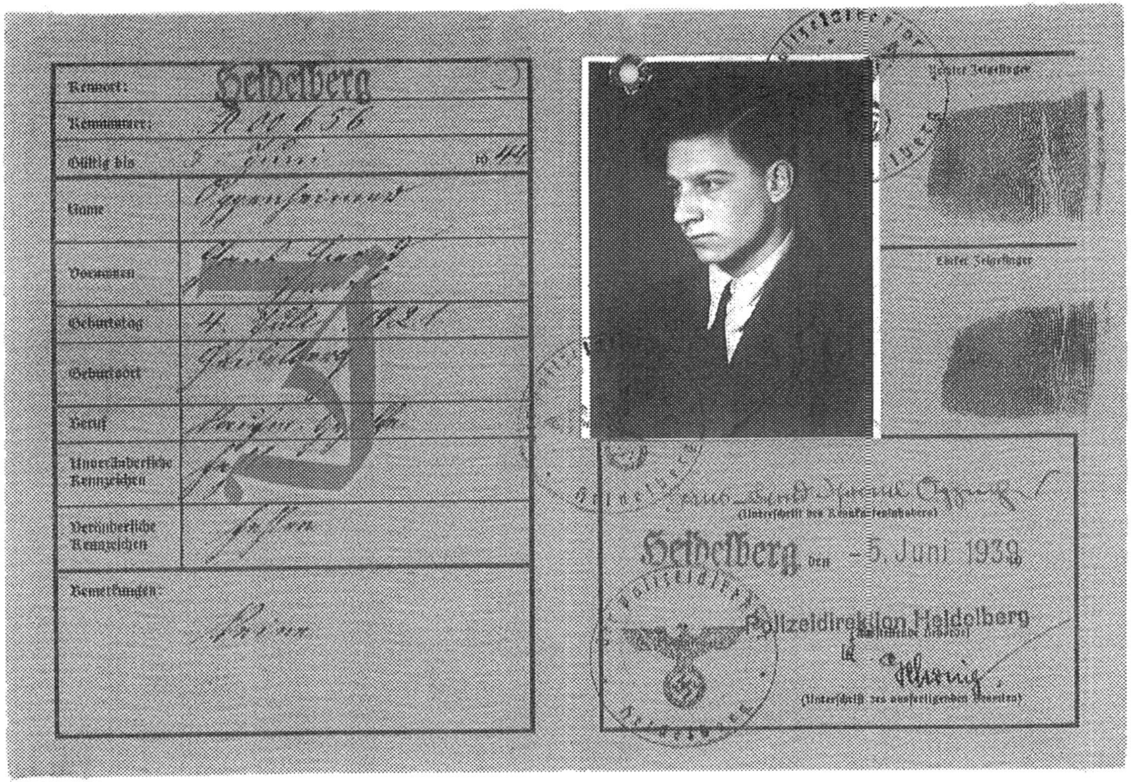

Kennkarte für Hans-Bernd-Israel Oppenheimer, Heidelberg 5. Juni 1939

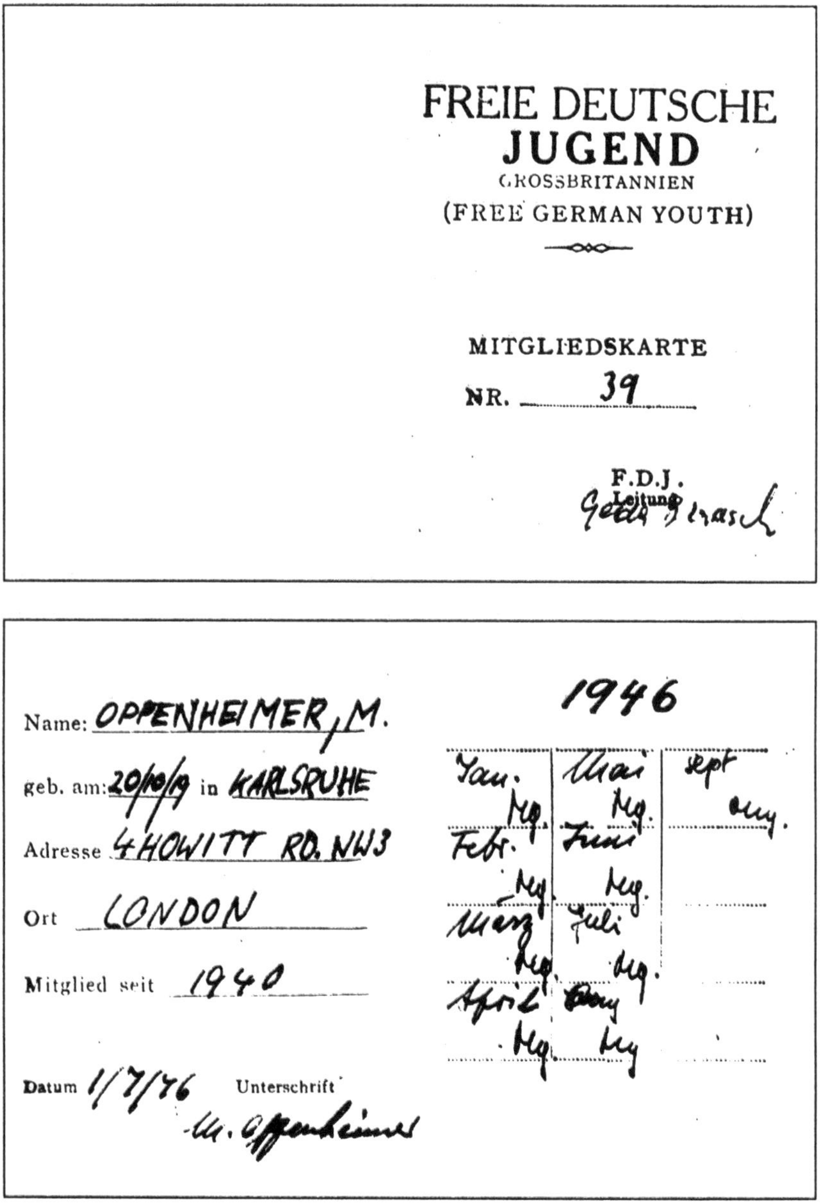

FREIE DEUTSCHE
JUGEND
GROSSBRITANNIEN
(FREE GERMAN YOUTH)

MITGLIEDSKARTE

NR. 39

F.D.J.
Leitung

Name: OPPENHEIMER, M.

geb. am: 20/10/19 in KARLSRUHE

Adresse 4 HOWITT RD. NW3

Ort LONDON

Mitglied seit 1940

Datum 1/7/46 Unterschrift M. Oppenheimer

1946

Jan.	Mai	Sept
Febr.	Juni	
März	Juli	
April	Aug	

Ausweis der Freien Deutschen Jugend Großbritannien von Max Oppenheimer

Hochzeitsbild von Gertrud Funk und Max Oppenheimer, Wiesloch, 24. August 1952

Ausstellung
Antifaschistischer
Widerstand 1933-1945
Paulskirche Frankfurt/M.
vom 7. bis 28. März 1971
täglich von 10 bis 19 Uhr

Brief deutscher Teilnehmer an den Gründungskongreß des Weltbundes der demokratischen Jugend, London, Oktober 1945.

Jungen und Mädel in Deutschland!
Anläßlich unseres Vorbereitungstreffens zum Weltjugendkongreß, der in London vom 31. Oktober bis zum 9. November 1945 stattfindet, senden die Mitglieder und Freunde der Freien Deutschen Jugend in Großbritannien der Jugend in Deutschland ihre brüderlichen Grüße.

Auf dem Weltjugendkongreß treffen sich Jungen und Mädchen aus über 60 Ländern, um über die Festigung des Friedens zu beraten, wie eine internationale Vereinigung zu schaffen, wie sie von Millionen junger Menschen zur Vertretung ihrer Rechte und Forderungen gewünscht wird.

An diesem Kongreß nehmen deutscherseits ein Beobachter und vier Gäste teil.

Die deutsche Jugend ist nicht vollberechtigt vertreten, denn es ist ja sie, die durch die Nazis verführt, massloses Unheil über die Welt gebracht hat. Ungleich der Jugend der anderen Länder hat die deutsche Jugend, trotz des heldenmütigen Widerstandes einer kleinen Minderheit, nicht dazu beigetragen, das Ende der Unterdrücker Europas herbeizuführen. Daher wird sie heute von der Weltjugend noch nicht als eine Stütze des Friedens betrachtet. Und doch steht uns der Weg in die Weltjugendgemeinschaft offen. Es kommt nur auf uns selbst an, ihre Achtung zu gewinnen.

Mit Freude nahmen wir, Antifaschisten in England, von den Berichten über jugendliche Initiative in Deutschland Kenntnis, mit der die gewaltige Aufgabe des Wiederaufbaus in Angriff genommen wird. Mit dem Schutt der durch Hitler zerstörten Städte muß auch der ideologische Schutt der Vergangenheit restlos weggeräumt werden. Nur wer der erbarmungslosen Wahrheit ins Gesicht sehen kann und zur inneren Umkehr bereit ist, macht einen wirklichen und nicht nur scheinbaren Beitrag zur Erneuerung unseres Volkes. Kameraden, duldet keine Entschuldigung für Deutschlands Verbrechen in Euren Reihen.

Für geraume Zeit wird die Organisierung der Selbsthilfe die wichtigste Betätigung der aktiven Jugend sein. Durch gewissenhafte Ausnutzung aller Anbauflächen und anderer Produktionsmöglichkeiten, durch sparsamste Verteilung der vorhandenen Bedarfsartikel, durch gegenseitige Hilfe in Schuh- und Kleiderreparaturen, durch Ausschicken von Kolonnen zum Brennholzsammeln kann ein sonst unerträglicher Zustand gelindert werden. Hand in Hand mit einer solchen Selbsthilfe muß die Aufrüttelung der Gleichgültig-Stumpfen und die Aufklärung derer gehen, die sich immer noch in den Bahnen nationalsozialistischen Menschenhasses bewegen.

Trotz aller materiellen Not muß Sauberkeit von Seele und Körper, Denken und Handeln, die der Jugend eigen ist, wiederhergestellt werden.

Die Gegenwart ist hart für unser Volk. Aber wenn wir ehrlich und vorbehaltlos mit der Weltanschauung völkischer Überheblichkeit brechen und deutschen Fleiß zu friedlichem Aufbau entwickeln, dann blüht auch uns eine Zukunft in Freiheit und Würde.

Wir deutschen Antifaschisten im Ausland hoffen, bald die Möglichkeit zur Rückkehr zu haben, damit wir gemeinsam mit Euch ans Werk gehen können.

E.K.Tusk (früher Deutsche Jungenschaft)
Kaplan B. Tausig, (früher Katholischer Jungmannverband)
H.M. Brasch, (Beobachter-Delegierter der F.d.J. in Großbritannien, Frankreich, Holland, Australien, Schweiz zum Weltjugendkongreß)
Max Oppenheimer (Mitglied des Arbeitsausschusses der Landesgruppe deutscher Gewerkschafter in Großbritannien).

Für die Freie Deutsche Jugend in Großbritannien:
Trautl Loew,
Edith Loerken,
Heinz Guttmann.

Für den Freien Deutschen Kulturbund:
Hans Siebert.

Für die Freie Deutsche Bewegung in Großbritannien:
Dr. Karl Rawitzki,
Wilhelm Koenen,
Felix Albin.

Dokumentationsarchiv des Studienkreises Deutscher Widerstand, Frankfurt am Main, AN 713

Brief von Max Oppenheimer an Rositta Oppenheimer, London, 23. November 1945.

Liebe Mutter,
vielen Dank für Deinen letzten Brief.

Nun wie Du wohl schon aus unserer Zeitung ersehen hast, ist die Jugend-Konferenz wieder vorbei und ich bin mal wieder Schlosser zur Abwechslung.- Hoffentlich hast Du über das Bild keinen Lachkrampf bekommen; ganz so blöd sehe ich im Original noch nicht aus. Die Konferenz selber hat mich hübsch beeindruckt. Wenn man so die Delegierten von der Sowjetunion, Frankreich, Jugoslavien, Polen etc. sieht und hört, werden einem zumindest zwei Dinge klar,

1.) Was für ein Ausmaß von Vernichtung die deutschen Armeen in diesen Ländern hinterlassen haben und

2.) was man mit dem festen Willen und der Erkenntnis, daß es für Menschen keine unüberwindlichen Schwierigkeiten gibt, erreichen kann.

Erst war es uns Deutschen gar nicht sehr wohl, aber in Unterhaltungen zeigte sich bald, wie bereit und interessiert alle sind zu helfen, in Deutschland eine wirkliche Demokratie, kein Weimar, aufzubauen.

Eines ist dabei jedoch die Voraussetzung: Es gibt kein Entschuldigen der Dinge, die in und durch Deutschland angerichtet wurden.

Wenn alle durch ihre praktische Arbeit beweisen, daß sie ihre Verantwortung begriffen haben, beim Aufbau des eigenen Landes oder Wiedergutmachung der den anderen Völkern angetanen Schäden sich zu beteiligen, dann wird man uns helfen, Schwierigkeiten aus dem Weg zu räumen.

Beispiele gibt es davon unzählige: Eines ist die Anerkennung des Berliner Jugendausschusses, ein anderes, daß die sowjetischen Delegierten Horst Brasch mit nach Berlin nehmen, so daß er dort alles besprechen kann, dann haben sich die Dänen bereit erklärt, deutsche Lehrer auf ihren Volkshochschulen kostenlos in Extra-Kursen auszubilden, oder die französischen Gewerkschafter schlugen vor, daß ich als Vertreter in der zu gründenden Jugendkommission der neuen Gewerkschaftsinternationalen mitarbeiten solle, u.s.w.

All das mögen relativ Kleinigkeiten sein, aber sie zeigen, wie sehr es von uns abhängt, ob man uns unterstützt oder boykottiert.

Nun wird es Dich sicher interessieren, wie es mit meinen Ausreiseplänen steht. Inzwischen haben wir etwa 300 Einreisevisen in die russische Zone bzw. Berlin erhalten und warten nun auch auf die Erlaubnis in die englische, amerikanische bzw. französische Zone. Die Hauptschwierigkeiten im Augenblick sind Transportmöglichkeiten, da ja zwischen England und dem Kontinent einiges Wasser ist. Da zwar nicht offen, aber doch offiziell hier die Politik ist, keine "fremden Elemente" während der kritischen Wintermonate zurückzulassen, kann man die Ausrede: "sorry, no ships", ganz hübsch politisch ausnutzen.

Ich selber sitze jetzt nicht nur auf 2 sondern 3 Hochzeiten. 1.) bin ich auf der großen Liste der Bewegung "Freies Deutschland", 2.) Bin ich einer der "auserkorenen" 25 Gewerkschafter, die der T.U.C. (Englischer Gewerkschaftsbund) in Deutschland unterbringt. ("In due course" wie man hier sagt, d.h. auf deutsch: "Man nimmt sich Zeit".) 3.) Hatte ich eine lange Unterredung vor kurzem mit dem verantwortlichen französischen Gewerkschaftssekretär für das französich besetzte Gebiet, der ebenfalls eine Reihe anfordern wird, mich eingeschlossen. Nun, was zuerst kommt, werde ich nehmen. Daneben habe ich ein Besuchsvisum nach Frankreich eingereicht, unter der Begründung, meine kranke Mutter zu besuchen. Wenn das klappen sollte, werde ich auf jeden Fall von dort aus und wenn Du noch in Chanac Logere sein solltest, mit Dir zusammen versuchen, den nächsten Sprung zu tun, was mit Hilfe der Freunde im C.G.T. wohl nicht so schwer sein würde.

Ich mußte ja lachen über Deine Sorge, nur einseitig orientierte Zeitungen zu lesen. Nun, trotzdem ich meine Meinung über Dinge habe (oder glaube zu haben), laufe ich keineswegs mit Scheuklappen durch die Gegend. Aber: die einzigen französischen Zeitungen, die man hier bekommt, sind "Nacion", "Le Monde", manchmal "La Marseillaise", daher der Wunsch, auch mal was anderes zu sehen. Nun zur "Weltwoche". Ich habe auf der Jugendkonferenz den Redakteur kennengelernt, (der für mich Oskar ist) der mir die Weltwoche regelmäßig schickt und dem ich gerade einen langen Brief geschrieben habe. You see, I am not too bad, really!

Ja, wenn Du die Möglichkeit haben wirst über die Schweiz zu fahren und womöglich dort bis zum Frühjahr zu bleiben, würde ich Dir nur zuraten. Nun zu einigen technischen Dingen:

1.) Du brauchst Dich wirklich nicht zu sorgen, ob ich einen Mantel habe. Ich laufe zwar noch in meinem alten grauen rum, aber wenn ich wirklich etwas brauche, kann ich das hier besorgen, vor allem, weil jeder, der nach Hause fährt, richtig ausstaffiert wird. Also wirklich vielen Dank.

2.) Ich war beim Roten Kreuz, die mir versichert haben, daß das Paket an Dich weggegangen sei. Vielleicht kommt es zu Deinem Geburtstag an? Aber dann würde es wohl wieder bis 1947 dauern bis es nach Heidelberg käme.

3.) Ich hatte die selbe Idee wie Du wegen Hans. Einer der Sowjetdelegierten wird versuchen, etwas herauszufinden, ebenso Horst, wenn er nach Berlin kommt.

4.) Ja an Großmutter habe ich nun doch nicht geschrieben. Ich hatte aber ein so schlechtes Gewissen, daß ich einem Mädel aus Johannisburg die Adresse gabe und sie bat, dort vorbeizugehen. Hoffentlich tut sie es auch.

5.) Heika hat mich mal wieder besucht, er wird jetzt wieder langsam nach U.S.A. zurückgehen. Möglich, daß er vorher nochmal nach Heidelberg fliegt. Ich hoffe jedenfalls, er könnte mir eine ganze Masse Dinge erledigen.

Sonst glaube ich, gibt es nicht viel Neues zu sagen. Eines nur fällt mir auf, daß es mir nämlich hier ganz gut gefallen hat, und beginnt etwas Leid zu tun, wegzugehen. Komisch, wie man sich an etwas gewöhnen kann!

Viele herzliche Grüße
Max

P.S. Das nächste Mal bekommst Du ein Photo, da ich gerade einige machen ließ.

Privatarchiv Max Oppenheimer, Wiesloch

Max Oppenheimer: Aus einer Ansprache anläßlich der Eröffnung einer Ausstellung der Werke von John Heartfield in Hamburg, 2. Februar 1978

Als ich gefragt wurde, ob ich bereit wäre, anläßlich der Eröffnung der John Heartfield-Ausstellung in Hamburg die Einführungsrede zu halten, hatte ich erhebliche Hemmungen, meine Zustimmung zu geben.

Die Ursache hierfür ist leicht zu erklären. Ich bin weder Kunsthistoriker, noch habe ich mich speziell mit dem Phänomen und der Wirkung von Fotomontagen beschäftigt. Auch bin ich kein politisches Produkt von Text und Bildern der alten AIZ - die entscheidenden Jahre der Weimarer Republik erlebte ich nur aus der Kinderperspektive, und diese war nicht allzu links gewirkt.

Doch auch die Einlader werden dies wohl gewußt haben; ihnen ging es sicherlich mehr darum, jemand hier zu haben, der Jonny Heartfield persönlich kannte, der wie ich die Exiljahre - konkret in London - mit ihm teilte und so in der Lage ist, einiges über den Menschen Heartfield auszusagen.

So war mir - dessen Schulzeit primär in die Jahre der faschistischen Diktatur fiel und der keine Möglichkeit hatte, antifaschistische Kunst vor der Emigration im Jahre 1939 kennenzulernen - Heartfield als Freund und Kamerad früher bekannt als seine Arbeiten.

Soweit ich mich erinnern kann, traf ich ihn zuerst im Internierungslager Huyton bei Liverpool. Es war die Zeit, in der der "komische Krieg" zu Ende ging und die deutschen Hitler-Truppen Belgien, Holland, Luxemburg und Frankreich überrannten. Eine Invasion Großbritanniens zeichnete sich drohend am Horizont ab.

Die Chamberlain-Regierung, die es so gut mit Hitler verstanden hatte, wurde durch Churchill abgelöst. Eine ihrer letzten "Heldentaten" war die Internierung aller auf dem Inselreich lebenden Deutschen und Österreicher, gleichgültig, ob sie anti-nazistische Emigranten oder Faschisten waren.

Hinter Stacheldraht begann sich die Interniertengesellschaft zu formieren. Selbstverwaltungsorgane wurden geschaffen, die Verteilung der Lebensmittel organisiert, und schon nach wenigen Tagen berieten die politischen Emigranten - Kommunisten und Sozialdemokraten zumeist - wie die kommenden Monate, vielleicht sogar Jahre, nutzbringend gestaltet werden könnten. Sprachkurse und wissenschaftliche Seminare wurden abgehalten, ein Chor und ein Theaterensemble entstanden. Einer von denen, die Anstöße und Hilfe gaben, war John Heartfield.

Er gehörte zu den Glücklichen, die schon nach kurzer Zeit aus der Internierung entlassen wurden, ein Erfolg der breiten antifaschistischen Solidaritätsbewegung des britischen Volkes. Doch selbst die wenigen Wochen hatten seiner an sich schon angeschlagenen Gesundheit zugesetzt, vor allem peinigten ihn Kopfschmerzen und zeitweilige Lähmungserscheinungen.

Für mich, der über die Schweiz und Frankreich nach England kam, bedeutete die Internierung Kontakte zur politischen Emigration, zu den Antifaschisten, die 1939 aus der Tschechoslowakei über Polen nach England flüchten konnten. So wurde ich Anfang des Jahres 1941 in London Mitglied des Kulturbundes, der Freien Deutschen Jugend und trat der Landesgruppe deutscher Gewerkschaften bei. Hier im Kulturbund traf ich Jonny Heartfield wieder.

In Erinnerung habe ich ihn jedoch nicht als den Künstler, den Mann der Fotomontagen, sondern als Mitarbeiter des Kulturbundtheaters, als Redakteur der "Freien Tribüne", als Redner und als einen Menschen, den Ungerechtigkeit maßlos empörten und der auch mit seinen Freunden vehement ins Gericht gehen konnte. Kurz als einen Menschen, der von den Klassenkämpfen der Weimarer Republik und dem antifaschistischen Widerstand, von der aktiven Tätigkeit der KPD geprägt war.

So unglaublich das klingen mag, seine Fotomontagen lernte ich erst kennen, als die "Freie Tribüne" in Zusammenarbeit mit dem "Kulturbund" eine Gedichtsammlung herausgab, für deren Titelseite eine von Jonnys alten Montagen benutzt wurde. Ich weiß nicht, ob er annahm, daß mir seine frühen Arbeiten bekannt sein müßten, jedenfalls sprach er nicht davon, und alles, was ich später zu sehen bekam, habe ich in erster Linie Hans Fladung, dem damaligen und auch heutigen Vorsitzenden des "Kulturbundes" zu verdanken.

Die bewußtseinsverändernde Wirkung seiner Montagen wurde mir erst deutlich, als ich an einem Seminar über neuere deutsche Geschichte der Freien Deutschen Universität in London teilnahm, und unser Dozent, Alfred Meusel, die wenigen in London vorhandenen Fotomontagen aus alten vergilbten Nummern der AIZ als Anschauungsmaterial benutzte.

Das Bild als politische Aussage, eine Erkenntnis, die ich nie wieder vergaß!

Es gibt in der Literatur das Wort von der Verfremdung, eine Methode, mit der vor allem Bert Brecht den Leser oftmals schockartig zum Nachdenken, zum Erfassen der Wahrheit zwingt. John Heartfield arbeitete gewissermaßen mit einer Umkehrung dieses Prinzips. Durch Veränderung und Ergänzung vorhandener Fotos macht er sie durchsichtig, zeigt die Wahrheit hinter den Bildern und stellt zugleich die Drahtzieher ins grelle Licht der Öffentlichkeit.

In der Zeit der weltweiten Auseinandersetzung mit dem deutschen Faschismus interessierten natürlich in erster Linie seine Arbeiten, mit denen er frontal die braunen Herren und ihre finanzkräftigen Hintermänner anging.

Ich erinnere mich an die Serie, die sich mit der Olympiade 1936 in Berlin beschäftigte.

Sie sprach mich damals besonders an, weil ich selbst 1936 aktiver Sportler war und die Olympischen Spiele mit einem außerordentlichen, aber nichts destoweniger unpolitischem Interesse verfolgte.

Gerade in diesem Zyklus wird in besonderem Maße ein Zug seines Schaffens deutlich, der - auch bei einigen seiner engsten politischen Freunde - umstritten war: der beißende Spott, das Lächerlichmachen der faschistischen Führer und ihres Herrschaftsapparates.

Mir erschien damals und erscheint auch heute noch diese Methode, den Mythos der Unbesiegbarkeit des Faschismus abzubauen, unerhört bedeutsam.

Schließlich war eines der wichtigsten und wirksamsten Aspekte der nazistischen Propaganda die Verbreitung von Angst und Schrecken, die dem Gegner das Gefühl geben sollten, als ob jeder Widerstand von vornherein sinnlos sei.

Ein zweites Moment, das fast immer bei Heartfield durchschlägt, ist die offen oder versteckt gestellte Frage:

Was sind die Auswirkungen dieser oder jener Handlungen der Herrschenden auf das Leben des einfachen Volkes, auf die werktätige Bevölkerung?

Die Intensität seiner Bilder zwingt zum Nachdenken, zur Stellungnahme, letztlich zur Parteilichkeit für die Unterdrückten. Hier wird das mobilisierende Moment und damit wohl auch die Ursache der Breitenwirkung von Heartfields Fotomontagen, nicht nur in der Periode der Weimarer Republik, deutlich ...

Möge diese Ausstellung dazu mithelfen, einen kleinen Schritt weiter zu kommen auf dem Weg, den auch John Heartfield ging, den Weg zu einer gerechten Ordnung in einer Welt des Friedens und der Freundschaft zwischen den Völkern.

Dokumentationsarchiv des Studienkreises: Deutscher Widerstand, Frankfurt am Main, AN 4022

Jewgeni Kirsch (Sowjetunion)

Am 11. April jeden Jahres treffen sich am Rande Moskaus, in der Schule Nr. 752, ehemalige sowjetische Gefangene aus dem deutschen Konzentrationslager Buchenwald und deren Familienangehörige mit Schülern und Lehrern.

Am 11. April 1945 haben sich rund 21 000 Gefangene des KZ Buchenwald, die aus 16 Ländern kamen, selbst befreit. Das jährliche Treffen in Moskau dient der Erinnerung an die Verbrechen des Hitlerfaschismus. Allein in Buchenwald wurden mehr als 56 000 Menschen ermordet. Weiter trägt die Begegnung dazu bei, junge Menschen mit dem Widerstand gegen den Naziterror unter den Bedingungen eines Konzentrationslagers bekanntzumachen.

1965, zum 20. Jahrestag des Sieges über den deutschen Faschismus und seiner Verbündeten, wurde an dieser Schule ein "Buchenwaldmuseum" eröffnet. Gestaltet hatten es Schüler und Lehrer mit ehemaligen Gefangenen aus Buchenwald.

Wesentlichen Anteil an der Entstehung des Museums hat Jewgeni Kirsch, der vom 6. Dezember 1943 bis zum 11. April 1945 Häftling in Buchenwald war.[1] Sein Leben wurde durch den Kampf gegen den Faschismus und die Jahre der Gefangenschaft in Deutschland geprägt. Zum Zeitpunkt der Befreiung von Buchenwald war der Leutnant der sowjetischen Luftstreitkräfte 31 Jahre alt.

Geboren ist Jewgeni Kirsch am 29. November 1913 in Kiew. Sein Vater war Flugzeugführer. Bereits in der zaristischen Armee gehörte er zu den Piloten, obwohl er aus keiner privilegierten Familie kam und keinen Offiziersrang besaß. Er hatte es allein seinem fliegerischen Können zu verdanken.

Die Familie unterstützte die Oktoberrevolution und das Bemühen, in der Sowjetunion eine sozialistische Gesellschaft aufzubauen. Von dieser Entwicklung waren die Kindheit und Jugend von Jewgeni Kirsch geprägt. Von 1922 bis 1930 besuchte er eine siebenklassige Schule. Danach gelang es ihm, eine Ausbildung an einem Fliegertechnikum in Moskau zu erhalten. Nach dem Vorbild des Vaters wollte er Flieger werden. An die theoretische Ausbildung schloß sich eine mehrjährige praktische Tätigkeit als Schlosser und Funkmechaniker in einem Flugzeugwerk an.

So wie andere Menschen seiner Generation heiratete Jewgeni Kirsch sehr früh, bereits 1933. Im gleichen Jahr wurde auch sein einziges Kind, die Tochter Tamara, geboren.

Von Februar 1936 bis Oktober 1937 mußte Jewgeni Kirsch bei den Luftstreitkräften Militärdienst leisten. Danach bestand die Möglichkeit, bei einem Flugsportklub in Moskau zunächst als Instrukteur und später als Fluglehrer zu arbeiten. Diese Tätigkeit bereitete ihm viel Freude.

In Übereinstimmung mit seiner politischen Überzeugung war er in den Komsomol eingetreten und 1940, als 26jähriger, Kandidat der Kommunistischen Partei der Sowjetunion geworden.

Diese Jahre verliefen harmonisch und glücklich.

Alles änderte sich, als am 22. Juni 1941 durch den Überfall Hitlerdeutschlands auf die UdSSR der Krieg in das Land einbrach. Wie viele andere Sowjetbürger meldete sich Jewgeni Kirsch freiwillig zum Militärdienst. Seinem Wunsch wurde aber nicht unmittelbar stattgegeben. Zunächst sollte er im Fliegersportklub möglichst viele Menschen zu Piloten ausbilden, die von den Luftstreitkräften dringend gebraucht wurden.

Als im Herbst 1941 die deutschen Truppen fast vor den Toren Moskaus standen, erhielt Jewgeni Kirsch seine Einberufung. Er kam in eine Einheit der Luftstreitkräfte, die in verschiedenen vom Feind besetzten Gebieten Partisanenverbände versorgte.

Vom Dezember 1941 bis zum Januar 1943 führte Jewgeni Kirsch 65 Nachtflüge über den Frontlinien aus. Den Partisanen im Moskauer, Smolensker und Kalugaer Gebiet brachte er Lebensmittel, Medikamente, Waffen, Munition und Funkgeräte. Auf den Rückflügen wurden wiederholt Verwundete mitgenommen.

Wegen seines beispielhaften Einsatzes wurde Jewgeni Kirsch, der inzwischen zum Leutnant befördert worden war, am 28. September 1942 mit dem Orden "Rotes Banner" ausgezeichnet. Im Juni 1942 war ihm das Vertrauen als Mitglied der KPdSU ausgesprochen worden.

In der Nacht vom 12. zum 13. Januar 1943 flog Jewgeni Kirsch zu Partisanen in den Brjansker Wäldern in Belorußland. Auf dem Rückweg wurde sein Flugzeug abgeschossen, und er geriet in deutsche Kriegsgefangenschaft. Die erste Station der Haft war ein Lager in Orjol. Von dort aus ging es weiter in ein zentrales Kriegsgefangenenlager in Litzmannstadt (Lodz). Unzureichend ernährt und oft geschlagen mußte Jewgeni Kirsch in diesen Wochen, wie viele andere, sehr hart beim Straßenbau arbeiten.

Im April kam der Befehl zum Abtransport nach Deutschland. Auf der Fahrt unternahmen Jewgeni Kirsch und 20 andere einen Fluchtversuch. Es gelang ihnen, vom Boden des Eisenbahnwaggons drei Bretter zu lösen und in der Nähe der Stadt Kalisch (Kalisa) den Zug zu verlassen. Aber drei Tage später wurden sie entdeckt, erneut festgenommen und nach Litzmannstadt zurückgebracht. Dort erhielten sie drei Tage weder zu essen noch zu trinken. Immer wieder wurden sie brutal geschlagen.

Einige Wochen später kam Jewgeni Kirsch erneut in einen Kriegsgefangenentransport nach Deutschland. Das Ziel war das Lager Stalag IVb in Mühlberg an der Elbe. Bei schlechter Verpflegung mußte Jewgeni Kirsch wie andere schwere

Arbeit in einer Kiesgrube leisten. Danach ging es weiter nach Leipzig, wo eine frühere chemische Fabrik als Unterkunft diente. Gearbeitet wurde zusammen mit französischen und britischen Kriegsgefangenen beim Bau von Eisenbahnlinien.

Später wurden die Offiziere ausgesondert und in ein extra Lager in einem ehemaligen jüdischen Restaurant am Rande Leipzigs einquartiert. Gearbeitet werden mußte nun in einer Maschinenbaufabrik, die Kriegsgerät herstellte. Jewgeni Kirsch zählte zu den Gefangenen, die durch Sabotage die Produktion zu stören suchten.

Am 15. Oktober 1943 unternahm er zusammen mit einem anderen jungen Leutnant einen zweiten Fluchtversuch. Es gelang ihnen bis in die Nähe Magdeburgs zu kommen. Nach zehn Tagen erfolgten ihre Entdeckung und der Rücktransport nach Leipzig. Von dort kamen sie in ein Kriegsgefangenenlager in Riesa und später in das Gefängnis im Leipziger Polizeipräsidium. Überall wurde Jewgeni Kirsch sehr mißhandelt. Nach diesen schweren Wochen folgte am 1. Dezember 1943 die Einweisung in ein Kriegsgefangenenlager in Halle. Dies war aber nur eine Zwischenstation. Wegen der beiden Fluchtversuche und seiner unbeugsamen Haltung entschied die Gestapo, ihn in das Konzentrationslager Buchenwald einzuweisen. Dabei spielte sicher auch eine Rolle, daß infolge seiner körperlichen Schwäche mit dem baldigen Tod gerechnet wurde.

Als Datum der Einlieferung ins KZ Buchenwald ist der 6. Dezember 1943 angegeben. Jewgeni Kirsch bekam die Häftlingsnummer 18626, die bis zum 26. November ein anderer Russe getragen hatte, der an diesem Tag umgekommen war. Es handelte sich um den 45jährigen Elektroschweißer Fedor Semenjak aus Mangilowka, der seit dem 26. August 1943 in Buchenwald gewesen war.

Die ersten Wochen im KZ gestalteten sich für Jewgeni Kirsch besonders schwer. Über den Block 11, den Quarantäneblock, kam er in eines der großen Lager, in den Block 44. Da er für die Lagerleitung der SS Todeskandidat war, wurde er trotz der Unterernährung und körperlichen Schwäche zur Arbeit im Steinbruch eingeteilt. Obwohl er gewillt war, nicht aufzugeben, wurde nach kurzer Zeit klar, daß Jewgeni Kirsch unter diesen Bedingungen bald sterben würde.

Seine Rettung ist das Verdienst der im KZ Buchenwald bestehenden internationalen antifaschistischen Widerstandsorganisation. Sie setzte sich dafür ein, daß er aus dem Arbeitskommando Steinbruch abgezogen wurde und zum Dienst in die Küche kam. Zunächst mußte er jetzt Tag für Tag, stundenlang, Kartoffeln schälen. Diese leichte Arbeit und die Möglichkeit, hier zusätzliche Nahrungsmittel zu erhalten, führten dazu, daß er sich wieder erholte und keine akute Lebensgefahr mehr bestand.

In Übereinstimmung mit seinem Beruf als Schlosser wurde Jewgeni Kirsch später der Reparaturkolonne zugeteilt, die das Funktionieren der Wasserleitungen und der Kanalisation im Lager sicherte. So kam er im ganzen Lager herum und konnte auch im Auftrag der illegalen Organisation Informationen weiterleiten.

Einige Monate später wurde er auf Vorschlag des Internationalen Lagerkomitees als Stubendienst in dem "kleinen Lager" eingesetzt. Dies geschah in den Blöcken 51 und 57, dort, wo die neu ankommenden Gefangenen in den ersten Wochen festgehalten wurden. Die antifaschistische Organisation versuchte sich einen Überblick über diese Menschen zu verschaffen und so gut es ging zu helfen. Wichtig war es, frühzeitig Kontakt zu finden. So konnte manchem besonders bedrohtem Antifaschisten das Leben gerettet werden.

Über seine damalige Tätigkeit hat Jewgeni Kirsch später berichtet:

"Entsprechend der Orientierung der Untergrundorganisation war die Mehrheit der Stubendienste in der Sicherheitsgruppe zusammengefaßt und erfüllte Aufgaben zur Gewährleistung der Sicherung der Untergrundorganisation. Im kleinen Lager betrug die Quarantäne für die Häftlinge drei Wochen. Danach wurden sie in eines der fünf Arbeitslager geschickt... Die ersten Kontakte durchliefen die Gefangenen im kleiner Lager. Jede nationale Untergrundorganisation führte die Arbeit mit ihren eigenen Landsleuten durch... Die Konspiration erlernten wir von den deutschen Kommunisten, und nach ihren Worten übertrafen wir unsere Lehrer. Die Kühnheit, die Selbstlosigkeit, die Findigkeit und andere Eigenschaften der sowjetischen Kriegsgefangenen des Konzentrationslagers Buchenwald trugen sehr viel zum Erfolg des antifaschistischen Kampfes bei. Die sowjetische antifaschistische militärpolitische Untergrundorganisation leistete einen sehr großen Beitrag zur Tätigkeit des Internationalen Lagerkomitees."[2]

An dieser für das Leben vieler Gefangener so wichtigen Tätigkeit nahm Jewgeni Kirsch vorrangigen Anteil. Sein letzter Auftrag war im Kommando "Arbeitsstatistik" im Block 44 auszuführen.

Im April 1945 gehörte er zu den Organisatoren der Befreiung des Lagers und nahm am 11. April 1945 am Sturm auf das Haupttor teil.

Durch die Entwaffnung der SS und die Zerstörung ihrer Macht gelang es, die Ermordung politischer Gefangener und den Abtransport aus dem Lager zu verhindern. Bei den "Todesmärschen" aus Sachsenhausen, Ravensbrück und Neuengamme starben im April 1945 noch viele Gefangene.

Am 13. April 1945 übernahmen Einheiten der III. US-Armee das KZ Buchenwald. Damit war hier der Krieg zu Ende und die Gefangenen endlich frei.

Am 19. April versammelten sich auf dem berüchtigten Appellplatz in Buchenwald das letzte Mal die rund 21 000 Überlebenden. Unter den 4380 Bürgern der UdSSR war Jewgeni Kirsch. Aus tiefer Überzeugung stimmte er dem in dieser Stunde angenommenen "Schwur von Buchenwald" zu, in dem es heißt:

"Wir schwören deshalb vor aller Welt auf dem Appellplatz, an dieser Stätte des faschistischen Grauens:

Wir stellen den Kampf erst ein, wenn auch der letzte Schuldige vor den Richtern steht!

Die Vernichtung des Nazismus mit seinen Wurzeln ist unsere Losung. Der Aufbau einer neuen Welt des Friedens und der Freiheit ist unser Ziel."[3]

Für die Verwirklichung dieses Schwurs tätig zu sein, wurde zum wichtigsten Inhalt des weiteren Lebens von Jewgeni Kirsch.

Sein Weg nach dem Krieg war ebenfalls nicht leicht. Wie andere sowjetische Kriegsgefangene und Zwangsarbeiter wurde er bei der Rückkehr in die Heimat nicht in Ehren empfangen. Für ihre Treue zu den antifaschistischen Idealen, ihren Widerstand gegen das Hitlerregime fanden sie keine Anerkennung und Achtung. Im Gegenteil, sie wurden ausgegrenzt und dafür bestraft, daß sie die deutsche Kriegsgefangenschaft überlebt hatten. Dies gehörte zu den Repressalien und der Menschenverachtung der Nachkriegspolitik J. W. Stalins gegenüber hunderttausenden tapferen Frauen und Männern.

Nach der Befreiung im KZ Buchenwald gab es für Jewgeni Kirsch keinen unmittelbaren, direkten Weg in die Heimat. Zunächst wurden auch die ehemaligen Gefangenen des KZ Buchenwald in ein großes Auffanglager für sowjetische Zwangsarbeiter und Kriegsgefangene nach Waltershausen gebracht. Die nächste Station war ein Lager in Bautzen. Nach monatelangen Überprüfungen fiel für Jewgeni Kirsch endlich die Entscheidung, daß er mit einem der nächsten Transporte in die Sowjetunion zurückkehren konnte. Die Fahrt dauerte vom 26. Oktober bis zum 31. Dezember 1945.

Die Ausgrenzung und Benachteiligung war nach der Rückkehr unmittelbar zu spüren. In der sowjetischen Armee und in der zivilen Luftfahrt gab es für den mehrfach ausgezeichneten Flugzeugführer keinen Platz mehr. Zunächst durfte er von 1946 bis 1948 noch als Agrarflieger tätig sein. Aus der KPdSU wurde Jewgeni Kirsch wegen der Kriegsgefangenschaft ausgeschlossen. Zu den schmerzhaftesten Folgen dieser Repressalien zählte, daß seine Frau sich von ihm trennte, denn die künstlich erzeugte Ausgrenzung machte vor den Familien nicht Halt.

1949 durfte Jewgeni Kirsch überhaupt nicht mehr als Pilot arbeiten. Er bekam eine Umschulung zum Kraftfahrer und konnte zunächst nur als Lastkraftwagenfahrer tätig sein. Später erhielt er bei der Moskauer Stadtbeleuchtung eine Anstellung als Fahrer. Erst nach dem Tode J. W. Stalins übte er ab Mitte der 50er Jahre den Beruf eines Chauffeurs bei einer staatlichen Behörde aus.

Infolge des XX. Parteitages der KPdSU wurde Jewgeni Kirsch 1958 wieder in die Partei aufgenommen.

Bis zu seiner Pensionierung bot sich dem standhaften Kommunisten keine andere berufliche Perspektive als die des Kraftfahrers. Trotzdem hatte er es leichter als viele andere, die das Leben ähnlich hart getroffen hatte. Er durfte in Moskau wohnen, besaß ein Telefon und hatte ein ausreichendes Einkommen. Seine zweite Frau, Lidia, mit der er seit Mai 1953 verheiratet war, sorgte beispielhaft für ihn, vor allem auch in den letzten Lebensjahren, als er schwer erkrankte.

In den letzten zweieinhalb Jahrzehnten seines Lebens schuf sich Jewgeni Kirsch vielfältige Möglichkeiten, um im Sinne des Schwurs von Buchenwald tätig zu sein. Viel tat er dafür, jungen Menschen die Wahrheit über den Faschismus und den Zweiten Weltkrieg sowie den Kampf des Sowjetvolkes und von Antifaschisten anderer Länder mitzuteilen. Mit zahlreichen Schulen in der UdSSR stand er in Kontakt und traf sich mit jungen Menschen in vielen Orten.

Mit Unterstützung des Komitees der Kriegsveteranen nahm er in den 60er und 70er Jahren umfangreiche Kontakte zu Jugendlichen auf, u.a. nach Bulgarien, der DDR, Frankreich, Polen und der Tschechoslowakei. Mit Stolz sprach er z. B. Anfang 1975 davon, daß von ihm bis zu diesem Zeitpunkt 232 Briefe an Schulklassen und andere Jugendgruppen im In- und Ausland geschrieben worden waren.

In Moskau zählte er zu den Initiatoren für den Aufbau des "Buchenwaldmuseums" an der Schule Nr. 752. Zu den jährlichen Treffen am 11. April kamen ehemalige Buchenwaldhäftlinge aus der gesamten Sowjetunion und auch Familienangehörige von jenen, die in Buchenwald ermordet worden waren. An diesem Ort in Moskau herrschte ein Geist menschlicher Achtung und Würde, gegenseitiger Hilfe und Unterstützung.[4] Jewgeni Kirsch stand aufgrund seiner Lebenserfahrung, seiner Toleranz und seiner menschlichen Güte im Zentrum dieser Gemeinschaft.

Kraft und Mut gaben ihm auch, als er Anfang der 80er Jahre schwer krank wurde und ihm die Beine amputiert werden mußten, seine Freundschaft zu früheren Kameraden aus Buchenwald. Hierzu gehörten neben Sowjetbürgern aus mehreren Unionsrepubliken, Antifaschisten u.a. aus Deutschland, Frankreich, Polen und der Tschechoslowakei. Zu seinen deutschen Freunden zählten Walter Bartel, Kurt Huber und Alfred Weber. Sie waren auch unter denen, die Geld sammelten, um für ihren Kameraden ein modernes Selbstfahrgerät zu kaufen und es für ihn nach Moskau zu bringen.

Bis zum letzten Tag seines Lebens, am 8. April 1984, blieb Eugen Kirsch, wie ihn seine engsten Freunde nannten, seine Idealen treu. Dies stand in Übereinstimmung mit den folgenden Worten aus dem letzten von ihm verfaßten Lebenslauf:

"Diese aktive Tätigkeit hilft, die Schwierigkeiten des Lebens zu überwinden, die Krankheiten; doch die Hauptsache ist, den Schwur von Buchenwald zu erfüllen. Jetzt ist unsere Aufgabe, den aktiven Kampf für den Frieden zu führen. Dafür gebe ich all meine Zeit, und ich werde so handeln bis zur letzten Minute meines Lebens."[5]

Über 300 Buchenwalder trugen Jewgeni Kirsch am 11. April 1984 in Moskau zu Grabe. Sie waren eigentlich mit der Absicht in die sowjetische Hauptstadt gekommen, den 39. Jahrestag der Selbstbefreiung des KZ Buchenwald gemeinsam zu begehen.

Anmerkungen

1 Der Verf. war mit Jewgeni Kirsch zwischen 1973 und 1984 bekannt. Gespräche zu seiner Biographie fanden am 19. 12. 1973 und am 30. 5. 1975 in Moskau statt. Über die Zeit des Zweiten Weltkrieges vgl. Karl Heinz Jahnke. In einer Front, 2. erw. Auflage, Berlin 1989, S. 242 ff.

2 Zit. nach: Ebenda, S. 246 f.

3 Zit. nach: Buchenwald. Mahnung und Verpflichtung. Dokumente und Berichte, Berlin 1983, S. 645

4 Der Verf. war am 11. April 1973 Gast an der Moskauer Schule Nr. 752 und hat an der Veranstaltung zum Gedenken an die Befreiung des KZ Buchenwald teilgenommen.

5 Zit. nach: Karl Heinz Jahnke, In einer Front, S. 257

Jewgeni Kirsch als Soldat der Sowjetarmee (1. v. rechts) 1942

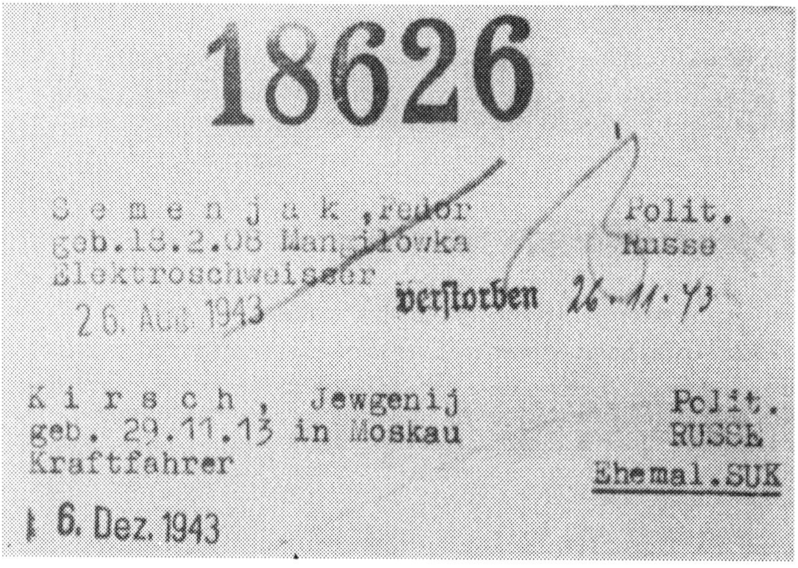

18626

S e m e n j u k ,Fedor Polit.
geb.18.2.08 Man[illegible]lowka Russe
Elektroschweisser
26. Aug 1943 verstorben 26.11.43

K i r s c h , Jewgenij Polit.
geb. 29.11.13 in Moskau RUSSE
Kraftfahrer Ehemal.SUK
6. Dez. 1943

Eintragung in der Gefangenenliste des KZ Buchenwald, 6.12. 1943

Jewgeni Kirsch
und
Irma Thälmann
an der
Schule Nr. 752
in Moskau

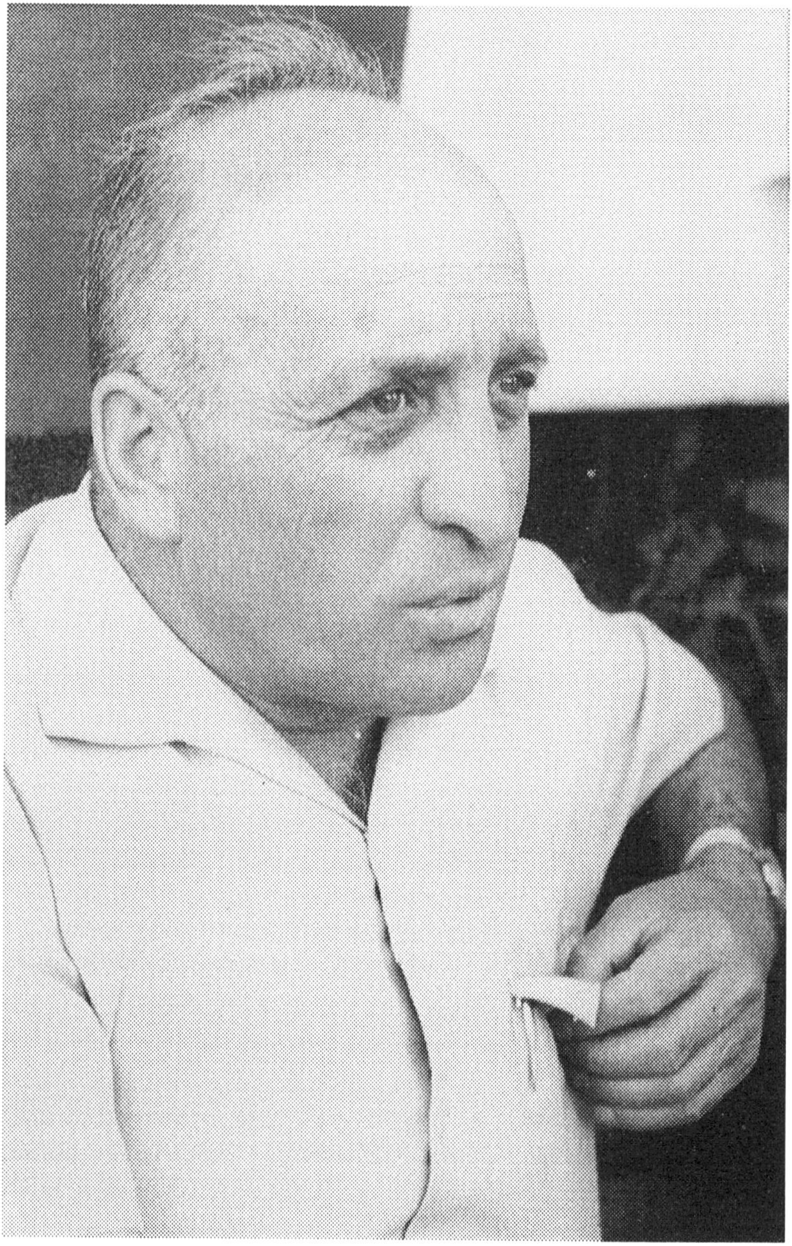

Jewgeni Kirsch, 1973

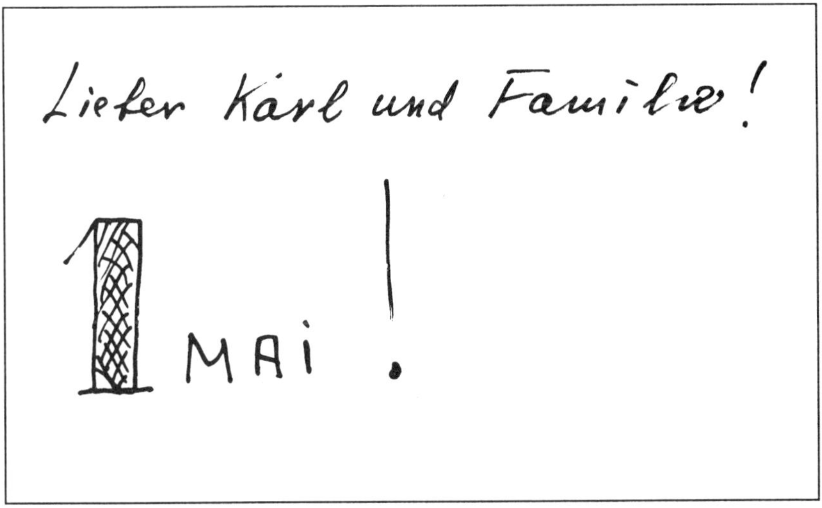

Lieber Kärl und Familie!

1 MAI!

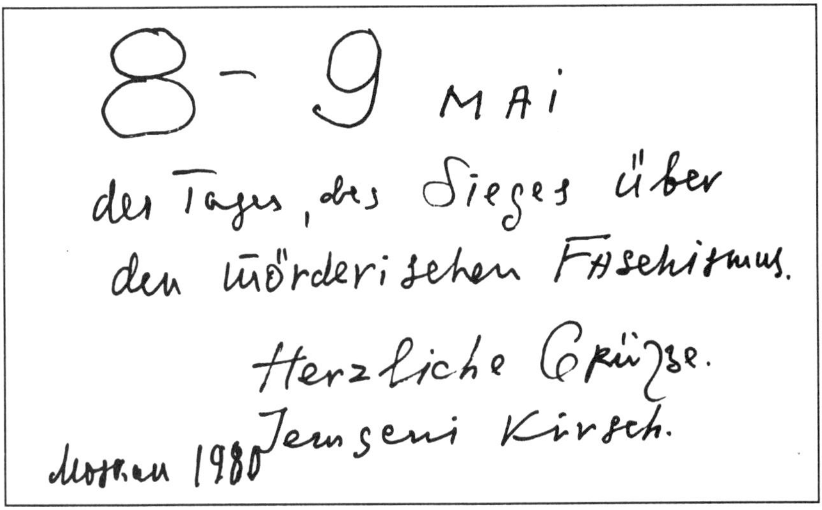

8–9 MAI

der Tages, des Sieges über den mörderischen FASchismus.

Herzliche Grüsse.

Jewgeni Kirsch.

Moskau 1980

Carola Karg (Deutschland)

"Die deutsche Widerstandsbewegung hat es schwerer gehabt, als jede andere. In den besetzten Ländern war das Ziel die Befreiung vom äußeren Feind. Darauf einigte sich nahezu die Gesamtheit. Eine innere Gewalt, die nur dem äußeren Feind ihr Dasein verdankt, war offenkundig verräterisch. Wer widerstand, mußte vieles überwinden, nicht aber sich selbst. Er handelte zweifellos richtig. Er konnte elend leben und tief leiden, er vergoß das Blut seiner Landsleute, aber er rettete das Land, das gerettet werden wollte.

Deutsche, die widerstanden, hatten soviel Grund wie andere, sogar mehr als sie, zerrüttet war auch ihr Land, in Gefahr unterzugehen, ist es während aller zwölf Jahre gewesen: Der Krieg war nur der offene Ausbruch der Gefahr. Ja, aber niemand hielt es besetzt, kein Fremder, nur eine innere Gewalt, die es sich, nach dem Bewußtsein der meisten, selbst gegeben hatte. Wer ihr widerstand, auch nur sie ablehnte, hatte nicht ohne weiteres ein Volk, sich darauf zu berufen, ein Volk, dessen Atem er in seinem Rücken fühlt. Er war ganz und gar angewiesen auf seine Erkenntnis, auf die Wurzeln seines Herzens. Jeder Kämpfer gegen die überwältigende Herrschaft im Lande hat sich selbst geschaffen, war nur sich allein verantwortlich, keine Mehrheit half ihm oder kannte ihn. Er mußte sich vor ihr hüten.

Wurde er entlarvt und getötet, umso schlimmer für ihn. Beklagt wurde er wenig, auch dies lange Zeit nur heimlich. Aber das haben die Mutigen vorausgewußt, haben es mit eingerechnet in ihr Opfer.

Ihre Sendung: das Gewissen des Landes zu sein. Ihr Geschick: gebrandmarkt zu sterben. Das ist mehr, als die Tapfersten sonst ertragen, geschweige herausfordern. Ihre innere Verpflichtung muß unwiderruflich gewesen sein. Sie war stärker als jeder Zweifel, als die Angst, allein zu bleiben, zu irren: ihre Verpflichtung war gewisser als der sichere Tod. Hier geschieht etwas Außerordentliches. Seltene Stunden der Geschichte in ihrer höchsten Steigerung der Kräfte und Gegenkräfte, des Bösen und des Guten, der blöden Ruchlosigkeit und des Eifers, ein Mensch zu bleiben, zeitigten auch dies: Helden eines Widerstandes, wie es der deutsche war."[1]

Diese Worte von Heinrich Mann standen am Anfang der ersten Ausstellung in Bayern zum Thema "Widerstand und Verfolgung in Bayern 1933 - 1945", die am 9. November 1975 im Stadtmuseum in München eröffnet wurde.

Neben dem stellvertretenden bayerischen Landesvorsitzenden des DGB, Xaver Senft, sprach aus diesem Anlaß Clara Huber, die Witwe des am 13. Juli 1943 von den Nazis ermordeten Münchner Professors Dr. Kurt Huber:

"Es ist schon fast ein Allgemeinplatz, wenn ich hinzufüge: Eine Ausstellung, die nicht erholsam, nicht angenehm sein kann, ich bin überzeugt, daß es kein besseres Lehrstück als die Widerstandsbewegungen im 'Dritten Reich' gibt, um zu sehen, was es bedeutet, Widerstand gegen eine übermächtige Staatsgewalt zu leisten, die das ganze Land zu einem Gefängnis macht. Gerade die 'Weiße Rose' verpflichtet uns alle zu verantwortlichem demokratischen Handeln. Auch heute noch gelten die Schlußworte meines Mannes vor dem Volksgerichtshof in München am 19. April 1943:

'Und handeln sollst du so, als hinge von dir und deinem Tun allein
Das Schicksal ab der deutschen Dinge
Und die Verantwortung wär dein'."[2]

Mitbestimmt durch diese Gedanken hatten Clara Huber und Carola Karg in der Einleitung des Katalogs zur Ausstellung geschrieben:

"Die Ausstellung soll den Besucher lehren, daß die Ergebnisse und Erfahrungen des Widerstandes Grundlagen für eine neue demokratische Entwicklung geschaffen haben. Die Anwendung der Lehren des Widerstandes sollen das demokratische Bewußtsein unserer Bürger stärken, sie zur Wachsamkeit aufrufen gegenüber neuen Gefahren autoritärer Macht, gegen den Abbau demokratischer Rechte und gegen das Wiederaufleben eines Neonazismus und Revanchismus in unserem Lande.

Nur wenn wir die Vergangenheit bewältigen, wird die Demokratie Bestand haben und der Friede gesichert sein."[3]

Beide Frauen haben maßgeblichen Anteil an dem Zustandekommen der Ausstellung und daran, daß, diese in zehn Jahren in 52 bayerischen Städten und dort von 4 252 Schulklassen und fast einer halben Million Menschen besucht wurde. In dieser Tätigkeit sahen Carola Karg und Clara Huber ihren Beitrag, die Wahrheit über das Dritte Reich und seine Gegner bekanntzumachen. Dieser Aufgabe widmeten sie ihre ganze Kraft und fast alle Freizeit.

Die Motive von Carola Karg[4] ergeben sich aus ihrem Leben. Als neuntes von elf Kindern ist Berta Karg am 16. Juni 1910 in Wolfratshausen bei Bad Tölz in der Familie von Matthias und Anna Karg geboren worden. Ihre Eltern zogen später nach München. Der Vater arbeitete dort als Kutscher beim städtischen Fuhrpark, die Mutter verdiente als Putzfrau etwas hinzu.

Die Schule, die das Mädchen von 1916 bis 1924 besuchte, machte ihr viel Spaß. Sie fiel durch Fleiß und gute Leistungen auf. Schwer war es später, bei der Herkunft aus einer so armen, kinderreichen Familie, eine Lehrstelle zu bekommen. Nur durch ihre Hartnäckigkeit gelang es ihr, den Beruf einer Verkäuferin zu erlernen und nebenbei die kaufmännische Fortbildungsschule zu besuchen.

Normal war es für Berta Karg, daß sie sich unter dem Einfluß der Eltern, die mit der SPD sympathisierten, als 14jährige der Gewerkschaft, dem Zentralverband der Angestellten, anschloß und kurze Zeit später Mitglied der Sozialistischen Arbeiterjugend wurde. In ihrer Gewerkschftsgruppe gab es zu dieser Zeit mehrere Mädchen mit dem Namen Berta, deshalb wurde vorgeschlagen, die "Neue" Carola zu nennen.[5]

Bereits in der Lehrzeit fand Carola Karg 1926 Anschluß an den Kommunistischen Jugendverband und zwei Jahre später an die KPD. Bei den Kommunisten sah die junge Frau Möglichkeiten, selbständig tätig zu sein. Bald übernahm sie Funktionen und beteiligte sich auch aufgrund ihrer Kenntnisse in Maschinenschrift und Stenographie an technischen Arbeiten.

Als Carola Karg arbeitslos wurde und in München keine Aussichten auf eine neue Stelle bestanden, nahm sie im März 1930 das Angebot an, als Stenotypistin in der Bezirksleitung der KPD in Halle-Merseburg tätig zu sein. Dort sammelte sie auch weitere Erfahrungen in der Jugendarbeit.

Von Halle ging 1931 sicher auch der Vorschlag aus, die 21jährige zum Besuch des Jugendlehrgangs auf der Leninschule in Moskau zu delegieren. Dort nutzte sie die Möglichkeiten, sich marxistische Kenntnisse anzueignen und das Leben in der sowjetischen Hauptstadt kennenzulernen.

Infolge der Zuspitzung der Auseinandersetzungen in Deutschland mit dem Hitlerfaschismus wurden bereits im Sommer 1932 die Schüler aus Moskau zurückgerufen. Carola Karg übernahm jetzt in Berlin eine Tätigkeit im Zentralkomitee des KJVD.

Zu den Jungkommunisten, die darüber enttäuscht waren, daß trotz großen Einsatzes von ihrer Seite die Bildung der Regierung unter Adolf Hitler nicht verhindert werden konnte, zählte Carola Karg. Sie gehörte zu denen, die nicht bereit waren, den Widerstand aufzugeben. Durch die Ereignisse vom 30. Januar 1933 fühlte sie sich besonders herausgefordert. Ein Jahr lang leistete Carola Karg Beispielhaftes bei der Aufklärung über die Hintergründe der Errichtung des Hitlerregimes und bei der Organisierung des Widerstands aus den Reihen der Arbeiterjugend. Von Anfang Februar bis Juli 1933 stand sie an der Spitze der illegalen Bezirksorganisation des KJVD in Thüringen[6], und danach war sie ebenfalls leitend in den Bezirken Baden-Pfalz und Niederrhein tätig. Oft ohne Unterkunft und wenig Geld führte die junge Frau in diesen Monaten ein entbehrungsreiches und gefährliches Leben. Zu den Menschen, die ihr halfen, gehörte der Kaplan an der St. Marienkirche in Düsseldorf, Dr. Joseph Rossaint. Später berichtete er über diese Begegnungen:

"Ich lernte Frau B. Karg im Oktober 1933 als politischen Flüchtling, von der Gestapo verfolgt, kennen. Ich traf mit Frau B. K. von Oktober 1933 bis zu ihrer Verhaftung am 31. Januar 1934 in Düsseldorf mehrmals zusammen.

Und es ist mir aus dieser Zeit bekannt, daß Frau Karg öfter kein Nachtquartier hatte und die Nächte in Kälte und Regen im Freien verbringen mußte. Einige Nächte konnte ich sie im Pfarrhaus der St. Marien-Pfarrei, wo ich seinerzeit als Kaplan tätig war, beherbergen. Aus Sicherheitsgründen war das aber nur ganz kurze Zeit möglich.

Ich weiß auch, daß Frau Karg fast völlig mittellos, nur auf die Solidarität von Nazigegnern angewiesen war und daher oft auch nichts zu essen hatte und hungerte. Sie führte in diesen vier Monaten, immer von der Gestapo gehetzt und verfolgt, ein menschenunwürdiges und notvolles Fluchtleben."[7]

Dr. Rossaint, der gleichzeitig Gaukaplan der katholischen Sturmscharen war, bat Carola Karg 1985, als er an seiner Biographie arbeitete, etwas über diese Zeit aufzuschreiben. Dies geschah in einem Brief vom 3. Juli 1985:

"Am Niederrhein Verbindung zur katholischen Jugend gesucht über den Diözesan-Präses Kaplan Dr. Rossaint zum Sturmscharführer Franz Steber, ein Landsmann von mir ... Vielleicht darf ich noch erinnern an meine Rede vor zwölf Sturmscharführern zum Allerheiligen am 1. November 1933, die Du im Pfarrhaus zur Mittagszeit mit mir zusammengebracht hast und wo die ersten Kontakte auch zu den anderen Bezirken ... geknüpft wurden.

Am 30. Januar 1934 wartetest du auf den Stufen des Kölner Doms auf mich, und wir trafen uns anschließend in der Studierstube eines befreundeten Kaplans zu einem Gespräch mit Ewald Kaiser vom Zentralkomitee des KJVD, der aus der Emigration von Paris kam und einen Aufrufentwurf an die deutsche Jugend bei sich hatte. Dieser Entwurf wurde von uns, vor allem von Dir, diskutiert, und wir kamen zu dem Ergebnis, daß der 'Aufruf an die deutsche Jugend' in Paris gedruckt, auf illegalem Wege nach Deutschland gebracht und in hoher Auflage ... verteilt wird. Es war ein sehr guter Text, in welchem die Situation in Hitlerdeutschland, der Terror und das, was dagegen getan werden kann und muß, klar aufgezeigt wurde. Ein Kampfaufruf gegen den Terror und Verbote, auch gegen das drohende Verbot katholischer Jugendverbände und das Vorgehen gegen die Geistlichen und die Kirche. Deine Predigten in der Marien-Pfarrei wurden ja auch bereits von der Gestapo überwacht, wie du mir damals berichtetest."[8]

Als Carola Karg am nächsten Tag zu einem illegalen Treffen von Düsseldorf nach Wuppertal fahren wollte, wurde sie noch auf dem Düsseldorfer Bahnhof festgenommen.

Vom 31. Januar 1934 bis zum 6. Mai 1945 war sie Gefangene des NS-Regimes. Elf Jahre, drei Monate und sechs Tage, zwischen ihrem 23. und 35. Lebensjahr wurde sie in Gefängnissen und Zuchthäusern der Nazis festgehalten. Was dies für eine so junge Frau bedeutet, ist kaum zu ermessen. Ein schwerer Schlag für sie war bereits vor der Festnahme die Nachricht, daß ihr Verlobter, Hans Scholz, am 14. Oktober 1933 ermordet worden war.

Besonders hart gestalteten sich die ersten sechs Wochen im Düsseldorfer Untersuchungsgefängnis, wo sie gefesselt täglich zum Verhör gebracht und brutal mißhandelt wurde. Nach 17 Monaten starker Drangsalierungen und vielfältiger Demütigungen war es soweit, daß am 25 Juni 1935 vor dem Volksgerichtshof in Berlin der Hochverratsprozeß gegen die 25jährige Verkäuferin Berta Karg geführt wurde. Am Ende stand das außergewöhnlich strenge Urteil von 15 Jahren Zuchthaus. In der Begründung heißt es:

"Sie hat ihre Tätigkeit gerade in der Zeit begonnen, als der Nationalsozialismus Deutschland neue Wege öffnete, und sie hat ihre verbrecherische Tätigkeit noch bis zu ihrer Verhaftung am 31. Januar 1934 fortgesetzt. Ihre Tat war daher auch dem Ausmaß nach äußerst gefährlich. In drei wichtigen Bezirken hat sie große Erfolge im Neuaufbau des Jugendverbands erzielt. Sie hat zahlreiche Jugendgenossen für die illegale Arbeit gewonnen... Aber die höchste zeitliche Freiheitsstrafe erschien angemessen und notwendig, um der höchst gefährlichen Wühlarbeit hoher kommunistischer Funktionäre energisch entgegenzutreten und die erforderliche Abschreckungswirkung zu erzielen."[9]

Am 18. Juli 1935 begann in einem der berüchtigten Frauenzuchthäuser Deutschlands, in Jauer in Schlesien, für Carola Karg eine sehr schwere Zeit. Zuerst wurde sie von den anderen Gefangenen völlig isoliert, bekam keine Arbeit und auch keine Bücher zum Lesen. Hatte sie gedacht, daß die Verhöre endlich vorbei seien, so erwies sich dies als Irrtum. Bis 1941 wurde sie noch zu zahlreichen Verhören und auch als Zeugin zu mehreren Prozessen geholt. Insgesamt mußte sie 153 Verhöre ertragen und war siebzehn Mal an andere Haftanstalten "ausgeliefert" worden, um dort als Zeugin verhört zu werden.

Am stärksten blieb ihr der "Berliner Katholikenprozeß" vom 7. bis 28. April 1937 in Erinnerung. Drei Tage mußte sie als Zeugin an den Verhandlungen teilnehmen. Hauptangeklagte waren Dr. Joseph Rossaint und andere katholische Jugendführer, mit denen Carola Karg 1933/34 im antifaschistischen Widerstand zusammengearbeitet hatte. Die Absicht der Nazirichter, Jungkatholiken und Jungkommunisten gegeneinander auszuspielen, mißlang. Die katholischen Hauptangeklagten und die aus verschiedenen Zuchthäusern nach Berlin gebrachten kommunistischen Jugendfunktionäre bekannten sich zur gemeinsamen Tat gegen die antidemokratische Politik und die Kriegsvorbereitungen des Hitlerregimes. Carola Karg zählte zu jenen, die zur Entlastung von Dr. Rossaint Hauptschuld auf sich nahmen. Als sie während des Prozesses nach den Motiven der Zusammenarbeit gefragt wurde, antwortete sie:

"Nein, Rossaints Haltung war bestimmt von reiner Menschlichkeit und christlicher Nächstenliebe. Gegen die Ziele der Kommunisten hatte er starke religiöse Einwände, aber als Funktionär des Kommunistischen Jugendverbands, der die

Einheit der deutschen Jugend und die Freiheit Deutschlands anstrebt, war es meine Pflicht, auch zur katholischen Jugend Verbindung zu suchen."[10]

Am 15. Februar 1938 kam Carola Karg vom Zuchthaus Jauer in das Zuchthaus Waldheim, wo sie über sieben Jahre inhaftiert war. Mit der Befreiung durch die sowjetischen Truppen öffneten sich auch für sie am 6. Mai 1945 die Zuchthaustore.

Sofort nach der Entlassung begann Carola Karg bei der Überwindung der verheerenden Folgen von Krieg und Faschismus mitzuhelfen. Von Mai bis Dezember 1945 blieb sie in Sachsen. Zunächst arbeitete sie im Antifakomitee der Stadt Chemnitz mit und war später in den Vorständen der KPD in Chemnitz und Dresden vorrangig im Bereich der politischen Aufklärungsarbeit über den Hitlerfaschismus und seine Folgen tätig.

Endlich war es Anfang 1946 soweit, daß sie nach Bayern zurückkehren konnte. Nach wenigen Tagen der Erholung im Kreis ihrer Familie übernahm Carola Karg in der Bezirksleitung der KPD Bayern die Verantwortung für die Frauenarbeit. In dieser Funktion wirkte sie über ein Jahr.

Aufgrund von parteiinternen Auseinandersetzungen mußte sie diese aber 1947 aufgeben. Auf Vorschlag von Dr. Rossaint übernahm sie die Aufgaben der Geschäftsführerin des Bundes christlicher Sozialisten. An dieser Stelle arbeitete sie bis 1949.

1947, bei Gründung der Vereinigung der Verfolgten des Naziregimes, zählte Carola Karg zu den ersten Mitgliedern in Bayern. Von 1950 bis 1952 stand sie hier als Landessekretärin mit an der Spitze der VVN.

Zwischen 1952 und 1958 wurde sie weitgehend von der Tätigkeit der VVN, wie schon vorher der KPD, ausgeschlossen. Die Vergangenheit aus dem Dritten Reich hatte die Frau eingeholt. Ihre Eltern und sie selbst schrieben zwischen 1939 und 1942 mehrere Gnadengesuche, um eine vorzeitige Entlassung aus dem Zuchthaus zu erreichen. In den Gesuchen von Carola Karg aus den Jahren 1940 und 1941 sind Äußerungen enthalten, die den Schluß zulassen können, daß sie ihre antifaschistische Überzeugung aufgegeben habe. Die Nazibehörden sahen dies anders und waren deshalb auch nicht bereit, einer vorzeitigen Entlassung aus der Haft zuzustimmen. Ab 1936 hatte sie bei Verhören auch Aussagen gemacht, die gegen andere Nazigegner belastend wirken konnten. 1943 verbesserten sich für Carola Karg die Haftbedingungen im Zuchthaus Waldheim. Dies hing damit zusammen, daß ihr aufgrund der buchhalterischen Fähigkeiten im Bereich der Verwaltung der Wäsche- und Kleiderkammer selbständige Aufgaben übertragen wurden.

Diese Tatsachen sind später bei Überprüfungen durch die KPD gegen Carola Karg verwandt worden. Sie wurde wegen "Verrats" aus der Partei ausgeschlossen, und es wurde durch die KPD auf die VVN eingewirkt, sich von ihr zu trennen.

Sicher hat die junge Frau unter den sehr harten Bedingungen der Haft Fehler gemacht und daher ist zunächst die Distanz mancher Kommunisten verständlich. Entscheidend für ein ausgewogenes Urteil sind aber wohl zwei Dinge: daß nach 1945 niemand bezeugen konnte, daß Carola Karg in der Haft anderen geschadet hatte. Im Gegenteil, ausländische Gefangene berichteten darüber, wie ihnen Carola Karg geholfen hatte. Schwer wiegen weiter bei der Beurteilung ihrer Persönlichkeit ihr Auftreten und ihr Verhalten zwischen 1945 und 1985. In vielfältiger Weise belegte sie durch die Tat, wie ernst es ihr war, alles dafür zu tun, daß von Deutschland nie wieder Krieg und Faschismus ausgehen, daß endlich stabile demokratische Verhältnisse entstanden. Durch ihr Beispiel hat sie viele, vor allem junge Menschen überzeugt.

Besonders schwer war es für Carola Karg, als sie von ihren Genossen und vielen Freunden fast völlig allein gelassen wurde. In dieser Situation halfen ihr besonders Dr. Rossaint und das Vertrauen von antifaschistisch eingestellten Sozialdemokraten in der Münchner Stadtverwaltung.

Entsprechend ihren Fähigkeiten auf verwaltungstechnischem Gebiet bekam Carola Karg Arbeit als Angestellte in der Stadtverwaltung. Hier war sie bis zu ihrer Pensionierung im Jahre 1970 tätig.

Nach den politischen Veränderungen in der Sowjetunion, nach dem Tode von J. W. Stalin und dem XX. Parteitag der KPdSU gelang es Carola Karg, die Unrichtigkeit der Anschuldigungen gegen sie zu beweisen. Ab 1958 konnte sie wieder im Landesvorstand der VVN in Bayern mitarbeiten. Später wurde sie auch erneut in die KPD aufgenommen, und 1969 schloß sie sich der DKP an.

Zu den wichtigsten Erfahrungen ihres Lebens zählte, daß einzelne Parteien und Organisationen nicht allein eine erneute Rechtsentwicklung verhindern können, sondern daß ein breites Bündnis über soziale, weltanschauliche und politische Grenzen hinweg dafür erforderlich ist. Für dieses Ziel hat sie sich intensiv eingesetzt. Dies geschah u. a. ab 1959 in der Gruppe der Verfolgten des Nationalsozialismus, die in der Münchner Stadtverwaltung bestand. Der größte Teil der 241 damals hier Tätigen ehemals Verfolgten waren Sozialdemokraten oder kamen aus dem christlichen Widerstand bzw. stammten aus jüdischen Familien. Nur 16 von ihnen gehörten der VVN an. Eine mehrjährige vertrauensvolle Zusammenarbeit in dieser Gruppe schuf 1963 in Bayern mit die Basis dafür, eine übergreifende Arbeitsgemeinschaft Bayerischer Verfolgtenorganisationen (ABV) zu bilden. In ihr wirkten folgende Verbände zusammen: Arbeitsgemeinschaft politisch verfolgter Sozialdemokraten, Auschwitz-Komitee, Bayerische Notgemeinschaft der durch die Nürnberger Gesetze Betroffenen e. V., Bund der Opfer des Faschismus e. V., DGB Landesbezirk Bayern, Freiheitsaktion Bayern (FAB), Landesverband der Israelitischen Kultusgemeinden Bayern, die Lagergemeinschaften Buchenwald, Dachau und Ravensbrück, der Landesrat für Freiheit und Recht, der Verband der jüdischen Verfolgten e. V., Vereinigung der Verfolgten des Naziregimes (VVN) und der Zentralverband demokratischer Widerstandskämpfer und Verfolgtenverbände e. V..

Carola Karg zählte zu den Gründungsmitgliedern der ABV und hat jahrelang deren Tätigkeit mit geprägt. Ihr Name ist mit vielfältigen Initiativen verbunden. Besonders oft traf sie sich mit jungen Menschen, um ihnen über die Zeit des Faschismus und des Widerstands zu berichten. Häufig war sie gern gesehener Gast an Schulen.

1968/69 entstand in der Bundesrepublik eine neue Situation. Die zahlreichen Fragen junger Menschen zur Geschichte, insbesondere zur NS-Zeit boten den Organisationen der Antifaschisten neue Möglichkeiten, sich diesen Herausforderungen zu stellen. Carola Karg gehörte zu den Persönlichkeiten, die sich ihrer Verantwortung bewußt waren, vor allem zur gründlicheren Erforschung der Geschichte des Widerstands und der Verfolgung Andersdenkender zwischen 1933 und 1945 beizutragen.

In engem Kontakt mit dem Präsidium der VVN in Frankfurt am Main waren Carola Karg und andere Angehörige der ABV an der Entstehung der ersten zentralen Ausstellung in der Bundesrepublik zum Thema "Antifaschistischer Widerstand 1933 - 1945" beteiligt, die am 7. März 1971 in der Paulskirche in Frankfurt am Main eröffnet wurde.

München war eine der ersten Städte, wo diese Ausstellung anschließend gezeigt wurde. Unter der Leitung von Carola Karg war aus diesem Anlaß ein zusätzlicher Teil "Streiflichter des Widerstandes in Bayern" entstanden. Vom 14. April bis 1. Mai 1971 war die Ausstellung im Stadtmuseum München zu sehen. Bei der Eröffnung hatte der Vorsitzende der Arbeitsgemeinschaft Bayerischer Verfolgtenorganisationen, Werner Krumme, zur Begrüßung gesprochen, bevor Oberbürgermeister Hans-Joachim Vogel das Wort ergriff.

Die Ausstellung wurde zu einem vielbeachteten Ereignis in Bayern. Sicher gab sie mit den Anstoß dafür, die bisher vernachlässigten Forschungen zu Widerstand und Verfolgung in Bayern zu forcieren. Von der Leitung der ABV hatten Werner Krumme, Senator a. D. Ludwig Linsert und Carola Karg vorrangigen Anteil daran, daß sich am 21. Februar 1972 ein "Beirat zur Erforschung der Geschichte des Widerstandes und der Verfolgung 1933 - 1945 in Bayern" im Rahmen der ABV bildete. In ihm arbeiteten Vertreter folgender Verbände und Institutionen mit: der ABV, der DGB, der Verband jüdischer Verfolgter, die Israelitische Kultusgemeinde, die KZ-Gedenkstätte Dachau, das Erzbischöfliche Ordinat, das Evangelische Landesarchiv und die Münchner Schulbehörde. Zum Vorsitzenden des Beirats wurde Ludwig Linsert bestimmt. Carola Karg war zunächst Mitglied des Beirats und später dessen Sekretärin.

In Vorbereitung der Gründung hatten im Juli bzw. September 1971 Gespräche mit dem bayerischen Kultusminister Dr. Maier und dem Generaldirektor der Staatlichen Archive Bayerns, Dr. Zittel, stattgefunden. Die ABV erfuhr Verständnis und Unterstützung für ihr Vorhaben, "endlich die Geschichte des Widerstands und der Verfolgung in der NS-Zeit zu erforschen"[11]. Nach mehrfachem Drängen des Forschungsbeirates der ABV erteilte die Landesregierung 1973 entsprechende Aufträge an des Münchner Institut für Zeitgeschichte und an die Generaldirektion der Bayerischen Staatsarchive. 1973 begann das auf fünf Jahre geplante Projekt, für das die Landesregierung jährlich 200000 DM bereitstellte.

Am 13. Juni 1973 legte der Direktor des Münchner Instituts für Zeitgeschichte, Prof. Dr. Martin Broszat, seine "Gutachterliche Stellungnahme zu dem Projekt 'Widerstand und Verfolgung in Bayern 1933 - 1945'" vor, in der es einleitend heißt:

"Die Bayerische Staatsregierung und der Bayerische Landtag machten sich die von der Arbeitsgemeinschaft Bayerischer Verfolgtenorganisationen ausgehende Anregung zu eigen, den Ereigniskomplex 'Verfolgung und Widerstand in Bayern 1933 - 1945', der bisher durch die zeitgeschichtliche Forschung und Literatur noch wenig nachdrücklich untersucht und dargestellt wurde, zum Gegenstand eines mit öffentlichen Mitteln geförderten systematischen Forschungs- und Dokumentationsvorhabens zu machen."[12]

Das wichtigste Ergebnis dieses Projekts war sicher die zwischen 1977 und 1983 unter Leitung von Prof. Dr. Broszat erfolgte mehrbändige Publikation "Bayern in der NS-Zeit".

Interessant ist zu wissen, daß die entscheidende Initiative dafür vom Forschungsbeirat der ABV ausging.

Am 15. Oktober 1973 hatte sich erstmalig im Institut für Zeitgeschichte der Forschungsbeirat der ABV und die "Ständige Kommission" für das Forschungsvorhaben getroffen. Dem letzteren Gremium gehörten Prof. Dr. Broszat, Dr. Zittel, Ludwig Linsert und als Vertreter des Kultusministers Dr. Dünninger an. An der Beratung im Oktober, wo Prof. Broszat über das Gutachten, die Planung und Durchführung des Forschungsvorhabens sprach, nahm auch Carola Karg als Sekretärin der ABV teil. In dieser Funktion hat sie in den folgenden Jahren das Forschungsprojekt intensiv unterstützt und sich gleichzeitig für eine selbständige Arbeit des Forschungsbeirates der ABV eingesetzt.

Ihr besonderes Interesse galt der Vorbereitung einer Ausstellung, die bereits vor Abschluß des Gesamtvorhabens die Möglichkeit bot, vor allem junge Menschen mit der Geschichte des Dritten Reiches und des Widerstands bekanntzumachen. 1974 und 1975 wurde sehr konzentriert für dieses Ziel gearbeitet. An der Spitze dieses Kreises standen Carola Karg und Clara Huber. Die Gestaltung der Ausstellung übernahmen die beiden Diplomarchitekten Thomas Dannenberg und Michael Steiner.

Am 9. November 1975 war es endlich soweit, daß im Münchner Stadtmuseum die Ausstellung "Widerstand und Verfolgung in Bayern 1933 - 1945" eröffnet werden konnte. Wegen des großen Interesses wurde die ursprünglich geplante Öffnungszeit dreimal verlängert. Insgesamt kamen in fünf Monaten Zehntausende Münchner an diesen Ort umfassender Information und Erinnerung. Im Jahre 1976 ging die Ausstellung in die Städte Erlangen, Dachau, Regensburg und Kempten. 318 Schulklassen mit ihren Lehrern waren unter den Besuchern. 1977 kamen die Städte Bamberg, Coburg, Bayreuth, Aschaffenburg, Schweinfurth, Augsburg, Kaufbeuren und Memmingen hinzu.

Zehn Jahre, von 1975 bis 1985 begleiteten Carola Karg und Clara Huber die Ausstellung. Zahlreiche Führungen wurden von ihnen geleitet. Viele Begegnungen mit Schulklassen, Lehrern und anderen Jugendgruppen fanden statt.

Die Gästebücher der Ausstellung sind ein interessantes Zeugnis der positiven Aufnahme durch viele, vor allem junge Menschen. Als Beispiel sei das Gästebuch aus Aschaffenburg vom Mai 1975 genannt:

"Besonders beeindruckt haben mich die Menschen, die trotz Verfolgung und vorhersehbarem Tod aktiv Widerstand leisteten. es wäre bitter nötig, nicht nur reine Geschichtsdaten, sondern auch Informationen über die Hintergründe der Machtergreifung Hitlers an den Schulen, besonders Haupt- und Berufsschulen zu vermitteln. Bei ungenügender Kenntnis der Vergangenheit kann es leichter zur Wiederholung kommen. Christine Rauch, 23 Jahre"[13]

"Die jungen berufstätigen Schüler verfolgten mit großem Interesse die Erklärungen über das dunkelste Kapitel der deutschen Geschichte. Auch die heutige Jugend denkt nicht nur in den Klischees, die meist von ihr propagiert werden.
Bauschlosserklasse 1"[14]

"Auch für Aschaffenburg und Umgebung wäre es notwendig, die Zeit durch Erforschung des lokalen Widerstandes aufzuarbeiten und zu verarbeiten. Vielleicht könnten ehemalige Widerstandskämpfer in Zusammenarbeit mit Presse und Stadtarchiv die Initiative ergreifen. Wie wichtig dies wäre, hat mir gerade während des Ausstellungsbesuchs die Reaktion eines Besuchers gezeigt. Was notwendig ist: Bewußtmachung und Verarbeitung der Vergangenheit, nicht Verdrängung. Dazu verhilft die Ausstellung in vorbildlicher Weise.
R. Klingenbach, 25 Jahre"[15]

"Die Klasse I 3f der kaufmännischen Berufsschule bedankt sich bei Frau Karg sehr herzlich für die überaus eindrucksvollen Ausführungen. Ich bin überzeugt, daß jeder Schüler über das eine oder andere Ereignis von 1933 - 1945 nachsinnen wird.
St. Firsching, Klassenlehrer"[16]

Trotz eines schweren Herz- und Kreislaufleidens hat Carola Karg die Ausstellung fast zehn Jahre mit großem Engagement und Freude begleitet. An ihre Freunde hat sie immer wieder darüber berichtet.

16. Oktober 1977: "Von der zur Zeit in Augsburg stattfinden Ausstellung sende ich Euch herzliche Grüße. Die Ausstellung ist bisher - eine Woche - sehr erfolgreich. 3470 Besucher, Verkauf von Widerstandsliteratur über 2000 DM."[17]

28. November 1978: "Nach fünf Wochen Lindau/Bodensee bin ich nun in Neu-Ulm mit der Ausstellung. Die Schüler hier, Neu-Ulm, Ulm und aus nahen Orten stürmen die Ausstellung. Ich rede sechs bis acht Stunden am Tag, heißer Zitronensaft und staune manchmal selbst, wo ich noch die Kraft hernehme."[18]

21. Juni 1983: "Bin zur Zeit in meinem Geburtsort heute: Stadt Wolfratshausen, in der die Widerstandsausstellung stattfindet. Großer Andrang von Schulklassen aus dem ganzen Landkreis. Heute hatte ich vier Führungen mit je zwei Klassen, Gymnasiasten und Berufsschüler. Die jungen Lehrer sind sehr engagiert, und ich bin geschafft von dem Streß. Aber es ist sehr notwendig."[19]

Durch die Tätigkeit in der Leitung Bayerischer Verfolgtenverbände und im Landesvorstand der VVN-BdA, vor allem durch die Ausstellung, war der Lebensabend von Carola Karg voll ausgefüllt. Oft ging ihr Einsatz bis an die Grenze der Kräfte. In der wenigen Freizeit erfreute sie sich an der Natur, vor allem an den Bergen ihrer bayerischen Heimat, besuchte Freunde im In- und Ausland. Stark verbunden fühlte sie sich mit Menschen, die wie sie dachten, mit denen sie in verschiedenen Lebensabschnitten für eine neue, friedvolle und gerechte Welt eingetreten war. Besonders befreundet war sie mit Frauen aus der Tschechoslowakei, die sie im Zuchthaus Waldheim kennengelernt hatte oder mit Bekannten aus Moskau, mit denen sie 1931 zusammengetroffen war. Zum engeren Kreis ihrer Freunde zählten Lydia und Ernst Sperling, Louise und Bruno Fuhrmann, Erich Jungmann und Max Spangenberg.

Am 18. April 1985 schrieb Carola Karg aus München an ihre Freundin Lydia Sperling in Berlin:

"Liebste Lydia, sende Dir anbei einige Unterlagen über unsere bzw. meine Aktivitäten zum 8. Mai. Habe für 21 Veranstaltungen zugesagt, in der Zeit vom 10. 4. bis 23. 5.. Für neun Tage habe ich bei der Stadt München durchgesetzt, daß die Widerstandsausstellung vom 8. Mai (mit feierlicher Eröffnung) bis zum 16. Mai im Rathaus gezeigt wird. Da werden die Lehrer mit ihren Klassen wieder strömen. Sind ja nur sechs Schultage. Für November sind dann vier Wochen Ausstellungszeit vorgesehen.

Am 11. Mai bin ich mit beim Protestmarsch in Nesselwang gegen das SS-Treffen."[20]

Am 16. Juni 1985 beging Carola Karg ihren 75. Geburtstag im Kreis guter Freunde. An diesem Tag wurde viel Anerkennendes über ihr antifaschistisches Engagement gesagt und geschrieben.

Leider ist sie schon wenige Wochen später, am 12. August 1985, bei einem Besuch von Lydia Sperling in Berlin-Schmöckwitz gestorben.

Noch am 8. August hatte ihr Bundespräsident Richard von Weizäcker auf einen Brief vom 16. Juli geantwortet, in dem sie ihre Sorge über den zunehmenden Rechtsradikalismus und neonazistische Aktivitäten mitgeteilt hatte. Gleichzeitig brachte sie ihr Unverständnis darüber zum Ausdruck, daß dem Widerstand, vor allem aus der Arbeiterbewegung, zu wenig Beachtung geschenkt werde. In dem Schreiben hatte sie auch über ihre Erfahrungen in Verbindung mit der Ausstellung "Widerstand und Verfolgung in Bayern 1933 - 1945" berichtet.

Richard von Weizäcker schrieb ihr:

"Ihre großen Bemühungen, mit Hilfe einer mobilen Ausstellung die Erinnerung an diejenigen wachzuhalten, die sich zwischen 1933 und 1945 unter hohen persönlichen Opfern dem Unrecht entgegenstellten, sind aller Anerkennung wert.

Der Mut, die unbeugsame Gewissenhaftigkeit und das tiefe Verantwortungsbewußtsein dieser Menschen sollten allen Deutschen ein stets lebendiges Vermächtnis sein."[21]

Anmerkungen

1 Zit. nach: Katalog zur Ausstellung "Widerstand und Verfolgung in Bayern 1939 - 1945", München 1976, S. 3

2 Ebenda, S. 8

3 Ebenda, S. 4

4 Der Verf. war von 1964 bis 1985 mit Carola Karg bekannt. Auf seine Anregung hat sie in der ersten Hälfte der 80er Jahre umfangreiche autobiographische Aufzeichnungen angefertigt, die durch den Tod am 12. August 1985 nicht vollendet werden konnten. Der vorliegende Text fußt weiter auf Quellen aus dem Bundesarchiv Koblenz, dem ehemaligen Zentralen Staatsarchiv Potsdam, dem ehemaligen Zentralen Parteiarchiv der SED in Berlin, dem Hauptstaatsarchiv Düsseldorf sowie einer umfangreichen Korrespondenz des Verf. mit C. Karg. Vgl. auch: Berta Carola Karg. Mein Kampf gegen die braune Diktatur, in: Richard Löwenthal/Patrik von zur Mühlen (Hg.). Widerstand und

Verweigerung in Deutschland 1933 - 1945, Berlin, Bonn 1982, S. 102 ff.

5 Unter Freunden entstand später aus dem Namen Carola das vertrautere Rola.

6 Vgl. Manfred Weißbecker. Gegen Faschismus und Kriegsgefahr. Ein Beitrag zur Geschichte der KPD in Thüringen von 1933 - 1935, Erfurt 1967, S. 98 ff.

7 Eine Kopie des Berichts befindet sich im Besitz des Verf.

8 Eine Kopie des Briefes befindet sich im Besitz des Verf.

9 Zit. nach der Kopie des Urteils, S. 24 f. Vgl. Hauptstaatsarchiv Düsseldorf, RW 58, 2202

10 Zit. nach: Karl Heinz Jahnke. Jungkommunisten im Widerstandskampf gegen den Hitlerfaschismus, Berlin 1977, S. 238

11 Eine Kopie des Protokolls befindet sich im Besitz des Verf.

12 Prof. Dr. Martin Broszat "Gutachterliche Stellungnahme zu dem Projekt 'Widerstand und Verfolgung in Bayern 1933 - 1945'", München, 13. Juni 1973, S. 1. Eine Kopie befindet sich im Besitz des Verf.

13 Eine Kopie des Textes befindet sich im Besitz des Verf.

14 Ebenda

15 Ebenda

16 Ebenda

17 Carola Karg an den Verf., Augsburg, 16. 10. 1977

18 Carola Karg an den Verf., Neu-Ulm, 28. 11. 1978

19 Carola Karg an den Verf., Wolfratshausen, 21. 6. 1983

20 Eine Kopie des Briefes befindet sich im Besitz des Verf.

21 Eine Kopie des Briefes befindet sich im Besitz des Verf.

Carola Karg in der Illegalität,
Eisenach, Februar 1933

Letzte Strenge gegen Hochverräter

15 Jahre Zuchthaus für eine kommunistische Jugendfunktionärin

Berlin, 25. Juni

Der Volksgerichtshof verkündete am Dienstag das Urteil gegen eine kommunistische Jugendfunktionärin, das mit Rücksicht auf die Höhe der verhängten Strafe besondere Beachtung verdient. Die 24jährige Bertha Karg aus München erhielt wegen Vorbereitung zum Hochverrat 15 Jahre Zuchthaus und zehn Jahre Ehrverlust. Außerdem wurde die Polizeiaufsicht gegen sie ausgesprochen.

Die Angeklagte, eine fanatische Kommunistin, war in der Reichsleitung des illegalen kommunistischen Jugendverbandes tätig und hat am Wiederaufbau der zerschlagenen Parteiorganisation in den drei Bezirken Groß-Berlin, Baden und Pfalz sowie Düsseldorf und Niederrhein bis zu ihrer Festnahme gearbeitet. Die Weisungen für ihre staatsfeindliche Wühlarbeit erhielt sie von einem Beauftragten des Zentralkomitees der K.P.D., den sie in Paris aufsuchte. Es handelt sich um einen berüchtigten Emigranten, der vom sicheren Hinterhalt im Auslande her sein ehemaliges Vaterland bekämpft und versucht, die Organisation der K.P.D. wieder aufzurichten.

Die Angeklagte hat sich, so führte der Vorsitzende bei der Urteilsbegründung aus, dadurch, daß sie sich mit diesem üblen Staatsfeind einließ, außerhalb der Volksgemeinschaft gestellt. Der Vertreter der Reichsanwaltschaft hatte sogar lebenslängliches Zuchthaus beantragt.

Dieses neue Urteil des Volksgerichtshofes steht im Zeichen der verschärften Strafbestimmungen, die in besonders schweren Fällen sogar die Todesstrafe für Hochverrat ermöglichen. Es beweist erneut, daß der Volksgerichtshof gewillt ist, die ihm übertragenen Aufgaben, sich schützend vor den neuen Staat zu stellen, bis zur letzten Konsequenz durchzuführen. Irgendwelche Milde ist bei Angeklagten vom Schlage der jetzt abgeurteilten Funktionärin nicht am Platze, da sie aus ihrer staatsfeindlichen Gesinnung nicht den geringsten Hehl machte und auch die Strafe vollkommen kalt aufnahm. Das Urteil dürfte seine abschreckende Wirkung nicht verfehlen und noch für die K.P.D. arbeitenden Elementen vor Augen führen, daß es besonders gefährlich ist, mit den Emigranten im Auslande Verbindung zu unterhalten und die deutsche Jugend mit ihren Lehren zu vergiften.

"Münchener Zeitung", 26. Juni 1935

Carola Karg bei einer Führung durch die Ausstellung, Coburg, März 1977
(Neue Presse, Coburg, 19. März 1977)

Samstag, 21. Mai 20,00 Uhr Sitzungssaal des Rathauses	Junge Bühne der VHS: "Zwischen Hoffnung und Resignation". Widerstand und Verfolgung in Zeugnissen der Literatur.
Montag, 23. Mai 20,00 Uhr Saal des Ratskellers	Fritz Oswald, Aschaffenburg "Sie haben gewarnt - wir haben gelacht". Deutsche Satire zwischen zwei Weltkriegen.
Donnerstag, 26. Mai 20,00 Uhr Großer Saal des Martinushauses	Direktor Lutz, Würzburg "Kristallnacht. Und kein neuer Morgen ?" Jüdische Leidensschicksale - Gleichnis und Anruf in der Literatur. (Gemeinsam mit dem Martinushaus).

Aus dem Begleitprogramm der Ausstellung in Aschaffenburg, Mai 1977

Aus einem Bericht von Carola Karg und Clara Huber an die Arbeitsgemeinschaft Bayerischer Verfolgtenorganisationen über die Ausstellung "Widerstand und Verfolgung in Bayern 1933-1945", München, 1. Dezember 1976.

Abgesehen von einer mehrjährigen Forschungsarbeit und Sammlung von Dokumenten durch die Kameradin Karg, wurde die Dokumentation innerhalb von 5 Monaten erarbeitet. Von einem kleinen Arbeitsteam mit dem ständigen wissenschaftlichen Mitarbeiter Werner Präg, wurden aus 26 Archiven (einschließl. verschiedener Stadtarchive) das Dokumentarmaterial für die Ausstellung zusammengetragen und die Texte erarbeitet.

Eine starke Unterstützung wurde uns bei der Vorbereitung durch den Studienkreis zur Erforschung und Vermittlung der Geschichte des Widerstandes (Kamerad Oppenheimer) zuteil. Durch ihn erhielten wir entscheidendes Dokumentenmaterial für den historischen Teil der Ausstellung: "Der Weg des Nationalsozialismus zur Macht". Außer dem Archivmaterial erfuhren wir auch noch eine gute Unterstützung durch die Archive der Katholischen und Evangelischen Kirche, der Israelitischen Kultusgemeinden, der VVN und des Bildungsreferates der SPD-Bezirk Südbayern.

Mehr als 10.000 Dokumente wurden gesichtet und daraus ca. 2.500 für die Ausstellung verwendet. Die ausgewählten Dokumente vermitteln in etwa einen Überblick über die Tätigkeit von 14 bayerischen Widerstandsgruppen und der Verfolgung von 1933-1945 in Bayern.

Die Auswahl der Dokumente und Erarbeitung des Exposés für die Widerstandsausstellung wurde von einer durch die ABV gebildeten Ausstellungskommission, der Vertreter der wichtigsten bayerischen Widerstandsgruppen und der Verfolgten angehörten, vorgenommen. Die Ausstellungskommission wurde von Kam. Karg als Verantwortliche der ABV geleitet. ...

Die Ausstellung wurde am 9. November 1975 (Kristallnacht!) im Stadtmuseum München eröffnet und mit dreimaliger Verlängerung dort gezeigt; insgesamt 5 Monate.

Danach fand die Ausstellung in weiteren 5 Städten: Erlangen, Dachau, Regensburg, Rosenheim und Kempten, statt.

Rund 90.000 Besucher, darunter 70-80% Jugendliche, haben die Widerstandsdokumentation besichtigt. Nebst dem großen Interesse junger Menschen, die oft buchstäblich jedes einzelne Dokument studieren, zeigten sich auch die Lehrkräfte sehr interessiert und anerkannten dankbar, daß sie durch die Ausstellung und Katalog endlich Quellenmaterial für den Geschichts- und Sozialkundeunterricht erhielten. Insgesamt haben 318 Schulklassen die Ausstellung besucht, mit größtenteils Führungen durch Widerstandskämpfer. Solche Führungen nahmen durch die vielen interessierten Fragen von Schülern und Jugendlichen oft Seminarcharakter an. Der Besuch der Schulklassen wäre zweifelsohne noch höher gewesen, wenn nicht die Oster- und Pfingstferien in die Ausstellungszeit gefallen wären, oder wie in Regensburg: Hitzeferien (Juli 1976 große Hitze!).

In München und Regensburg haben auch viele Ausländer die Ausstellung besucht und ihr große Anerkennung gezollt. Viele wußten nicht, daß es soviel und so breiten

Widerstand in Deutschland gegeben hat. Ins Besucherbuch schrieben viele, daß die Ausstellung auch in ihrem Land (England, Frankreich, Belgien, Niederlande, Schweiz, etc) gezeigt werden sollte.

Von vielen jungen Besuchern und Schülern, die bisher von Nationalsozialismus und Widerstand noch nie etwas gehört hatten, wurde die Ausstellung mit großem Interesse besichtigt. In vielen Eintragungen im Besucherbuch bezeichnen sie die Widerstandskämpfer als ihr Vorbild, dem sie nacheifern wollen.

Die hundertfachen Eintragungen im Besucherbuch sind oft erschütternde und tiefgreifende Aussagen von jungen Menschen über das Wissen und die Information, die ihnen die Ausstellung vermittelte, der Bezug zur politischen Gegenwart in der BRD, die Notwendigkeit, die Lehren aus dieser Vergangenheit zu ziehen, wachsam gegen neue autoritäre Bestrebungen und Maßnahmen, die dem Grundgesetz und der Verfassung widersprechen, zu sein, und insbesonders gegen neonazistische und revanchistische Forderungen und Aktionen engagierter zu werden in der Verteidigung der Demokratie und des Friedens, das ist vielfach der Tenor der Eintragungen der jungen Menschen, das Fazit, das sie aus dem Ausstellungsbesuch gezogen haben. Die älteren Besucher bestätigen vielfach die Dokumentation als sachlich, lehrreich und notwendig. Sie mahnen: die Lehren aus dieser Vergangenheit zu ziehen, für ein "Nie wieder!" ...

26 bayerische Städte wurden durch Werbeschreiben mit Unterlagen am 12. Dezember 1975 und 21. September 1976 zwecks Übernahme der Ausstellung angeschrieben. 18 Städte haben positiv reagiert und die Ausstellung angefordert. Unsere Initiative wurde durch Rundschreiben von SPD-Gabert und DGB-Senft an die jeweiligen Organisationen in den Städten unterstützt. So forderten vielfach SPD-Stadträte und Gewerkschaftsfunktionäre in den Städten die Ausstellung. Die Ausstellung ist für 1977 bereits ausgebucht und auch schon von Städten für 1978 angefordert.

Terminplan für 1977:
Bamberg 27. Februar - 16. März 1977
Coburg 19. März - 3. April "
Bayreuth 14. April - 6. Mai "
Aschaffenburg 11. Mai - 27. Mai "
Schweinfurt 15. Juni - 3. Juli "
Sommerferien
Augsburg 7. Oktober - 31. Oktober 1977
Kaufbeuren erste Novemberhälfte "
Memmingen 25. 11. - 11. oder 18.12.1977
Bestellt für 1978 haben die Städte: Lindau, Ingolstadt, Passau.

Abschließend kann festgestellt werden, daß die Arbeitsgemeinschaft Bayerischer Verfolgtenorganisationen durch die Widerstandsausstellung in Bayern und darüber hinaus auch in anderen Bundesländern und im Ausland sehr bekannt geworden ist und als ein positiver Faktor in der politisch-demokratischen Willensbildung gewertet wird.

Archiv des Verfassers

Auszüge eines Briefes von Prof. Dr. Konrad Löw an die Stadtverwaltung Bayreuth, Bayreuth, 28. April 1977.

Als Sohn eines Widerstandskämpfers gegen das Dritte Reich protestiere ich gegen die Ausstellung "Widerstand" und bitte, umgehend zu veranlassen, daß sie umgestaltet oder geschlossen wird.

Die Ausstellung zeigt u.a. Rupert Mayer, Emil Muhler und Johannes Neuhäusler. Mit ihnen hat mein Vater in den Jahren der NS-Diktatur vertrauensvoll zusammengearbeitet. J. Neuhäusler nennt in einem Schreiben meinen Vater "einen meiner eifrigsten und zuverlässigsten Berichterstatter und Mitkämpfer ... Wo immer ich ihn benötigte ... stellte er sich bereitwillig und oft auch unter großen Gefahren zur Verfügung, gewann auch andere Mitarbeiter und erstattete seine Berichte mit großer Genauigkeit und Schnelligkeit."

Nicht nur von meinem Vater, sondern auch von den anderen eben Erwähnten weiß ich es mit absoluter Gewißheit, daß sie jede Form des Totalitarismus, gleich ob nationalsozialistischer oder kommunistischer Natur, mit der gleichen Entschiedenheit abgelehnt und bekämpft haben. Das kann ich anhand von Dokumenten belegen ...

Wären 1933 anstelle der Nationalsozialisten die Kommunisten an die Macht gekommen, die vier eben erwähnten Persönlichkeiten hätten voraussichtlich ein mindestens ebenso schlimmes Schicksal erdulden müssen. Das, wofür sie gekämpft haben, das, wofür die Geschwister Scholl und ihre Freunde gestorben sind und Graf Stauffenberg unter Preisgabe seines Lebens den Tyrannenmord gewagt hat, hat nichts, gar nichts gemeinsam mit den Zielsetzungen der Kommunisten, die dort einem ahnungslosen Publikum als Mitstreiter vorgeführt werden.

Die Mitglieder der KPD von damals standen nicht minder im Dienste der KPdSU wie die Mitglieder der DKP heute. Die KPD hat im Verein mit der NSDAP bis 1933 alle demokratischen Parteien bekämpft, getreu die Weisungen Stalins befolgend, der dann 1939 zusammen mit Hitler den Überfall auf Polen geplant und durchgeführt hat. Dieser Stalin, das anerkannte Oberhaupt der Kommunisten, die in dieser Ausstellung verherrlicht werden, hat noch mehr Menschen auf dem Gewissen als Hitler ....

Würden nur die Bilder so grundverschiedener Widerstandskämpfer ohne Nennung der wesentlichen Unterschiede gezeigt, wäre das allein schon höchst bedenklich. Wer aber liest, was die Veranstalter teils aus Unverstand, teils aus kommunistischer Zielsetzung heraus an Erläuterungen bieten, kann, wenn er diese Gegebenheiten durchschaut, nicht umhin, gegen den Mißbrauch des Andenkens demokratischer Persönlichkeiten schärfstens zu protestieren. Die am Ausgang angebotene Literatur beseitigt jeden Zweifel, wer die Drahtzieher sind. Fast ausschließlich wird kommunistische oder krypto-kommunistische Literatur angeboten, wie ich auf Wunsch gerne im Detail nachzuweisen bereit bin.

Ich wiederhole meinen eingangs gestellten Antrag und erkläre offen, daß ich jeden, der diese Ausstellung in der jetzigen Form fördert, einen bewußten oder leichtfertigen Förderer kommunistischer Zielsetzungen nennen werde. In der Hoffnung, mit Ihnen eins zu sein im Kampf für die Erhaltung der freiheitlichen demokratischen Grundordnung ...

Nordbayerischer Kurier (Bayreuth), 6. Mai 1977.

Antwort des Vorsitzenden der Arbeitsgemeinschaft Bayerischer Verfolgtenorganisationen Dr. Dr. Ernst Bornschein an Professor Dr. Konrad Löw, Bayreuth, 2. Mai 1977.

Sehr geehrter Herr Prof. Dr. Löw!
Uns wurde Ihr Protestschreiben an die Stadtverwaltung Bayreuth betr. Ausstellung Widerstand, das im "Nordbayerischen Kurier" veröffentlicht wurde, zugeleitet.

Die Arbeitsgemeinschaft Bayerischer Verfolgtenorganisationen möchte Ihnen hierzu im nachstehenden folgende Fakten zur Kenntnis geben:

1. Die Ausstellung "Widerstand und Verfolgung in Bayern von 1933 - 1945" vermittelt in ihren Dokumenten, Bildern und Schriften den von 14 Gruppen und Kreisen geleisteten Widerstand in Bayern von 1933 - 1945. Diese Darstellung entspricht der historischen Wahrheit.

2. Die im Ausstellungskatalog aufgeführte Ausstellungskommission, gebildet aus Historikern und Vertretern ehem. Widerstandsgruppen und -kreise, haben das Exposé der Widerstandsdokumentation erarbeitet und beschlossen.

Der Ausstellungskommission gehören u.a. an:
Prälat Anton Maier, Leiter der Presseabteilung des Erzbischöflichen Ordinariates München-Freising, Dr. Helmut Baier, Direktor des Evangel. Landeskirchlichen Archivs Nürnberg, die Präsidenten der Israelitischen Kultusgemeinden Bayerns und Münchens, Rechtsanwalt Dr. Rupprecht Gerngroß von der "Freiheitsaktion Bayern", Rechtsanwalt Dr. Berthold vom Zentralverband Demokrat. Widerstandskämpfer, eine Organisation vorwiegend christlicher Widerstandskämpfer.

Alle diese Vertreter von Widerstands- und Verfolgtenorganisationen einschließlich der Historiker lehnten und lehnen es ab, eine der größten und aktivsten Widerstandsgruppen, die damalige KPD mit ihren tausenden von Opfern, aus der Dokumentation zu streichen. Dies wäre nicht nur eine Verfälschung der Geschichte des Widerstandes in Bayern, sondern auch eine Diskriminierung zehntausender von Menschen, die im bewußten Widerstand gegen das Naziregime ihr Leben eingesetzt und oftmals verloren haben. Ihre Forderung, Herr Prof. Dr. Löw, den geschichtlichen Widerstand der KPD aus der Ausstellung zu entfernen, betrachten wir als eine beleidigende und unzumutbare Forderung für jeden Widerstandskämpfer. Diese haben in der Zeit der Not und Verfolgung von 1933 - 1945 niemals danach gefragt, welcher ehemaligen Parteirichtung, welcher Weltanschauung oder Konfession der andere angehört oder angehörte. Sie waren solidarische, verschworene Gemeinschaft gegen ein unmenschliches Terrorsystem.

3. Die Widerstandsausstellung wurde ermöglicht und unterstützt durch Zuschüsse und Spenden der Bayerischen Staatsregierung (Staatskanzlei), durch eine hohe Spendensumme des Erzbischöflichen Ordinariates München-Freising und anderer demokratischer Behörden, Organisationen und Institutionen.

4. Die Ausstellung wurde seit dem 09. November 1975 bisher in n e u n bayerischen Städten gezeigt, und sowohl von den Bürgermeistern und den Stadträten, ganz gleich ob der CSU oder der SPD angehörend, als auch den rund 100.000 Besuchern als eine sachlich

objektive Darstellung anerkannt und begrüßt; dies übrigens auch von in- und ausländischen Historikern als Fachleuten.

Die Arbeitsgemeimschaft Bayerischer Verfolgtenorganisationen ist über Ihren Antrag an die Bayreuther Stadtverwaltung außerordentlich befremdet. Es ist uns leider nicht bekannt, welcher Widerstandsgruppe Ihr Vater angehörte. Es widerspricht aber allen unseren Erfahrungen, annehmen zu müssen, daß er als Widerstandskämpfer einer solchen Trennung in gerechte und ungerechte Nazigegner zugestimmt hätte.

Ihre Argumentation, Herr Prof. Dr. Löw, wonach mit der Darstellung des Widerstandes der KPD gegen den Nationalsozialismus kommunistische Zielsetzungen gefördert werden, müssen wir ebenso als falsch wie abwegig zurückweisen. Eine solche Argumentation haben wir bisher nur von Vertretern rechtsextremistischer Organisationen zu hören bekommen.

Es ist für uns unverständlich, daß ein Professor für Politologie und Inhaber eines Lehrstuhls sich zu solch einer unverantwortlichen Beschuldigung hinreißen läßt, die nicht nur uns, die Arbeitsgemeinschaft Bayerischer Verfolgtenorganisationen treffen soll, sondern auch alle jene, die unterstützend an dieser Widerstandsausstellung mitwirkten. Wir müssen es Ihrem politischen Klarblick überlassen, ob Sie auch Herrn Kultusminister Maier oder alle anderen Persönlichkeiten, die diese Ausstellung als eine wichtige Grundlage politischer Bildung gefördert haben, als Unterstützer kommunistischer Zielsetzung ansehen.

Sie wollten unserer Ausstellung schaden, Herr Prof. Dr. Löw. Das Gegenteil wurde mit dem Abdruck Ihres Antrages im "Nordbayerischen Kurier" erreicht. Die Besucherzahl hat sich verdreifacht. Die allgemeine Entrüstung der Ausstellungsbesucher, wie sie sich auch in den Eintragungen in unserem Besucherbuch niederschlägt, beweist, daß Toleranz und demokratisches Bewußtsein in unserem Volk tiefer wurzelt - als bei manchen seiner Professoren.

Archiv des Verfassers.

Prof. Dr. Elfriede Paul (Deutschland)

"Memoiren, Erinnerungen, nicht als wehmütiges, nostalgisch verklärtes Ach-wie-war-es-doch-damals, sondern als Rechenschaftslegung über ein Leben, das begann, als unser Jahrhundert erst wenige Tage alt war...

Jahre voller Aufbegehren, Kampf und Niederlagen, Trauer, Einsamkeit und Siege ohne Triumphe; Gemeinsamkeiten mit Genossen und Kameraden in hellen und in finsteren Stunden. Ein großes Leben, ein erregendes.

Erzieherin, Lehrerin, Werkstudentin der Medizin in Berlin und Wien, an Hochschulen, in denen sich früh der Faschismus ausbreitete.

Ärztin in Berlin-Wilmersdorf 'für bessere' Patienten und selbstlose Fürsorgeärztin im Armenviertel von Berlin-Friedrichshain, Mitstreiterin in der Widerstandsorganisation Schulze-Boysen/Harnack (Rote Kapelle).

Knapp dem Tode entgangen, zu sechs Jahren Zuchthaus verurteilt.

Nach der Befreiung Kreisärztin im niedersächsischen Burgdorf, verantwortlich für die Betreuung von Flüchtlingen. Minister für Aufbau, Arbeit und Wohlfahrt im damaligen Land Hannover in der britisch besetzten Zone.

Später Mitarbeit beim Aufbau der Zentralverwaltung für Gesundheitswesen, schließlich Professor und Institutsdirektor an der Medizinischen Akademie Magdeburg.

Das sind nur einige Stationen in dem unruhigen, tätigen Leben einer Zeitgenossin, die von dieser Zeit geprägt wurde und diese Zeit mit prägen half."[1]

Mit diesem Text warb Anfang 1981 der Militärverlag in Berlin für das Buch von Elfriede Paul "Ein Sprechzimmer der Roten Kapelle".[2]

Wenn nach Persönlichkeiten gesucht wird, die an der Geschichte des 20. Jahrhunderts Anteil hatten, sollte der Name Elfriede Paul nicht fehlen.

Zu Beginn des Jahrhunderts, am 14. Januar 1900, ist Elfriede Paul in Köln geboren wurde. Ihre Eltern, Arthur und Anne Paul, waren nicht wohlhabend und hatten deshalb fast immer Mühe, für sich und die beiden Kinder, Elfriede und die zwei Jahre jüngere Elsbeth, den Unterhalt zu sichern. Köln bot dafür keine günstigen Bedingungen. Gleiches traf auch für Görlitz, die Geburtsstadt des Vaters zu. Erst in Hamburg, woher die Mutter stammte, verbesserte sich die Lage etwas. In Hamburg-Harburg konnte Elfriede Paul auch eine neunklassige Mittelschule und anschließend das Lyzeum besuchen. Ihr Wunsch war es, Lehrerin zu werden. Dies schien zunächst unmöglich zu sein, bis sich dann doch am Kloster St. Johannes eine Ausbildungsmöglichkeit bot.

Nach dem Studium arbeitete Elfriede Paul drei Jahre als Lehrerin für die unteren Klassen bzw. an einer Berufsschule. Anschließend gestattete sie sich eine Wanderschaft durch verschiedene Gebiete Deutschlands. Hauptstationen waren

Hannover, Leipzig, Dresden, Görlitz und Berlin. Ihr Ziel war, unterschiedliche soziale Einrichtungen kennenzulernen und größeren Weitblick zu gewinnen. 1921 fand die junge Frau über Freunde aus der freideutschen Jugendbewegung Anschluß an die Kommunistische Partei Deutschlands.

Nach der Rückkehr in Hamburg gelang es ihr, eine Arbeitsstelle als Leiterin eines städtischen Kinderheims in Groß-Dahlem zu bekommen. Für diese Aufgabe besaß Elfriede Paul die nötigen pädagogischen Kenntnisse und Erfahrungen. Unzufrieden war sie darüber, daß ihr Wissen in medizinischen Fragen, wie der gesundheitlichen Fürsorge, unzureichend war. Um dies zu ändern, belegte sie im Wintersemester 1926/27 Lehrveranstaltungen an der Medizinischen Fakultät der Hamburger Universität. Langsam faszinierte sie die Medizin so, daß sie eine systematische Ausbildung begann. Als sie zum Physikum zugelassen wurde, war es nicht länger möglich, im Kinderheim zu arbeiten. Jetzt nutzte Elfriede Paul die so entstandene Unabhängigkeit, um in anderen Städten, in Berlin und Wien weiter zu studieren. Im Wintersemester 1932/33 war es soweit, daß sie an der Berliner Friedrich-Wilhelm-Universität ihr Examen ablegen konnte. Dies war die Voraussetzung, um als Arzt tätig zu sein. Trotz der hohen Arbeitslosigkeit unter Medizinern gelang es ihr, bei den städtischen Behörden als Schulärztin angestellt zu werden. Zu ihren Aufgaben gehörte auch die medizinische Betreuung von Säuglingen und ihren Müttern.

Aus Interesse an der medizinischen Forschung übernahm Elfriede Paul eine unbezahlte Assistentenstelle im Fachbereich Sozialhygiene der Berliner Universität.

1936 promovierte sie dort mit einer Dissertation zum Thema "Die Beeinflussung der Menstruation durch das Landjahr". Im gleichen Jahr machte sie sich als Ärztin selbständig, indem sie in der Sächsischen Straße in Berlin-Wilmersdorf eine Praxis eröffnete. Ein Hauptgrund für das Ausscheiden aus dem staatlichen Gesundheitswesen bestand in der Weigerung, Mitglied der NSDAP zu werden.

Als Gegnerin des Hitlerregimes unterhielt Elfriede Paul bis 1936 lose Kontakte zu kommunistischen Freunden und anderen Gleichgesinnten. Nachdem sie sich als Ärztin niedergelassen hatte, trat eine neue Situation ein. Der Bildhauer Kurt Schumacher, den sie bereits seit 1923 kannte, und der Journalist Walter Küchenmeister halfen ihr, in Berlin Anschluß an illegal wirkende Antifaschisten zu finden. Ihre Praxis bot einen guten Schutz als Treffpunkt für im Geheimen Tätige. Schrittweise wurde Elfriede Paul in einen größeren Kreis von Gegnern des Dritten Reiches einbezogen, der sich um Dr. Arvid Harnack und Harro Schulze-Boysen sammelte, aus dem die "Rote Kapelle" hervorging. Engen Kontakt fand sie u. a. zu Kurt und Elisabeth Schumacher, zu Harro und Libertas Schulze-Boysen sowie zu Günther Weisenborn. Zwischen ihr und Walter Küchenmeister entstand eine enge persönliche Bindung. Sie half ihm später auch dabei, in der Schweiz einen Kuraufenthalt zu bekommen, um eine Tuberkuloseerkrankung zu heilen. Von Ostern 1939 bis August 1939 fuhr Elfriede Paul dreimal mit ihrem Auto in die Schweiz. Dabei kam es auch in Zürich zu Treffen mit Wolfgang Langhoff und anderen im Schweizer Exil lebenden deutschen Hitlergegnern. Durch diese Kontakte erhielt die Widerstandsgruppe um Schulze-Boysen und Dr. Harnack wichtige Informationen. Im September 1941 fuhr Elfriede Paul ein weiteres Mal in die Schweiz, um Klaus, den Sohn ihres Lebensgefährten Walter Küchenmeister in eine Internat in St. Gallen und damit in Sicherheit zu bringen.

In der Zeit des Zweiten Weltkrieges war Elfriede Paul auch in anderer Weise an der Tätigkeit der "Roten Kapelle" beteiligt. Illegal lebende Antifaschisten betreute sie medizinisch und stellte kostenlos Medikamente bereit. Darüber hinaus waren ihre Praxis und die Wohnung in der Sächsischen Straße 63a eine wichtige Adresse für illegale Treffen.

Als die Gestapo im Sommer und Herbst 1942 die Widerstandsorganisation entdeckte, wurden am 16. September auch Elfriede Paul, Walter Küchenmeister und sein ältester Sohn Rainer verhaftet.

In einem der Prozesse vor dem Reichkriegsgericht waren am 5. und 6. Februar 1943 neben Elfriede Paul und Walter Küchenmeister, Ilse und Philipp Schaeffer, Lotte Schleif und Günther Weisenborn angeklagt. Gegen Walter Küchenmeister und Philipp Schaeffer wurde die Todesstrafe ausgesprochen, während die anderen Angeklagten zu Zuchthaushaft verurteilt wurden. Elfriede Paul erhielt sechs Jahre Zuchthaus. Walter Küchenmeister wurde am 13. Mai 1943 in Berlin-Plötzensee hingerichtet.

Elfriede Paul kam im August 1943 in das Frauenzuchthaus Cottbus und blieb hier bis Anfang 1945. Mit ihren Kenntnissen als Ärztin und ihrem Vertrauen darauf, daß das Hitlerregime bald besiegt sein werde, half sie anderen Mitgefangenen und gab ihnen Kraft zu widerstehen.

Die letzte Station von 31 Monaten Haft wurde Leipzig-Kleinmusdorf, wo die Frauen am 19. April 1945 durch amerikanische Truppen befreit wurden. Erst am 10. Mai erfolgte die Entlassung.

Elfriede Paul wurde aus Leipzig von ihrer Schwester Elsbeth, die in Burgdorf bei Hannover lebte, abgeholt. Elsbeth und ihre Tochter Anne hatten sich in den Jahren der Haft beispielhaft um sie gekümmert. Ihnen war es auch gelungen, die Einrichtung der Praxis und ein Großteil der Möbel aus Berlin nach Burgdorf in Sicherheit zu bringen. So bestanden die Voraussetzungen, daß Elfriede Paul am 1. August 1945 in der Marktstraße in Burgdorf eine Arztpraxis eröffnen konnte. Weiter beteiligte sie sich an der Neuorganisation des Deutschen Roten Kreuzes. So half sie, unmittelbare Not zu lindern.

Auf Anordnung der britischen Besatzungsbehörden wurde am 23. August 1946 in Hannover die erste Nachkriegsregierung unter dem sozialdemokratischen Ministerpräsidenten, Heinrich Wilhelm Kopf, gebildet. Die KPD konnte das Amt des Ministers für Aufbau, Arbeit und Wohlfahrt besetzen. Sie benannte Dr. Elfriede Paul dafür. Ein Grund für diese Entscheidung war, daß zu den Aufgaben dieses Ministeriums auch der Aufbau des Gesundheitswesens gehörte. Eine Persönlichkeit mit Sachkenntnis und Engagement wurde gebraucht. Die durch die Erlebnisse im Dritten Reich so stark gezeichnete Frau widmete sich trotz vieler Widerstände mit hohem Einsatz der neuen weit verzweigten Aufgabe. Ein vorrangiges Ziel war es, zusammen mit den Gewerkschaften das Leben der arbeitenden Menschen bald zu verbessern. Dieser Gedanke prägte auch eine Rede von Dr. Elfriede Paul als Ministerin vor Vertretern der Gewerkschaften und Betriebsräten am 28. September 1946 in Hannover zum Thema "Formen und Inhalt der zukünftigen Zusammenarbeit der Betriebsräte und der Gewerkschaften mit dem Ministerium für Aufbau, Arbeit und Wohlfahrt."[3]

Ein Schwerpunkt war der Einsatz für die Schaffung sicherer Arbeitsplätze und besserer Wohnverhältnisse. Vorrangige Beachtung fanden weiter die gesundheitliche Betreuung von Kindern und Frauen. Dr. Paul veranlaßte u. a. eine Erhebung über unterernährte Kinder im Alter zwischen vier und vierzehn Jahren in den Städten Hannover, Hildesheim, Göttingen und Celle. Insgesamt wurden Ende Oktober 1946 14490 unterernährte Kinder ermittelt, von denen 5008 unmittelbarer medizinischer Behandlung bedurften.

Zu den von ihrem Ministerium vorbereiteten Beschlüssen zählte die "Verordnung zum Schutz heimatloser Jugendlicher".

Am 27. Oktober sprach Dr. Elfriede Paul auf der 2. Bezirksjugendkonferenz der KPD Hannover-Braunschweig zum Thema "Das Jugendhilfswerk - eine Tat der Jugend".

Von den vorgeschlagenen Maßnahmen konnten nur wenige verwirklicht werde, da bereits Anfang November 1946 im Zuge der Bildung des Landes Niedersachsen die Regierungen in Hannover, Oldenburg, Braunschweig und Schaumburg-Lippe aufgelöst wurden. Damit endete auch die Tätigkeit von Dr. Elfriede Paul als Ministerin.

Danach arbeitete sie zunächst wieder als Ärztin in Burgdorf. Die Landesleitung der KPD suchte sie dafür zu gewinnen, die Verantwortung für die Frauenarbeit der Partei in Niedersachsen zu übernehmen. Es gelang Elfriede Paul aber, die Verantwortlichen davon zu überzeugen, daß sie nach Berlin zurückkehren wollte, um in der sowjetischen Besatzungszone ihr medizinisches Können und ihre Erfahrungen einzubringen.

Ab Mai 1947 arbeitete sie als Abteilungsleiterin in der Zentralverwaltung für das Gesundheitswesen in Berlin. Ihre erste große Aufgabe bestand darin, den Aufbau des Betriebsgesundheitswesens zu organisieren. Dies stand in unmittelbarem Zusammenhang mit dem am 6. Oktober 1947 erlassenen Befehl Nr. 234 der Sowjetischen Militäradministration "Über Maßnahmen zur Steigerung der Arbeitsproduktivität und zur weiteren Verbesserung der materiellen Lage der Arbeiter und Angestellten in der Industrie und im Verkehrswesen". Das Dokument enthielt einen Abschnitt über Aufgaben ärztlicher Betreuung in den Betrieben. Die Landesregierungen wurden u. a. verpflichtet bis 1949 in Betrieben mit 200 bis 500 Beschäftigten Sanitätsstellen und in größeren Unternehmen Betriebspolikliniken einzurichten.

Dr. Elfriede Paul hatte den Beschluß mit vorbereitet und war für seine Verwirklichung in der Zentralverwaltung für Gesundheitswesen und später in der Deutschen Wirtschaftskommission zuständig. Bereits im Herbst 1948 bestanden 19 Polikliniken und 794 Sanitätsstellen. Hierdurch war eine bessere ärztliche Betreuung und Versorgung zahlreicher Arbeiter und Angestellter gesichert. Weiter wurden Maßnahmen zur Verbesserung des Arbeitsschutzes eingeleitet. Besonders setzte sich Dr. Paul dafür ein, daß 1948 ungefähr ein Viertel aller Beschäftigten in Industrie und Verkehr in ihrem Betrieb ein warmes Mittagessen bekamen.

Auch nach der Gründung der DDR und der Bildung des Gesundheitsministeriums arbeitete sie auf diesem Gebiet, vorrangig als Leiterin der Medizinischen Abteilung der Versicherungsanstalt in Ostberlin.

Ihr Bemühen ging stets dahin, die praktische Arbeit mit wissenschaftlichen Analysen zu verknüpfen. Ein Beweis dafür sind ihre Publikationen der Jahre 1948 bis 1950 u. a. in der Zeitschrift "Das deutsche Gesundheitswesen" zu Themen wie"Einrichtung von Sanitärstellen und Polikliniken in der sowjetischen Besatzungszone", "Probleme der medizinischen Betreuung von Werktätigen der Bergbauindustrie" und "Beziehungen von Arzt und Sozialversicherung".

In Übereinstimmung mit ihren Interessen und ersten wissenschaftlichen Arbeiten in den 30er Jahren gehörten die gesundheitliche Betreuung von Frauen, Jugendlichen und Kindern zu den Gebieten, denen Dr. Paul besondere Aufmerksamkeit widmete. Dies spiegeln auch Publikationen wie die folgenden wider: "Aufgaben der Betriebsgesundheitsfürsorge für Mutter und Kind", "Notwendigkeit der Einstellungsuntersuchungen in Betrieben mit vorwiegend weiblichen Beschäftigten", "Ursachen der Häufigkeit der Arbeitsunfähigkeit bei Frauen" und "Aufgaben der Betriebsgesundheitsfürsorge für Mutter und Kind".

Durch ihre Arbeit wußte die Medizinerin gut, daß viele Probleme in ihrem Aufgabengebiet noch unzureichend gelöst waren. Dies war sicher auch ein Grund dafür, daß sie darauf drängte, selbst stärker Forschungsarbeit leisten zu können. 1951 gelang es ihr, eine Aspirantur am Hygiene-Institut der Humboldt-Universität bei Prof. Dr. Alfred Beyer im Bereich der Sozialhygiene zu erhalten.

Von August 1952 bis Juli 1953 übernahm Dr. Paul beim Magistrat von Groß-Berlin die Aufgabe, in Großbetrieben die Ursachen für die Arbeitsunfähigkeit von Frauen zu untersuchen und daraus Schlußfolgerungen für das Betriebsgesundheitswesen abzuleiten. Diesem Ziel war auch ihre Habilitationsschrift zum Thema: "Untersuchungen über Ursachen und Dauer der Arbeitsunfähigkeit bei den Frauen" gewidmet.

Mitten in der Phase intensiver Forschungsarbeit entstand 1953/54 eine komplizierte soziale Lage für Dr. Paul, da ihre Aspirantur nicht verlängert wurde und am Hygiene-Institut der Universität keine Stelle frei war. Bemühungen des Ministeriums für Gesundheitswesen und des Staatssekretariats für das Hochschulwesen, daß ihr ein Lehrauftrag an der Universität Rostock im Fach Sozialhygiene erteilt wird, schlugen fehl. Ohne festes Einkommen mußte sie an ihrer Habilitationsschrift weiterarbeiten.

Eine Änderung trat erst im Juli 1954 ein, als Dr. Paul eine feste Anstellung als Leiterin der Arbeitssanitärinspektion der Abteilung Gesundheitswesen des Magistrats von Groß-Berlin erhielt. An der Medizinischen Fachschule Berlin erteilte sie nebenbei Unterricht für künftige Schwestern, Hebammen und medizinisch-technische Assistentinnen in den Fächern Sozial- und Arbeitshygiene. Gleichzeitig war sie an der Ausarbeitung von Lehrbriefen für das Fernstudium von Gemeinde- und Betriebsschwestern beteiligt.

Trotz der hohen Belastungen gelang es ihr, die Habilitation wie geplant abzuschließen. Am 20. Juli 1955 war es soweit, daß Dr. Elfriede Paul an der Medizinischen Fakultät der Humboldt-Universität mit der Antrittsvorlesung "Die Arbeitsunfähigkeit in sozialhygienischer Bedeutung" ihr Habilitationsverfahren erfolgreich abschließen konnte. 1956 erschien auch im Verlag "Volk und Gesundheit" ihre Arbeit unter dem Titel "Untersuchung über die Häufigkeit und Dauer der Arbeitsunfähigkeit von Frauen in sechs Berliner Betrieben".

Damit waren für ihren weiteren Weg als Hochschullehrerin die wichtigsten Voraussetzungen gegeben. Noch 1956 erhielt Dr. Elfriede Paul ihre Berufung zur Dozentin für Sozialhygiene an der Medizinischen Akademie Magdeburg. In den folgenden Jahren konnte sie an dieser Hochschule vielfältige Forschungen leisten und zahlreiche Ärzte ausbilden. Sie erhielt eine Ordentliche Professur für das Fach Sozialhygiene und wurde Direktorin des entsprechenden Instituts.

Prof. Dr. Elfriede Paul arbeitete bis 1964 in Magdeburg. Hauptthemen ihrer Forschungen waren das Betriebsgesundheitswesen unter besonderer Beachtung der medizinischen Betreuung von Frauen, die medizinische Versorgung von Frauen und Kindern sowie von älteren Menschen. In der letzten Schaffensperiode kamen Untersuchungen zur medizinischen Versorgung für in landwirtschaftlichen Großbetrieben tätige Frauen und auf dem Gebiet der Medizingeschichte hinzu. Aus diesen Jahren stammen von ihr u. a. folgende Veröffentlichungen: "Gesundheitsschutz für die werktätigen Mütter und gesundheitliche Betreuung in den Betrieben", "Gesunderhaltung der werktätigen Frauen", "Arbeitssanitäts- und Hygieneinspektionen in den Betrieben", "Ursachen der Säuglingssterblichkeit im Bezirk Magdeburg", "Verbesserung der hygienischen Bedingungen auf dem Lande" und "Aufgaben des Arztes bei der Gestaltung optimaler Arbeitsbedingungen für Frauen in den LPG".

Um den Kontakt zur Praxis nicht zu verlieren, arbeitete Prof. Paul in Magdeburg nebenbei mehrere Jahre als Betriebsärztin. Darüber hinaus war sie Abgeordnete der Stadtverordnetenversammlung.

Im Sommmer 1964 wurde Prof. Dr. Elfriede Paul emeritiert. Kurze Zeit später verließ sie Magdeburg, wo sie acht Jahre erfolgreich gearbeitet hatte. Ihren ständigen Wohnsitz nahm sie nun an der Ostsee in Ahrenshoop. Bereits seit 1919 kannte sie diesen malerischen Ort zwischen dem Fischland und dem Darß an der Grenze von Mecklenburg und Vorpommern.

1961 hatte sie die Genehmigung erhalten, auf der Parzelle 25, Weg zum Hohen Ufer, zu bauen, und 1963 war ihr Haus fertig geworden. Im Unterschied zu den meisten Besitzern der schmucken Häuser an dieser Straße, die bald im Volksmund "Millionenhügel" genannt wurde, war sie nicht nur Sommergast, sondern wurde ständiger Einwohner der Gemeinde.

Von Ahrenshoop führte sie in den ersten Jahren ihre wissenschaftlichen und publizistischen Arbeiten als Medizinerin weiter. Die Liste ihrer Publikationen wird durch Titel über die Geschichte des Gesundheitswesens in Magdeburg, zu Inhalt, Formen und Methoden der Gesundheitserziehung sowie zu den Eheberatungsstellen bereichert. Bis 1970 leitete sie in der medizinischen Gesellschaft "Sozialhygiene" die Sektion "Gesundheitsschutz der Frau" und die Arbeitsgemeinschaft "Berufstätige Frau". Unter ihrem Vorsitz fanden die wissenschaftlichen Tagungen 1966 in Rostock "Berufstätige Mütter" und 1970 in Leipzig "Gesundheitsschutz der Frauen in der Landwirtschaft und Nahrungsgüterwirtschaft" statt.

Als letzte Arbeit für die Medizinische Akademie Magdeburg entstand 1973 eine medizinisch-soziologische Untersuchung zur gesundheitlichen Situation von LPG-Bäuerinnen. Dafür waren mehrere Jahre Untersuchungen in den Kreisen Klötze, Ribnitz-Damgarten und Rostock-Land erfolgt.

Elfriede Paul führte kein zurückgezogenes Leben einer emeritierten Wissenschaftlerin, sondern nahm an der Entwicklung von Ahrenshoop lebhaften Anteil. Seit 1965 war sie Abgeordnete der Gemeindevertretung. Von 1965 bis 1975 trug sie die Verantwortung des Ortssekretärs der SED. In einem unveröffentlcichten Manuskript schrieb sie 1978 über ihre Tätigkeit als Abgeordnete:

"Bei der Neuwahl der Gemeindevertretung kam ich 1965 in den Rat der Gemeinde, wurde Ratsmitglied. In dem Schreiben des Bürgermeisters wurde mein Aufgabengebiet folgendermaßen formuliert: 'Kultur, Volksbildung und Jugendfragen, Sozial- und Wohnungswesen.' Gewiß kein geringes Programm! In der Wohnungskommission und der Kommission für Jugendfragen sowie in der Kommission Gesundheitswesen fielen mir wichtige Aufgaben zu. Schwierig war es, die wenigen und meist sehr alten, baufälligen, feuchten, primitiven Wohnungen, z. T. mit Lehm gebaut, gerecht zu verteilen. Noch schwieriger waren einige Fürsorgeaufgaben zu lösen. Ich muß hier unbedingt einige Erlebnisse schildern, die die Probleme, die es noch vor Jahren in der Gemeinde gab, zeigen.

Die Debile Wilma stand plötzlich ganz allein, hilflos und ohne Wohnung, als ihre ältere Schwester, ihre 'Mutter', starb. Wilma war in Ahrenshoop geboren, saß bis zu ihrer Schulentlassung in der 1. Klasse, jeder kannte sie, aber niemenad nahm sie auf, nirgends war Platz.

Ich nahm sie zu mir, bis sie nach etwa drei Jahren einen Platz in dem erweiterten Feierabendheim des Kreises in Freudenberg bekam. Jedes Jahr verlebt sie nun ihre drei Wochen 'Urlaub' in Ahrenshoop. Unermüdlich harkt sie jeden Herbst das Laub, wo immer man sie hinstellt.

Mehr noch an Arbeit und Mühe kostete mich Oskar. Verkrüppelt, früher stolzer Melker - er besaß ein Foto, das ihn als jungen Melker zeigte -, kam er als Umsiedler mutterseelenallein nach Ahrenshoop. In einem ärmlichen Loch verkam und verdreckte er. Bis auch für ihn ein Platz in Freudenberg frei wurde, konnte ich mich um ihn kümmern. Die erste gründliche Körperwäsche glich einer Vergewaltigung unter Geschrei und Schimpfreden: 'Ich bin doch kein Badegast', schrie er und wehrte sich. 'Unser Oskar' machte viel Arbeit. Obwohl eigentlich heimatlos - er war mit einem Treck aus Oberschlesien ohne Anhang zugezogen - war er seelig, als er von dem 25 km entfernt gelegenen Freudenberg in das nur vier km von Ahrenshoop entfernte Alterskrankenhaus Wustrow gelegt wurde. So war er schließlich mit Ahrenshoop verbunden. In Wustrow ist er still und einsam gestorben."[4]

Auch auf Initiative von Prof. Dr. Paul war zurückzuführen, daß 1966 in Ahrenshoop ein Jugendklub entstand, einmal im Monat Fahrten zum Volkstheater nach Rostock stattfanden und 1973 in Wustrow eine neue Schule gebaut wurde. Neben dem Einsatz für Behinderte und Jugendliche galt ihre besondere Fürsorge den Frauen. Um die zu geringen Arbeitsmöglichkeiten in Ahrenshoop im Herbst und Winter zu erweitern, schuf Elfriede Paul den Zirkel "Fischlandnoppe", wo Frauen aus selbstgesponnener Schafwolle Jacken und Pullover strickten.

In dem schönen Haus, am Weg zum Hohen Ufer, von Elfriede Paul, die von so manchem Ahrenshooper mit Hochachtung, aber vielleicht auch mit etwas Distanz, die "Rote Paula" genannt wurde, trafen sich in den fast zwei Jahrzehnten, in denen die kleine, so engagierte Frau dort lebte, viele interessante Menschen aus dem In- und Ausland. Ihr Konzept zu Beginn des Hausbaus war aufgegangen.

"Für mich allein hätte ein viel kleineres Haus genügt. Nein, ich wollte mir selbst die Möglichkeit schaffen, viele Genossen und Freunde um mich zu haben, mit vielen interessanten Menschen, auch fern vom Alltag der Großstadt lebendigen Kontakt zu haben. Zugleich wollte ich dadurch Menschen eine Ferienmöglichkeit schaffen ...

Das Haus lebt seinen Rhythmus ... Im Sommer ist unser Ahrenshoop, wie alle Kurorte, von Urlaubern und Touristen überlaufen, aber ab Oktober wird es still...

Die erste warme Märzsonne genieße ich im Liegestuhl auf der Terasse oder unter dem Dachvorsprung des Gartenhauses, wo der Wind nicht hinkommt. Dann zirpen die ersten Finken. Dann wollen auf einmal alle Freunde einen Urlaub bei mir verleben. Auch Anfragen, ob ich Zimmer vermiete, treffen ein. Vermieten? Nein. Bei mir zahlt jeder mit Frohsinn, mit schönem Einverständnis mit meinem Lebensstil und allenfalls - aber mancher beurlaubt sich davon auch gern - mit privatem Arbeitseinsatz, d. h. mit praktischer Hilfe, wo es not tut."[5]

Immer half Elfriede Paul und erhielt Unterstützung durch viele Freunde und Bekannte. Aus dem Kreis der Menschen, mit denen sie sich besonders verbunden fühlte, seien zwei Familien hervorgehoben: die ihrer Nichte Anne Lehmann aus Hemer in Nordrhein-Westfalen und die ihres Pflegesohnes Klaus Küchenmeister in Berlin.

Unter den Gästen von Elfriede Paul war mancher Schriftsteller, Musiker, Maler und Wissenschaftler, die auf ihre Initiative im Kunstkaten oder in der Bunten Stube Einblick in ihr Schaffen gaben bzw. sich zu Problemen der Zeit äußerten.

Wie die gesamte Nachkriegszeit, war auch ihr Lebensabend von der Grundidee geprägt, die nach dem Sieg über Faschismus und Krieg in der DDR entstandenen Möglichkeiten im Sinne der im Kampf gegen das NS-Regime gefallenen Freunde und Kameraden zu nutzen. Sie wußte dabei wohl, wie wichtig es für die DDR und für ganz Deutschland war, die Auseinandersetzung mit den Folgen des Hitlerfaschismus ernsthaft zu führen. Ihre Bemühungen, in Ahrenshoop eine ständige Ausstellung über den antifaschistischen Widerstand zu schaffen, fanden leider nicht die erforderliche Unterstützung.

In den ersten Ahrenshooper Jahren war Elfriede Paul zusammen mit Professor Dr. Karl Bittel, der ebenfalls aktiv am Widerstand teilgenommen hatte, bemüht, Näheres über die Geschichte von Ahrenshoop zwischen 1933 und 1945 zu erfahren. In ihren unveröffentlichten Notizen ist darüber zu lesen:

"Es bildete sich beim Kulturbund ein Chronikzirkel, den ich leitete. Der Genosse Prof. Karl Bittel lebte noch. Ihm als Historiker schwebte vor, mit einer Gruppe Jugendlicher die Geschichte der Arbeiterbewegung, vor allem während des Faschismus, in Ahrenshoop zu erforschen. Wir begannen auch, kamen sonntags vormittags zusammen. Als Prof. Bittel aber den Jugendlichen auftrug, zu Hause mit den Eltern über die Formen zu sprechen, in denen sich der Faschismus in unserem Dorf und eventuell der Kampf dagegen geäußert hat, kamen unsere jungen Geschichtsforscher nicht mehr wieder. 'Wir durften nicht'."[6]

In den 70er Jahren traf Prof. Dr. Paul als Mitglied des Bezirkskomitees Rostock der antifaschistischen Widerstandskämpfer mit zahlreichen jungen Menschen zusammen, um über ihre Erlebnisse und Erfahrungen aus der Konfrontation mit dem Hitlerfaschismus zu berichten. Enge Kontakte entstanden zu Schulklassen und Jugendgruppen, die ihren Namen bzw. den von Walter Küchenmeister trugen.

Im Zentrum der letzten Lebensjahre stand die Arbeit an ihrem Buch über die "Rote Kapelle". Mehr als fünf Jahre war sie daran tätig und erlebte mit großer Freude im März 1981 sein Erscheinen. Vor Freunden und Bekannten stellte sie das Buch am 26. März 1981 in Ahrenshoop selbst vor. Ihr Lebensbericht fand weithin Interesse und freundliche Aufnahme. Dies noch zu erfahren brachte Sonne in die letzten Wochen des Lebens dieser ungewöhnlichen Frau, die am 30. August 1981 in Ahrenshoop gestorben ist.

Anmerkungen

1 Elfriede Paul. Ein Sprechzimmer der Roten Kapelle, Berlin 1981, Klappentext des Schutzumschlags

2 Der Verf. war mit Elfriede Paul seit Anfang der 70er Jahre bekannt und hat sie über fünf Jahre bei der Arbeit an ihrem Buch unterstützt.

3 Vgl. die erstmalige Veröffentlichung dieser Rede auf S. 173-176 dieses Buches

4 Zit. nach einer Abschrift des Manuskripts, die sich im Besitz des Verf. befindet.

5 Ebenda

6 Ebenda

links:
Dr.
Elfriede Paul,
Hannover,
September
1945

rechts:
Vorderseite des Buchumschlags "Ein Sprechzimmer der Roten Kapelle"

Prof. Dr. Elfriede Paul, Magdeburg 1960

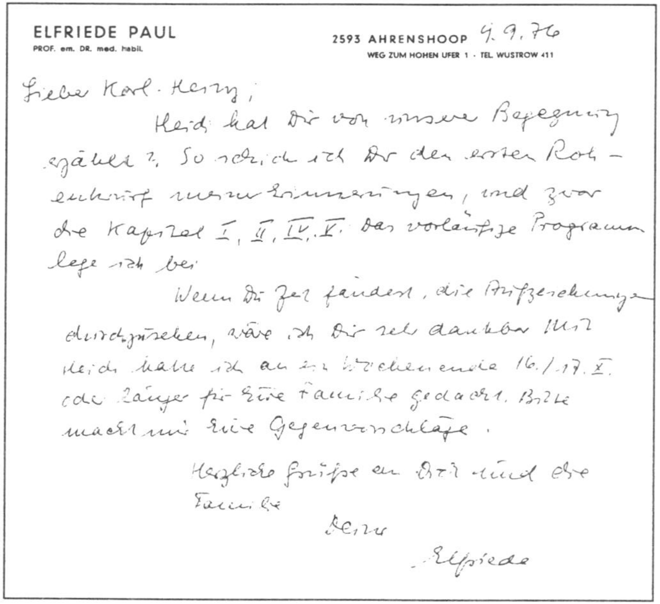

ELFRIEDE PAUL
PROF. em. DR. med. habil.

2593 AHRENSHOOP 9.9.76
WEG ZUM HOHEN UFER 1 · TEL. WUSTROW 411

Lieber Karl-Heinz,

Heidi hat Dir von unserer Begegnung erzählt. So schicke ich Dir den ersten Rohentwurf meiner Erinnerungen, und zwar die Kapitel I, II, IV, V. Das vorläufige Programm lege ich bei.

Wenn Du Zeit fändest, die Aufzeichnungen durchzusehen, wäre ich Dir sehr dankbar. Mit Heidi hatte ich an ein Wochenende 16./17. X. oder länger für Eure Familie gedacht. Bitte macht mir Eure Gegenvorschläge.

Herzliche Grüße an Dich und die Familie

Deine

Elfriede

Elfriede Paul an Karl Heinz Jahnke, Ahrenshoop, 9.9. 1976

Gedicht von Dr. Elfriede Paul für ihre Mitgefangene Hanna Melzer, Zuchthaus Cottbus, 1943

Winter in Cottbus 1943

Hell liegt nun Schnee auf Baum und Strauch,
und Hof und Mauer erscheinen,
als könnt' im herben, im reinen Hauch
nun niemand mehr zagen und weinen.

Der Schnee wird schwarz unter ernstem Schritt
gebeugter, stiller Frauen.
Im Kreise gehn sie im müden Tritt,
im Schnee wie Schemen zu schauen.

Vom Osten der eisige kalte Wind,
er reinigt die Luft und die Hirne.-
Wer sind dort jene, die aufrecht sind,
und ein Leuchten auf ihrer Stirne?

Es freut sie die Kälte, es freut sie der Schnee,
es freut sie das Glitzern, das reine.
Krächzt auch der Rabe von Tod und Weh,
es strahlt doch der Himmel im Scheine.

Unendliche Bläue und sehnsuchtsweit.
O Schönheit, o Leben, o Ferne!
Der Ostwind weht, wir sind bereit:
Uns leuchten auch hier die Sterne.

Hanna Elling. Mitten in tiefer Nacht. Gedichte aus Konzentrationslagern und Zuchthäusern des deutschen Faschismus 1933-1945, Frankfurt/Main 1990, S. 200

Erklärung von Dr. Elfriede Paul zur Ernennung als Ministerin für Aufbau, Arbeit und Volkswohlfahrt in der ersten Nachkriegsregierung in Hannover, Hannover, August 1945

Beauftragt von der Kommunistischen Partei, übernehme ich das Amt des Ministers für Arbeit und Volkswohlfahrt. Dieser Schritt des Eintritts in die Regierung beweist, daß wir Kommunisten in der Stunde höchster Not unseres Volkes bereit sind, aktiv am Neuaufbau mitzuarbeiten. Mit der Zerschlagung Preußens muß Hannover als selbstverwaltendes Land ein unlöslicher Bestandteil einer einheitlich regierten demokratischen Republik werden. Für uns können die jetzt neugebildeten Ministerien nur vorübergehenden Charakter tragen, bis das gesamte deutsche Volk in freier Entscheidung selbst die Form seines Staatsaufbaus bestimmt. Die Bildung des Landes Hannover wird dann ein geschichtlicher Fortschritt sein, wenn der Aufbau der Selbstverwaltungen von der Gemeinde über die Kreise zu diesen Regierungen der Ausdruck wahrer Demokratie sind und als Landesverwaltung Wirklichkeit wird. Voraussetzung hierzu ist die politische Säuberung in Verwaltung und Wirtschaft, die Durchführung einer demokratischen Bodenreform und die Überführung der Betriebe der Kriegsverbrecher in die Hände der Selbstverwaltung.

In der Durchführung meiner Aufgaben soll stets wahre demokratische Gesinnung mich leiten. Die freie Willenskundgebung jedes Deutschen wird mithelfen, das Fundament unserer Arbei zu bauen. Arbeitsausschüsse und Beiräte, gebildet aus Mitgliedern des Parlaments und aus Vertretern aller Volksschichten, die nicht immer dem Parlament anzugehören brauchen, werden mittragende Organe des Ministeriums sein. Ich trete ein für eine kollektive Verantwortung im Ministerrat, für die Forderung der gemeinsamen Beratung aller wichtigen Entscheidungen und Beschlüsse, damit sowohl die Machtbefugnisse des einzelnen wie auch seine Verantwortung ein tragbares Maß nicht überschreiten können.

Was nun das besondere Arbeitsgebiet meines Ministeriums betrifft, so stellt sich eine Reihe der Geschäftsbereiche als ein organisch zusammengehöriges Aufgabengebiet dar. Alle diese Aufgaben befassen sich mit dem materiellen Wohl und Wehe des Volkes, mit der Sicherung seiner materiellen Existenz.

1. Planung und Kontrolle der Arbeit, wie sie durch das Landesarbeitsamt heute durchgeführt wird, darf nicht weiterhin in souveräner Weise wie unter dem Naziregime geschehen. Auch das Landesarbeitsamt wird dem Ministeriums und damit der parlamentarischen Volksvertretung zu unterstellen sein. Erwarten wir von der demokratischen Erziehung des deutschen Menschen die Hinführung zu einem neuen Arbeitsethos, die Einsicht in die individuelle Arbeitspflicht, so hat der arbeitende Mensch konsequenterweise auch das Recht der Mitbestimmung auf dem Gebiete der Arbeitsplanung und des Arbeitseinsatzes und der Arbeitshygiene.

2. Die Landesplanung und der Wiederaufbau unserer zerstörten Städte haben vor sich zu gehen nach großzügigen soziologischen, kulturellen, hygienischen und technischen Gesichtspunkten. Alle technischen und wissenschaftlichen Errungenschaften des In- und Auslandes auf dem Gebiete des Bauwesens werden wir uns zunutze machen müssen. Die Mitarbeit weitester Kreise der Bevölkerung ist ebenso wie eine gute Zusammenarbeit mit

allen anderen Ministerien unerläßlich.

3. Das große und für die Erhaltung unseres deutschen Volkes lebenswichtige Gebiet des Gesundheitswesens wird mir als Arzt besonders am Herzen liegen. Das Bemühen um die Gesundung unseres durch Kriegs- und Nachkriegschaos geschwächten, entnervten und unterernährten Volkes kann nur erfolgreich sein, wenn alle Stellen zusammenwirken, besonders auch die Stellen, denen die Sicherung unserer Ernährung anvertraut ist.

4. Das vierte Aufgabengebiet ist das der Sozialfürgorge. Hier liegen im Augenblick die ernstesten und aktuellsten Probleme, die es zu lösen gibt; die Betreuung von Kriegsvertriebenen, die Neuordnung der Sozialversicherung, die Sorge für die Körperbehinderten, die Wiedergutmachung der SS- und Gestapoverbrechen und die Betreuung unserer Jugend.

All die Arbeit auf dem Gebiet der Sozialfürsorge kann von meinen Mitarbeitern und mir nur geleistet werden, wenn Parteien und Gewerkschaften wie auch die anderen Massenorganisationen der freien Volkswohlfahrtspflege, der Kriegsvertriebenen, Heimkehrer und Körperbehinderten, zu mittragenden Pfeilern der Arbeit gemacht werden. Als wertvollstes Gut ist dem deutschen Volke nach dem Zusammenbruch seine Arbeitskraft geblieben. Sie zu erhalten und zu pflegen soll unsere höchste Aufgabe sein .

Arbeit, Wiederaufbau, Gesundheitswesen und Sozialfürsorge. Diese vier Gebiete meines Aufgabenbereichs erfordern Mithilfe und Mitverantwortung aller deutschen Frauen und Männer, wobei der Notwendigkeit der Initiative der Frauen mit besonderem Nachdruck gedacht werden soll. Nur unter Mitwirkung der großen Arbeitsgemeinschaft, zu der ich das Ministerium für Arbeit und Volkswohlfahrt auszugestalten gedenke, wage ich die schwere Aufgabe zu übernehmen, die mir meine Partei aufgetragen hat, getreu dem Grundsatz: Des Volkes Wille ist mir oberstes Gesetz.

Elfriede Paul, Ein Sprechzimmer der Roten Kapelle. Berlin 1981. S. 202ff.

Dr. Elfriede Paul: Formen und Inhalt der zukünftigen Zusammenarbeit der Betriebsräte und der Gewerkschaften mit dem Ministerium für Aufbau, Arbeit und Volkswohlfahrt, Hannover, 28.9.1946

Ich spreche zu Ihnen als Gewerkschaftlerin und als Sozialistin, die seit 25 Jahren im politischen und sozialen Leben steht. Wenn ich heute als Minister die Verantwortung nach aussen hin für die soziale Gesundung unseres Landes trage, so bin ich mir völlig bewusst, daß ich nur durch die Mithilfe aller sozialtätigen Kräfte eine gedeihliche Arbeit leisten kann. Noch mehr: Ehe nicht die gesamte Bevölkerung bereit ist, auch die Mitverantwortung zu übernehmen, eher wird auch die bisher bestehende Kluft zwischen Verwaltung und praktischem Leben nicht zu überbrücken sein. Das erfordert Erziehung, politische Erziehung zur Demokratie, Hand in Hand mit der Schaffung der politischen Demokratie geht die Entwicklung der Wirtschaftsdemokratie. Diese gibt uns die Voraussetzung zur Erreichung unseres Endzieles, die Voraussetzung für den Sozialismus. Das zur Klarstellung meines Standpunktes.

Die politische Erziehung des Volkes zur Demokratie hat begonnen und es ist Aufgabe der Parteien, die gesunden Ansätze in dieser Richtung weiter zu fördern. Die Gewerkschaften, die als Vertreter der werktätigen Bevölkerung ein besonderes Interesse an der Neugestaltung unseres Wirtschaftslebens haben, sind berufen, in engster Zusammenarbeit mit allen an der Planung und Gestaltung unserer Wirtschaft beteiligten Stellen, die Neugestaltung im demokratischen Sinne zu fördern. Diese Neugestaltung kann nicht mit schönen Reden herbeigeführt werden, sondern nur durch praktisches Handeln und gerade in der Arbeiterschaft ist die gesunde Kraft und der Wille vorhanden, welche beide nötig sind zum Aufbau. Vorschläge praktischer Art, die unmittelbar von der Arbeiterschaft durch die Gewerkschaften ihr zugeleitet werden, sollen das Fundament unserer Zusammenarbeit darstellen. Der engste Kontakt zwischen den Betriebsräten, Gewerkschaften und dem Ministerium ist notwendig, um die Aufgaben, die ich mir gestellt habe, zu bewältigen.

Welche Aufgaben hat unser Ministerium?

Nicht in allen Ländern ist die gleiche Gliederung der Aufgaben vorgenommen wie hier im Land Hannover. Wir haben uns hier von dem Gesichtspunkt leiten lassen, daß alle sozialen Fragen von einem Ministerium bearbeitet werden. Das Ministerium für Aufbau, Arbeit und Wohlfahrt gliedert sich in 5 Abteilungen mit eigenen Geschäftsbereichen und zwar:

I. Arbeit u. Soziales.

Gewerbeaufsicht, Sozialversicherung - Unfall - u. Kriegsbeschädigte.

Das Landesarbeitsamt, welches heute noch nicht dem Ministerium unterstellt ist, muß auch in Zukunft der politischen Kontrolle des Ministers unterstellt werden.

II. Städtebau u. Siedlungswesen. Landesplanung - Wohnungsraumlenkung - Wiederaufbauplanung.

III. Gesundheitswesen - Krankenhauswesen - Vorsorgekrankenhäuser - Seuchenbekämpfung - Apothekenwesen, - Niederlassung von Ärzten - Zahnärzten u. Apothekern - Ausbildung von Ärzten und Amtsärzten.

IV. Volkspflege

a) Landeswohlfahrtsamt

b) Landesjugendamt

V. Landesflüchtlingsamt.

Welche aktuellen Aufgaben liegen vor:

Aus der Fülle der riesigen Aufgabengebieten können nur wenige vordringlichste Punkte herausgegriffen werden. Vor allem sind wir der Meinung, daß erst durch eine gesunde Regelung der Lohnfragen die Vorbedingungen zum Wiederaufbau überhaupt geschaffen werden können. Gesunde Lebensbedingungen, gute soziale Verhältnisse der Arbeitnehmerschaft geben uns die Voraussetzung, daß keine zu starke Belastung der Sozialversicherung und keine Verschlechterung der Volksgesundheit zu befürchten stehen. Obwohl wir nicht der Meinung sind, daß das Mißverhältnis zwischen Löhnen und Preisen durch Heraufsetzen aller Löhne zu beheben sein wird, glauben wir doch, daß vordringlich die unzureichenden Löhne in bestimmen Kategorien aufgebessert werden müssen. Beipiele: Baugewerbe, Ziegeleigewerbe, Arbeiten in Kalkbrüchen, Textil-Industrie und Eisenbahnoberbau. Vorschläge sind aus den betreffenden Betrieben an die Gewerkschaften zu leiten, die wiederum gemeinsam mit dem Landesarbeitsamt und den staatlichen Stellen eine Neuordnung dieser Löhne zu bearbeiten haben. Insbesondere bedürften die Frauenlöhne einer Überprüfung nach dem Grundsatz der sozialen und wirtschaftlichen Gleichbewertung von Männern und Frauen.

Die Frage der Eingliederung der Körperbehinderten in den Wirtschaftsprozeß erfordert gebieterisch eine andere Haltung als bisher. Es geht nicht an, Körperbehinderte nur als Krüppel zu bewerten und an schlechtbezahlte Posten zu setzen. Fordern wir von ihnen die Pflicht zur Arbeit, so haben sie auch ein Recht auf eine ihrer körperlichen und geistigen Fähigkeiten angemessene Arbeit und Verantwortung. Aus der Betriebserfahrung heraus muß eine zielbewußte und sorgfältige Umschulung erfolgen und Einfluß genommen werden auf eine rasche und gute orthopädische Versorgung.

Unsere ganz besondere Sorge gilt der heimatlosen Jugend. Verständnis und Mithilfe der Betriebsräte brauchen wir, um die Unterbringung und Betreuung dieser Flüchtlingsjugend zu gewährleisten. Die Betriebsräte können von ihren Betrieben Finanzierung und Einrichtung von Lehrlingsheimen und Jugendwohnheimen fordern - große Betriebe können Patenschaften für heimatlose Jugendliche übernehmen, damit sie aufgrund eines Lehrlingsverhältnisses mit ausreichender wirtschaftlicher Grundlage der Landstraße und den Bunkern, dem schwarzen Markt und allen damit verbundenen sittlichen Gefahren entzogen werden.

Wärmestuben für Jugendliche sind in den Betrieben zu errichten, in denen die Möglichkeiten der Wärmeausnutzung gegeben sind. Es wird auf die geplante Aktion des Jugendhilfswerks (Jugend hilft Jugend) hingewiesen.

Vermehrte Arbeitsmöglichkeit ist für Frauen zu schaffen. Neue Berufe sind der Frauenarbeit zu erschließen (Bäckerei, Konditorei, Feinmechanik, Glaserei, Tischlerei, Uhrmacherei usw.). In der Radiofertigung sind fast ausschließlich Frauen zu beschäftigen, und auch die Arbeit als Installationshelferin auf dem Bau ist für Frauen nicht zu schwer und zu gefährlich. Der Frauenüberschuß und der Grundsatz der sozialen und wirtschaftlichen Gleichstellung beider Geschlechter erfordert dringend eine Berücksichtigung der Frauen bei der Zusammensetzung der Betriebsräte und aller Ausschüsse.

In der Frage der sogenannten Zwangsverschleppung (Zwangsarbeiter aus den von Nazideutschland besetzten Gebieten, K.H.J) können wir uns nur auf den Standpunkt stellen, daß die nur unter den gleichen sozialen, wirtschaftlichen und Ernährungsbedingungen wie die deutschen Arbeiter in den Arbeitsprozeß einzugliedern sind.

Nicht wie früher, darf die Arbeitsverwaltung und der Arbeitseinsatz vorwiegend die Interessen der Arbeitgeber berücksichtigen. Betriebsräte und Gewerkschaften fordern dringend das Mitbestimmungsrecht in diesen Fragen. Auch die beim Landesarbeitsamt eingesetzten Verwaltungs- und Lohnberatungsausschüsse sind keine Lösung, da sie nur beratenden und keinen mitbestimmenden Charakter tragen. Wahllosen Arbeitseinsatz, ohne vorherige Schaffung gesunder Lebensbedingungen (Hamburg usw.) darf es in Zukunft nicht mehr geben.

Die Aufgaben der Gewerbeaufsicht können weitgehend von den Betriebsräten mit übernommen werden. Gesunde Arbeitsräume, gute Gemeinschaftsunterkünfte, hygienische Einrichtungen, Werkskantinen usw. Auch heute schon kann die Forderung nach Werksfürsorgerinnen erhoben werden. Zusammen mit diesen hat der Betriebsarzt, der nach besonderen sozialen Gesichtspunkten auszuwählen ist, die Pflicht, den Raubbau an der Gesundheit der Belegschaft zu verhüten. Die wichtigste Aufgabe ist heute, die Belegschaft auf Tuberkulose und andere Ansteckungskrankheiten zu untersuchen und darum ergeht die Anregung, Aufklärungsvorträge über Erscheinungsformen und Gefahren der Geschlechtskrankheiten in allen Betrieben zu organisieren. Es müssen Arbeitsausschüsse gebildet werden, die in Zusammenarbeit mit Betriebsarzt und Fürsorgerin die Überwachung der Betriebshygiene und -sicherheit übernehmen. Der Schutz der Arbeitskraft als des höchsten Volksgutes muß uns allen angelegen sein.

Daß ein Neuaufbau der Sozialversicherung ohne Hinzuziehung und Mitbestimmungsrecht der Gewerkschaften garnicht infrage kommen kann, ist selbstverständlich. Die Arbeitnehmer als Träger der Sozialversicherung haben das Recht der Mitbestimmung in allen Fragen der Sozialversicherung. Es muß uns gelingen, so schnell wie möglich ausreichende Renten wieder zahlen zu können. Bis dahin muß auf dem Wege der Selbsthilfe, (siehe Aufruf der Regierung zur Volkshilfe) der Rentenabbau ausgeglichen werden.

Im Städtebau und Siedlungswesen ist die Frage der Dezentralisierung die wichtigste. Verlagerung von Industrien aus der Großstadt und Errichtung von Kleinindustrieen mit ausreichender Wohnmöglichkeit der Arbeitnehmer überall im Lande. Gesunde Arbeitersiedlungen in der Nähe der Produktionsstätten sind die Forderung. Es müssen Typen von Arbeiterwohnungen entwickelt werden, die nach dem Existensminimum berechnet und in jeder Hinsicht allen modernen Anforderungen genügen. Die Wohnraumlenkung hat zum Ziel, lange Wege von der Wohnung zum Arbeitsplatz zu vermeiden und einen Lastenausgleich bei Wohnungsmieten zu schaffen.

Besondere Bedeutung wird der Frage der Zuzugssperre beigemessen. Erst nach Aufhebung der entsprechenden Bestimmungen gelingt es uns, Flüchtlingen, insbesondere Jugendlichen, Arbeitsplätze zu sichern und sie wirklich anzusiedeln.

Die Arbeiten auf dem Gebiet des Gesundheitswesens können weitgehend durch die Betriebsräte unterstützt werden. Öffentliche Impfungen gegen Infektionskrankheiten sind im Interesse der Belegschaft und zur Entlastung der staatlichen Gesundheitsämter möglichst im Betriebe durchzuführen.

Das Landeswohlfahrtsamt ist durch den Rentenabbau und durch die Not der Flüchtlinge schwer belastet. Die Zusammenarbeit mit den Gewerkschaftsorganisationen ist notwendig. Im Augenblick befaßt sich das Landesjugendamt vordringlich mit der Betreuung und Unterbringung der heimatlosen, verelendeten Jugend. Wesentlich ist hier die Mithilfe der Gewerkschaftsjugend und aller übrigen Jugendorganisationen.

Das Landesflüchtlingsamt erachtet als seine vordringlichsten Aufgaben:

1.) die Arbeitsbeschaffung und Ansiedlung von Flüchtlingen,

2.) Schaffung von Industrien und neuen Erwerbszweigen für Flüchtlinge

3.) Betreuung in allen wirtschaftlichen Dingen - unter Mitbeteiligung der Vertreter der Arbeitnehmer.

Zum Schluß sei die Forderung nach weiterem Ausbau der Gewerkschaftsorganisation und nach Schaffung von Betriebsräten in jedem Betriebe ausgesprochen. Mehr als bisher müssen Frauen als Gewerkschaftsfunktionäre und Betriebsräte tätig sein.

Abschrift aus dem Nachlaß von Elfriede Paul.

Bericht von Prof. Dr. Elfriede Paul über ihr Leben als Rentnerin in Ahrenshoop, Ahrenshoop, 1978

Zum Instituts-Kolloquium 1964 hatte ich in meinen Abschiedsworten versichert, daß ich, wie ich mich selbst kenne, meine letzten Lebensjahre gewiß nicht mit Nichtstun und höchstens Pulloverstricken ausfüllen würde. Daß aber nun ein so arbeits- und erlebnisreiches Rentnerdasein beginnen würde, konnte ich nicht voraussehen.

Kaum war ich in Ahrenshoop einigermaßen wohnlich eingerichtet, so kamen Aufgaben über Aufgaben auf mich zu. In einem Dorf wie Ahrenshoop mit weniger als 900 Einwohnern hatte der Bürgermeister Mühe, für alle politischen, gesellschaftlichen und kommunalen Aufgaben geeignete Bürger zu finden. Die Einwohnerschaft ist infolge des Nachkriegsstroms vom Umsiedlern sehr uneinheitlich zusammengesetzt.

Hier muß der Graphiker Georg Hülsse genannt werden. Seit 1940 wohnt er in Ahrenshoop. Seit mehr als 20 Jahren arbeitet er mit dem Chefintendanten Prof. H.-A. Perten am Rostocker Volkstheater zusammen als künstlerischer Gestalter der Theaterprogrammhefte. Wohl jeder Urlauber hat sich während des Urlaubs einmal an seinen schönen Dia-Vorträgen über den Darß und das Fischland gefreut.

Auch bedeutende Gelehrte haben durch die Universität Rostrock kulturell-politisch auf Ahrenshoop ausgestrahlt, jedoch im wesentlichen als Sommergäste von ihrem Wochenendhaus aus. Genannt seien der Chemiker Prof. Rienäcker, ehemals Rektor der Rostocker Universität und Prof. v. Bülow, der bekannte Hydrologe.

Es war richtig, daß ich sofort ein Wohnhaus baute. Die zahlreichen Bewohner der Wochenendhäuser bleiben doch mehr oder weniger immer Fremde. Ich aber lebte von Anfang an unter den Einwohnern des Dorfes, wurde Bürger und wurde - zwar durchaus nicht schnell - überall bekannt. Die Probleme, die den Bürgermeister und den Rat der Gemeinde bewegen, lernte ich erst jetzt kennen.

Ahrenshoop, das "Bad der Kulturschaffenden" wie J.R. Becher es genannt hat, war 1964, als ich dort Bürger wurde, in seinem Charakter schon verändert. Aus dem stillen, weltabgewandten Dorf, welches die aus der Emigration zurückgekehrten Künstler wie Becher, Abusch, Bredel und andere ehemalige Mitglieder des Bundes proletarisch-revolutionärer Schriftsteller nach der Befreiung vom Faschismus 1945 als ihr Ferienziel auserwählten, war schon ein beliebter Standort des Kulturbundes geworden. Die Touristik veränderte seitdem auch weiter in raschem Tempo unser Dorf. 1959 hatte die Straße durch den Darß von Ahrenshoop nach Born den modernen Reiseverkehr von Rostock über das Fischland erschlossen. Ahrenshoop wurde ein immer stärker begehrter Urlaubsort. Die Einwohner verschönerten inzwischen ihre alten z.T. jahrelang nicht zuletzt durch den Krieg vernachlässigten Häuser. Reisebüro und Kulturbund übernahmen gemeinsam die Quartiervermietung. Die von den Städtern gepriesene Primitivität wich einer besseren Hygiene und größerer Behaglichkeit. Ahrenshoop veränderte damit auch die Zusammensetzung seiner Besucher. An anderen Orten der Ostseeküste hat der organisierte Feriendienst des FDGB dem Arbeiter bereits große Urlaubsmöglichkeiten an der See geschaffen, solche, die unserer sozialistischen Gesellschaft angemessen sind. Der Arbeiter war wegen des Fehlens des FDGB jedoch in Ahrenshoop weniger zu Hause.

Und doch hat sich auch das Strand- und Straßenbild von Ahrenshoop immer lebendiger gestaltet. Große und mittlere Betriebe haben ihren Arbeitern und Angestellten in betriebseigenen Ferienheimen einen Urlaub an der See geschaffen. So bleibt auch Ahrenshoop kein ausschließlich der Intelligenz vorbehaltenes Ostsee-Bad. Besonders haben die Chemischen Werke Buna diese Möglichkeit großzügig genutzt.

Auch im Bild des Ortes selbst widerspiegelt sich die Dynamik des Lebens in der DDR. Die Wohnhäuser sind vielfach ausgebaut, vergrößert, modernisiert. Mehrere Bürger haben sich Eigenheime gebaut. Schaue ich in die Häuser hinein, so sind sie z.T. schon mit Bad und Innentoilette ausgestattet. So ist aus Ahrenshoop ein Dorf ohne äußere Besonderheiten geworden. Seine Bürger und ihre Gäste bieten ein Bild wie in jedem anderen Dorf unserer Republik.

1964, als ich nach Ahrenshoop zog, kauften wir noch im kleinen, engen Konsumladen bei Herrn Hoppe ein. Oder wir gingen in die ebenso enge, primitive HO-Lebensmittel-Verkaufsstelle, um uns zu versorgen. Dort wirkte derselbe Herr Schlüter mit seiner Frau, die heute in der geräumigen, modernen Kaufhalle ihr tüchtiges Regiment führen und deren Kollektiv immer wieder Auszeichnungen erhält.

In der Saison herrscht in Ahrenshoop überall ein ebenso großer Betrieb wie in anderen Badeorten. Die Straße ist zu manchen Tageszeiten wegen der Unzahl von Autos nur mit Schwierigkeiten zu überqueren.

Große Leistungen vollbringen die Ahrenshooper Einwohner, voran die Frauen, um die Saison zu bestehen. Die Versorgung der jährlich über 12000 ständigen und mehr als 25 000 vorübergehenden Besucher ist eine gewaltige Aufgabe für die Einheimischen. Als ich selbst nur als Urlauber in Ahrenshoop wohnte, kannte ich diese Probleme, denen Ahrenshoop von Jahr zu Jahr immer stärker gegenübersteht, nicht im geringsten. Hochachtung habe ich jedes Jahr vor meinen Mitbürgern.

Jeden Sommer erlebe ich Ahrenshoop trotz dieser ganz veränderten und sich weiter verändernden Struktur und seiner Bewohner und Gäste doch noch als ein Dorf mit seinem z.T. früheren Charakter. Da ist der Kunstkaten als Ausstellungszentrum des Kulturbundes - 1974 niedergebrannt, 1977 schöner und geräumiger wiedereröffnet. Dort kann ich mit meinen Gästen alle paar Wochen eine neue Ausstellung und ihre Eröffnungsveranstaltung erleben. Der Kunstkaten soll im wesentlichen den bildenden Künstlern der näheren Heimat zur Ausstellung ihrer Werke dienen. Mit Freude beobachte ich, wie viele Einwohner des Dorfes sich hier am Besuch beteiligen.

Elfriede Paul, Unveröffentlichte Aufzeichnungen. Ahrenshoop, 1978

Allan Merson (Großbritannien)

Das wichtigste Buch über die Rolle deutscher Kommunisten im antifaschistischen Widerstand zwischen 1933 und 1945 wurde nicht von einem Deutschen, sondern von dem britischen Historiker der Universität Southampton, Allan Merson, geschrieben. Sein Werk "Communist Resistance in Nazi Germany" erschien 1985 im Londoner Verlag Lawrence and Wishart.

Bisher hat sich in Deutschland kein Verlag gefunden, eine deutsche Übersetzung zu publizieren. In der alten Bundesrepublik war offensichtlich die Distanz zum kommunistischen Widerstand zu groß, um diesen Schritt zu tun. In der DDR gab es trotz mancher Übereinstimmung mit den dortigen Forschern keine Bereitschaft, eine derartig differenzierte Darstellung des kommunistischen Widerstands mit seinen Stärken und Grenzen einer breiten Öffentlichkeit bekanntzumachen.

Allan Mersons Leben ist in mancher Weise mit der deutschen Geschichte, insbesondere der des Dritten Reiches und des Widerstandes, aber auch mit der Nachkriegsentwicklung verbunden.

Allan Merson wurde am 26. August 1916 in Monkseaton bei Newcastle geboren.[1] Er wuchs zusammen mit seinem zwei Jahre jüngeren Bruder Ronald in einem gut situierten und gebildeten Elternhaus auf. Sein Vater, ein Ingenieur, seine Mutter, eine Lehrerin, taten viel für eine gründliche und allseitige Ausbildung ihrer Söhne.

Nachdem Allan Merson die ersten Schuljahre an der kleinen Schule seines Heimatortes, unterstützt durch den Privatunterricht der Mutter, absolviert hatte, erhielt er in Newcastle eine fundierte Ausbildung an "The Royal Grammar School". Damit war die entscheidende Voraussetzung gegeben, um von 1934 bis 1937 an der Universität Oxford am Balliol College Geschichte zu studieren.

Im Herbst 1937 nutzte er die Chance, als Austauschlehrer für ein Jahr an einem Gymnasium in Würzburg Englisch zu unterrichten. 1938 schloß sich ein Sommerkurs an der Münchner Universität an.

Aufgrund seiner guten Zeugnisse bekam Allan Merson 1938 vom "The Queens College Oxford" ein Stipendium als "Laming Fellowship" für ein vertiefendes Studium der Romanistik in Paris.

Im Oktober 1938 mußte er über seine berufliche Entwicklung entscheiden. Zwei Hauptwege waren möglich: Als Lehrer tätig zu sein oder in den diplomatischen Dienst zu gehen. Allan Merson beteiligte sich an einer öffentlich ausgeschriebenen Prüfung für den Konsulardienst und bestand diese mit Glanz. Dadurch war der Weg frei für eine Anstellung im außenpolitischen Dienst oder in der Auslandsabteilung eines Ministeriums. Er entschied sich für das letztere und begann im Spätherbst 1938 in London als Beamter des Wirschaftsministeriums im Export- und Kreditwesen zu arbeiten. In dieser Stellung blieb er bis zum Frühjahr 1940.

Trotz der beruflichen Erfolge verlief sein Leben nicht isoliert vom politischen Tagesgeschehen. Ihn beunruhigten die Bedrohungen des Friedens durch Hitlerdeutschland und seiner Verbündeten stark. Anfang 1937 war Allan Merson als Student in Oxford Mitglied der Kommunistischen Partei Großbritanniens geworden. An der Universität und in der Stadt hatte er Kommunisten kennengelernt, die ihn zum Studium marxistischer Werke anregten. So fand er Antwort auf Fragen, die ihn bewegten. Anziehend für ihn war ferner, daß seine neuen Freunde kluge und engagierte Menschen waren. Den letzten Anstoß für die Entscheidung gaben die Ereignisse in Spanien, als 1936 die vom Volk gewählte Regierung durch einen Putsch unter Leitung von General Franco, unterstützt durch Hitlerdeutschland und das faschistische Italien, gestürzt werden sollte. Allan Merson stand auf der Seite Volksfrontspaniens und nahm an den Solidaritätsaktionen progressiver Kreise in England teil.

Verständlich war auch, daß er als Lehrer in Nazideutschland den Verhältnissen äußerst kritisch gegenüberstand. Im kleinen Kreis ihm vertraut erscheinender Personen machte er aus seiner Gegnerschaft zum Hitlerregime kein Hehl. Seine Erlebnisse trugen dazu bei, eine stabile antifaschistische Haltung herauszubilden, die seine ganze weitere Entwicklung bestimmte.

Durch den Zweiten Weltkrieg wurde Allan Merson, wie viele andere seiner Generation, aus dem bisherigen Leben herausgerissen. Von März 1940 bis Juli 1946 leistete er Militärdienst. Diese Jahre gestalteten sich für ihn sehr wechselvoll, er mußte vielfältige, bisher weitgehend unbekannte Aufgaben lösen.

Die Einberufung erfolgte im Frühjahr 1940 zunächst zur Artillerie. Zu einem militärischen Einsatz kam es in dieser Waffengattung aber nicht, denn im September 1940 erhielt Allan Merson eine Dienstverpflichtung bei den Nachrichtentruppen. Nach entsprechender Ausbildung gehörte er Anfang 1941 zu den Verbänden der britischen Streitkräfte, die Island besetzten. Fast zweieinhalb Jahre blieb Allan Merson in diesem kleinen nordeuropäischen Land. Trotz des Krieges entstanden enge Bindungen zur isländischen Bevölkerung mit ihrer alten Kultur und zu den einmaligen Naturreichtümern.

Zunächst war Allan Merson Angehöriger eines Feldsicherheitstruppenteils. Später wurde er in die Informationsabteilung übernommen und war für Fragen der Presse und der Propaganda sowohl gegenüber der isländischen Bevölkerung als auch den britischen Armeeangehörigen mitverantwortlich. Nach dem Eintritt der USA in den Krieg und den Anfang 1942 zwischen Roosevelt und Churchill getroffenen Vereinbarungen verließen die britischen Truppen Island. An ihre

Stelle kamen militärische Verbände der USA. Zu der kleinen Gruppe britischer Spezialisten, die auf Bitten der Amerikaner noch einige Monate in Island blieben, gehörte Allan Merson. Er war u.a. für die Herausgabe der Zeitung "Daily Post" zuständig.

Im Juni 1943 konnte er nach England zurückkehren. Nach gründlicher Auswertung des Einsatzes in Island erfolgte eine Berufung an eine Spezialschule der Political Warfare Executive (PWE) im Bereich der politischen und psychologischen Kriegsführung. Die Schule befand sich in Woburn Abbey auf dem Besitztum des Herzogs von Bedford. Hier wurden Fachkräfte ausgebildet, die unmittelbar nach der Befreiung der Länder, die noch von Truppen des faschistischen Mächteblocks besetzt waren, zum Einsatz kommen sollten. Die Ausbildung erfolgte u.a. in den Bereichen von Presse und Rundfunk. Allan Merson war zunächst Lernender, übernahm später aber auch Aufgaben als Tutor.

Unmittelbar nach der Eröffnung der "Zweiten Front" in Europa, der Landung alliierter Truppen im Juni 1944 in Frankreich erfolgte der Einsatz von Leutnant Allan Merson auf dem Kontinent. Im August 1944 war Paris seine erste Station. Der Aufenthalt war aber nur von kurzer Dauer. Mit dem Vormarsch der Truppen nach Belgien war bereits ab September ein knapp dreimonatiger Einsatz in Brüssel verbunden.[2] Zu seinen Aufgaben zählten die Informationskontrolle und die Unterstützung beim Aufbau der Presse.

Durch eine längere Erkrankung an Gelbsucht kam es zu einer mehrwöchigen Unterbrechung seiner Arbeit. Nach der Genesung wurde Deutschland zu seiner Hauptwirkungsstätte. Noch vor Kriegsende war Allan Merson in durch britische Truppen befreiten Gebieten, vorrangig im späteren Land Nordrhein-Westfalen tätig. So setzte er sich für das Erscheinen der "Neue Westfälische Zeitung" ein, die in Oelde bei Bielefeld gedruckt wurde und am 22. Juni 1945 bereits eine Auflage von über 700 000 Exemplaren hatte.

Nach der Einigung der Alliierten über die Besetzung Berlins durch die vier Siegermächte erfolgte im Juli 1945 Allan Mersons Versetzung in die deutsche Hauptstadt, wo er hauptverantwortlich für die Herausgabe der ersten deutschsprachigen Zeitung der britischen Militärbehörde war. Viel Arbeit mußte geleistet werden, bis endlich am Donnerstag den 2. August 1945 die Nr. 1 der Zeitung "Der Berliner. Nachrichtenblatt der Britischen Militärbehörde" vorlag. Zum Geleit schrieb der britische Befehlshaber in Berlin, Generalmajor L. O. Lyne: "'Der Berliner' ist die erste Zeitung, die in der Britischen Besatzungszone Berlins herausgegeben wird. Ebenso wie die übrigen Berliner Zeitungen gelangt 'Der Berliner' in allen Stadtteilen zum Verkauf. Zunächst wird das Blatt am Dienstag, Donnerstag und Sonnabend in beschränkter Auflage erscheinen.

Es ist die Aufgabe dieser Zeitung, Nachrichten aus aller Welt und aus Berlin so umfassend wie möglich und in strengster Sachlichkeit zu bringen. Berichte und Kommentare werden getrennt gehalten werden, so daß der Leser in die Lage versetzt wird, sich ein eigenes Urteil zu bilden. Insbesondere wird die Zeitung laufend die Bekanntmachungen der Militärregierung veröffentlichen."[3]

Erstes Hauptthema der Berichterstattung war die Potsdamer Konferenz der alliierten Siegermächte. In die erste Nummer fand auch ein Interview mit dem Berliner Oberbürgermeister, Dr.Werner, Aufnahme, in dem es am Ende heißt:

"Ich möchte immer wieder darauf hinweisen, mit welcher unvoreingenommenen Freundlichkeit ich von den führenden Stellen der russischen Besatzungstruppen behandelt wurde und daß auch die persönlichen Beziehungen zu den russischen Kommandanten geradezu herzlich sind: Aufgrund meiner bisherigen Erfahrungen darf ich der berechtigten Hoffnung Ausdruck verleihen, mit den Vertretern der britischen und der amerikanischen Streitkräfte in ein ähnliches Verhältnis zu gelangen. Es versteht sich, daß ich diese Beziehungen nicht im Hinblick auf meine Person, sondern auf das Schicksal unserer Stadt und meiner Mitbürger hervorhebe, für deren Wohlergehen ich mich wie ein Vater verantwortlich fühle."[4]

In Nr. 3 wurde darüber berichtet, daß seit Montag, dem 6. August 1945, in Berlin der Briefverkehr wieder aufgenommen wurde sowie daß an jedem zweiten Tag ein Zug zwischen Berlin und Dresden verkehre.

Bereits im Spätherbst 1945 war Allan Merson als stellvertretender Leiter der Presseabteilung der britischen Armee für Nordrhein-Westfalen in Düsseldorf tätig. Kurze Zeit später wurde ihm die Gesamtverantwortung übertragen. Mehr als sechs Monate hat Major Allan Merson an dieser Stelle eine vielseitige, von tiefem Verständnis für die Situation in Deutschland getragene Arbeit geleistet.

In Ehren schied er am 18. Juni 1946 aus dem Militärdienst. Bei verschiedenen Gesprächen über die Zukunft waren ihm von offizieller Seite mehrere Angebote gemacht worden. Er hätte seine Tätigkeit in der britschen Armee fortsetzen oder auch als Zivilangestellter bei den Besatzungsbehörden in Deutschland arbeiten können. Aufgrund seiner Qualifikation wäre es aber auch möglich gewesen, im Außenministerium u.a. im Konsulardienst eine Stelle zu erhalten. Alle diese Angebote schlug Allan Merson jedoch aus. Er wollte nach den Jahren des Krieges wissenschaftlich arbeiten. Sein besonderes Interesse galt der Geschichtswissenschaft. Deshalb bewarb er sich um eine an der Universität Southampton ausgeschriebene Assistentenstelle. Im Oktober 1946 konnte er dort anfangen.

Im privaten Leben war bereits Anfang 1946 eine wichtige Veränderung eingetreten. Bei einem Urlaub in Großbritannien heirate er die isländische Studentin Margret Steingrimmsdöttir.

Mit der Universität Southampton verband sich das Leben von Allan Merson von 1946 bis 1978 wo er hier in Lehre und Forschung tätig war. Von ihm sind Tausende Studenten ausgebildet worden, und er hat einen beachtlichen Beitrag zur regionalgeschichtlichen Forschung der Stadt Southampton und der ganzen Region geleistet. Hauptgebiete seiner Vorlesungen und Seminare waren die englische Geschichte des 16. und 17. Jahrhunderts sowie die Regionalgeschichte. In den 60er Jahren kam die deutsche Geschichte des 20. Jahrhunderts, insbesondere die Geschichte des Nationalsozialismus und des antifaschistischen Widerstandes hinzu.

Hervorragenden Anteil hatte er an der Herausgabe der Reihe "Southampton Records Series". Längere Zeit wirkte er als verantwortlicher Redakteur, und mehrfach übernahm er auch die wissenschaftliche Leitung für ganze Bände. Sein Hauptinteresse galt dabei der Geschichte des 16. bis 18. Jahrhunderts.

Anfang der 60er Jahre entschloß sich Allan Merson, als neues Forschungsthema die Geschichte des antifaschistischen Widerstandes in Deutschland zu wählen. In einem über zwei Jahrzehnte reichenden Forschungsprozeß entstand das Werk "Communist Resistance in Nazi Germany". Die Konzentration auf den kommunistischen Widerstand erfolgte, weil dieser Bereich der Gegenkräfte im Dritten Reich zwei Jahrzehnte nach Kriegsende in Westeuropa noch weitgehend unbekannt war.

Zwischen 1964 und 1978 suchte Allan Merson neben seiner umfangreichen Tätigkeit an der Southamptoner Universität immer wieder Freiräume, um in beiden deutschen Staaten in Archiven zu arbeiten und Zeitzeugen zu befragen. Einen wichtigen Einstieg bot ihm 1964 ein mehrmonatiger Studienaufenthalt an der Humboldt-Universität Berlin.

Im Laufe der Jahre wurden von ihm die zugänglichen Quellen in zentralen Archiven in Ost- und Westberlin sowie in Koblenz ausgewertet. Günstige Möglichkeiten, die ganz Deutschland betreffenden Untersuchungen mit regionalgeschichtlichen Forschungen zu verbinden, boten das Hauptstaatsarchiv Düsseldorf, wo umfangreiche Aktenbestände der Gestapo vorliegen und Justizunterlagen des Oberlandesgerichts Hamm. Dies gestattete ihm, u.a. am Beispiel der Stadt Düsseldorf, den örtlichen kommunistischen Widerstand darzustellen.

Mit einer Reihe von Teilnehmern am Widerstand, vorrangig aus Düsseldorf und Berlin, führte Allan Merson intensive Gespräche und erhielt auch sonst schwer zugängliche private Unterlagen. Weiterhin nahm er Einsicht in Akten des Archivs des Landesvorstands der VVN in Düsseldorf. Aus dem Kreis der Antifaschisten, die seine Forschungen über Jahre begleiteten, seien genannt: Aurel Billstein, Berta und Friedrich Fränken, Rudi Goguel, Klara und Karl Schabrod, Friedel Schirm, Heinz Schumann und Werner Sterzenbach.

Allan Mersons Forschungen basieren auf umfangreicher deutsch- und englischsprachiger Literatur zum Dritten Reich und dem antifaschistischen Widerstand. Er führte Gespräche und korrespondierte mit auf diesem Gebiet forschenden Wissenschaftlern in beiden Teilen Deutschlands und in Großbritannien. Zu dem Kreis der Wissenschaftler, der ihn unterstützte, zählte u.a. Prof. Dr. Wolfgang Abendroth, Prof. Dr. J.S. Bromley, Dr. Ian Kershaw, Prof. Dr. Jürgen Kuczynski, Dr. David Morgan, Dr. Detlev Peukert, Prof. Dr. Gerhard Schilfert und Prof. Dr. Wolfgang Schumann.

Aus dem Forschungsprozeß heraus wurden Teilergebnisse publiziert und diskutiert. Besonderes Interesse fand die 1973 erschienene Studie "Nazis and Monopoly Capital".[5]

Stets war Allan Merson bereit, mit seinen Kenntnissen und Erfahrungen anderen zu helfen.[6] Reaktionen auf Publikationen von anderen Historikern geben auch Einblick in seine eigenen Forschungen.

7. August 1971: "Ich beschäftige mich immer noch mit dem Studium des deutschen antifaschistischen Widerstandes. Es geht aber leider langsam vorwärts wegen Zeitmangel und anderer Schwierigkeiten. Seit einiger Zeit, um die Verhältnisse näher kennenzulernen, befasse ich mich speziell mit dem Widerstand in Düsseldorf. Im letzten Jahr habe ich einen Urlaub dort und in Hamm (Westfalen) verbracht und hoffe, in der nicht so entfernten Zukunft etwas über den Widerstand in Düsseldorf zu veröffentlichen. Besonders über die ersten Jahre (1933-1935) gibt es eine ziemlich reiche Dokumentation. Zur Zeit versuche ich, Genossen kennenzulernen, die am damaligen Widerstand in Düsseldorf teilnahmen und noch leben."[7]

18. Januar 1978: "Herzlichen Dank für das Buch *Jungkommunisten im Widerstandskampf.*[8] Ich lese es seit ein paar Wochen, wenn ich Zeit habe. Bin aber noch nicht zum Ende gekommen. Es ist für mich hochinteressant, ganz besonders, wo es das Rhein-Ruhr-Gebiet betrifft - z.B. wo Sie die Verbindung zwischen Jungkatholiken und Jungkommunisten in Düsseldorf (Berta Karg und Joseph Rossaint) beschreiben, da ich in den Gestapoakten in Düsseldorf schon manches darüber gelesen habe. Aber Ihr ganzes Buch wird mir bei meinen Forschungen sehr viel helfen. Leider gehen diese Forschungen allzu langsam. Aber im nächsten Jahr hoffe ich schneller zu arbeiten, da ich im kommenden Sommer in den Ruhestand treten werde."[9]

Wenn es auch bis zum Erscheinen des Buches über zwei Jahrzehnte dauerte, erfüllte das Werk von Allan Merson die hohen Erwartungen seiner Kollegen und Freunde. Es umfaßt neben dem Vorwort, dem Einleitungs- und Schlußteil 14 Kapitel, die in vier Hauptteile gegliedert sind:
Der Übergang zur Illegalität 1933
Die Strategie von der revolutionären Massenaktion 1933 - 35

Eine neue Perspektive 1936 - 39
Die Kriegszeit.

In deutscher Sprache liegt nur ein Teil des 6. Kapitels vor unter der Überschrift "A Closer Look". Der Druck erfolgte Anfang 1990 auf Initiative von Professor Dr. Peter Hüttenberger von der Heinrich-Heine-Universität Düsseldorf in der Zeitschrift "Geschichte im Westen" unter dem Titel "Kommunisten in Düsseldorf 1933/34. Eine nähere Betrachtung".[10] Dr. Bernd A. Rusinek, einer der Mitarbeiter von Peter Hüttenberger, hat diese Publikation wissenschaftlich betreut. In der Einleitung zum Text von Allan Merson schreibt er:

"In 'A Closer Look' wirft Merson ... einen Blick auf ein genau umrissenes überschaubares Terrain. Er wählte die Situation in Düsseldorf. In genauer Nachzeichnung der KPD-Aktivitäten der Jahre 1933 und '34 gelingt es ihm, die Hauptlinien des Geschehens zu individualisieren. Wir erfahren von dem Mut und der Tatkraft der Düsseldorfer Kommunisten, von ihren Hoffnungen und Ängsten, aber auch von den psychischen Belastungen und Deformationen durch die illegale Existenz in einem Staat, dessen Credo die Vernichtung der Kommunisten war."[11]

Das Vertrauen seiner Kollegen in Southampton sowie das Verständnis und die Hilfe durch seine Frau Betty[13] halfen Allan Merson entscheidend, das Werk erfolgreich zu beenden.

Elizabeth und Allan Merson gestalten ihren Lebensabend in Lyndhurst, einer kleinen Stadt unweit von Southampton. Der Kontakt von Allan Merson zu seiner Universität ist niemals abgerissen. Seine reiche Spezialbibliothek zur Geschichte des Dritten Reiches und des antifaschistischen Widerstands hat 1994 einen festen Platz in der Universitätsbibliothek von Southampton gefunden. Damit ist diese wertvolle englisch- und deutschsprachige Fachliteratur den Studenten und anderen Interessierten zugänglich.

Die schwere Niederlage der internationalen kommunistischen Bewegung 1989/90 hat Allan Merson schmerzhaft getroffen und tief erschüttert. Er gehört nicht zu denen, die ihr bisheriges Leben in Frage stellen. Wie in früheren Jahrzehnten ist auch heute sein Verhalten durch Solidarität mit Gleichgesinnten gekennzeichnet.

Als marxistischer Historiker gehört er zu den Kommunisten, die bestrebt sind, gründlich die Ursachen für das Scheitern des Versuchs, eine sozialistische Gesellschaft im 20. Jahrhundert in der Sowjetunion und anderen Ländern zu errichten, zu analysieren. Schnelle und oberflächliche Urteile lehnt er ab. Unmißverständlich äußert Allan Merson seine Überzeugung, daß im kommenden Jahrhundert erneut versucht werden muß, eine Alternative zum gegenwärtigen Kapitalismus zu suchen, denn sonst sind für ihn die vielfältigen globalen Probleme der Welt von heute unlösbar.

Anmerkungen

1 Der Verf. ist mit Allan Merson seit 1964 bekannt. Befragungen zu seiner Biographie fanden vom 29.9. bis 3.10. 1992 und am 7.5. 1994 in Lyndhurst statt.

2 Vgl. History of psychological Warfare activities (Belgium 1944 - 1945), o. O. o. J., S. 20 f.

3 Der Berliner, Nachrichtenblatt der Britischen Militärbehörde, 2. August 1945, S. 1

4 Ebenda, S. 2

5 Vgl. Nazis and Monopoly Capital, Manchester 1973

6 1966 unterstützte Allan Merson z. B. den Verf. bei Forschungen über die Teilnahme britischer Studenten am Kampf der Internationalen Brigaden in Spanien. 1971 wirkte er an einer Publikation mit über Aktionen der internationalen antifaschistischen Bewegung gegen die Durchführung der Olympiade 1936 in Deutschland. Vgl. Karl Heinz Jahnke. Gegen den Mißbrauch der Olympischen Idee 1936. Sportler im antifaschistischen Widerstand, Frankfurt am Main 1972

7 Brief von Allan Merson an den Verf., Southampton, 7.8. 1971

8 Vgl. Karl Heinz Jahnke. Jungkommunisten im Widerstandskampf gegen den Hitlerfaschismus, Berlin 1977

9 Brief von Allan Merson an den Verf., Southampton, 18.1. 1978

10 Vgl. Geschichte im Westen. Zeitschrift für Landes- und Zeitgeschichte, 1. Halbjahr 1990, Köln 1990, S. 38 ff. (vgl. S. 190 f.)

11 Ebenda, S. 38

12 Die erste Ehe mit Margret Steingrimmsdöttir war Anfang 1959 geschieden worden. Am 2. Oktober 1959 heiratete Allan Merson Elizabeth Thomas geb. Lough. E. Merson hat später auf dem Gebiet der Schulgeschichte publiziert. 1979 erschien der von ihr verfaßte Band "The Village School" in dessen Zentrum die Geschichte der Schule in dem kleinen Ort Bramshaw zwischen 1812 und 1977 steht. Von 1968 bis 1977 war die Autorin an diesem Ort selbst als Lehrerin tätig.

Allan Merson, 30er Jahre

Allan Merson, Universität Oxford

Allan Merson, gezeichnet von Elisabeth Merson, Lyndhorst 1993

Allan Merson. Kommunisten in Düsseldorf 1933/34.

Düsseldorf war ein relativ bedeutendes kulturelles Zentrum und Wolfgang Langhoff nur einer aus einer ganzen Reihe von Künstlern und Intellektuellen, die sich an der illegalen Arbeit der KPD beteiligten. Einige besaßen hohe Funktionen innerhalb der geheimen Parteiorganisation. So gestaltete Hans Kralik, 1933 Agitpropleiter des Düsseldorfer Unterbezirks, Hugo Pauls Flugblätter und stellte sie her, während seine jüdische Frau Lia in der kommunistisch geprägten Kommission für Angestellte aktiv war. Andere Künstler lieferten Zeichnungen und Karikaturen, wieder andere stellten ihr Haus oder ihre Wohnung für geheime Treffen und Übernachtungen zur Verfügung, weil sie häufig abgelegen wohnten und weniger leicht beobachtet werden konnten.

Für die meisten Arbeiter war Sport der vertrauteste kulturelle Bereich. In Düsseldorf wurden wie in anderen Städten alle linken Sportvereine, sozialdemokratische und kommunistische, von den Nationalsozialisten unterdrückt, in einigen Fällen auch die Sportausrüstungen konfisziert. Ihre Mitglieder waren in "bürgerlichen" oder unpolitischen Vereinen willkommen, besonders wenn sie außergewöhnliche Sportler waren oder Ausrüstungsgegenstände beisteuern konnten. Kommunistische Sportler versuchten verschiedentlich, gemeinsam einem dieser Vereine beizutreten, um ihre Gemeinschaft erhalten und vielleicht auch politischen Einfluß ausüben zu können. Im übrigen scheinen sie sich die Taktik der Zerstreuung in so viele Vereine der sozialen Mittelklasse wie möglich zu eigen gemacht zu haben.

Das Leben eines Kommunisten im Dritten Reich, ob legal oder illegal, war physisch und psychisch extrem hart. War ein Genosse auf Grund der illegalen Arbeit nicht in der Lage, irgendeine Verabredung einzuhalten, so konnte das in der Nachbarschaft oder am Arbeitsplatz zu einer Menge von Fragen führen, für die man keine Erklärung fand. Besonders die "Illegalen" standen manchmal ohne jeden Pfennig da und mußten buchstäblich hungern. Gelegentlich waren sie gezwungen, ihre Wohnung zu verlassen und irgendwo behelfsmäßig zu übernachten, doch hielten die Sicherheitsregeln sie davon ab, jemanden um Hilfe zu bitten. Hinzu kamen seelische Belastungen, die nicht weniger brennend waren. Vor allem litten jene darunter, die wegen der illegalen Arbeit ihre Familien verlassen und sich dadurch oft ernster wirtschaftlicher Not ausgesetzt hatten. Der Düsseldorfer Kommunist Werner Eggerath war im Winter 1934/35 Mitglied der Operativen Inlandsleitung der KPD in Berlin. Er hat beschrieben, wie schwierig und geradezu unmöglich es für ihn war, dem Drang standzuhalten, Frau und Kinder wiederzusehen, und wie sehr er unter der zwischen ihnen entstandenen Entfremdung und Verständnislosigkeit litt.

Während die geheime Widerstandsarbeit die Bindung zur Familie löste, wurden die Bande der Kameradschaft enger. Es entstanden ein starker Gemeinschaftsgeist und ein intensives Verhältnis gegenseitigen Vertrauens, das über eine normale Freundschaft weit hinausging. Wie Jürgen Kuczynski in seinen Memoiren bemerkt, hatte das eine negative und eine positive Seite. Der illegale Kampf, so schreibt er, verwandelte die Teilnehmer in bessere Genossen und bessere Kämpfer für den humanen Fortschritt, aber sie wurden nicht zu liebenswürdigeren Persönlichkeiten. Wenn sie nicht zerbrachen, gewannen sie ein überaus hohes Selbstvertrauen jedoch zum Preis einer gewissen Verkrüppelung, eines Verlustes an Spontanität, der unvermeidbar war, wenn sie erreichen wollten, was die Partei verlangte. Sie wurden mißtrauischer im täglichen Leben, setzten aber mehr Vertrauen in die Entwicklung auf lange Sicht; sie waren gegenüber den kleinen Freuden des Lebens anspruchslos, legten aber grenzenlose Erwartungen in die Zukunft der Menschheit. Vielleicht hätten sie ohne Erwartungen dieser Art nie den Mut und die Härte aufgebracht, Jahr um Jahr im Kampf gegen eine solche Übermacht zu verharren.

Geschichte im Westen, 1. Halbjahr 1990, Köln 1990, S. 52f.

Ernst Buschmann (Deutschland)

Im Frühsommer 1991, 55 Jahre nach dem Beginn des Kampfes des spanischen Volkes gegen den faschistischen Staatsstreich unter General Franco, trafen sich im "Red House" in der Kiefernstraße in Düsseldorf junge Menschen mit dem 76jährigen Kommunisten Ernst Buschmann.[1] Er hatte über zwei Jahre in den Internationalen Brigaden an der Seite des spanischen Volkes gekämpft. Am 1. April 1938 war er mit 23 Jahren Kommandeur des Bataillons "Edgar André" in der 11. Brigade geworden.

Die Jugendlichen hatten Ernst Buschmann nicht das erste Mal eingeladen, denn er ist für sie ein anerkannter, streitbarer Diskussionspartner, der sich ihren Fragen zur Geschichte unseres Jahrhunderts ohne Scheu stellt.

Ernst Buschmann ist am 8. November 1914 in Solingen-Wald in einer Arbeiterfamilie geboren worden, zu der noch die drei älteren Brüder Karl, Eugen und Fritz gehörten. Die Hauptlast der Familie trug die Mutter, Paula Buschmann. Sie war als Arbeiterin in einer Schirmfabrik tätig und mußte im Ersten Weltkrieg in einem Rüstungsbetrieb arbeiten. Sie war eine konsquente Gegnerin des Krieges. Der Vater, der Scherenschleifer Kuno Buschmann, mußte den ganzen Krieg über Soldat sein und war auch danach selten zu Hause. In den schweren Nachkriegsjahren versuchte er, sich und seine Familie als selbständiger Scherenschleifer zu ernähren. Die Mutter trug durch Heimarbeit zum Lebensunterhalt bei. Der Vater half seinen drei älteren Söhnen, ebenfalls den Beruf des Scherenschleifers zu erlernen. Seine Tätigkeit brachte es mit sich, daß er oft wochenlang von Solingen fort war. 1924 kehrte er überhaupt nicht mehr zurück und ließ seine Familie allein.

Jetzt war es für die Mutter noch schwerer geworden. Die bereits im Beruf stehenden Söhne halfen ihr und Ernst zu jeder Zeit. Trotz der Armut und der Schwere des Alltags herrschte in der Familie Buschmann meist Zuversicht und Lebensfreude. Zwischen der Mutter und den Söhnen gab es Vertrauen und engen Zusammenhalt. Gern wurde gemeinsam gesungen und gewandert. Im Leben der Jungen spielte der Sport eine große Rolle. Sie waren alle aktive Mitglieder des Arbeiter-Turn- und Sportbundes. Die Erfahrungen des Lebens im Rheinland und der Einfluß von Freunden brachten es mit sich, daß Karl, Eugen und Fritz Buschmann in jungen Jahren Mitglieder der KPD und des Roten Frontkämpferbundes wurden.

In diesem Milieu wuchs Ernst Buschmann auf. Von 1921 bis 1929 besuchte er in Solingen-Wald die Volksschule. Seine Mutter hatte dafür gesorgt, daß er an die "Freie Schule" kam, an der vorrangig sozialdemokratissch eingestellte Lehrer und auch einzelne Kommunisten unterrichteten. Neben der Schule trieb Ernst

Buschmann Sport und sang im Arbeiter-Kinderchor. Besonders interessierten ihn Fußball, Schwimmen und Turnen.

Nach Abschluß der Schulzeit gelang es ihm, eine Lehrstelle als Betriebselektriker in den Pränafawerken in Solingen-Gräfrath zu erhalten. In dieser Fabrik wurden hauptsächlich Teile für Motor- und Farräder hergestellt. Hier erhielt Ernst Buschmann eine Ausbildung und wurde auch nach der Lehre weiterbeschäftigt. Dies war ein großes Glück in einer Zeit, in der so viele Menschen erwerbslos waren.

In der Lehrzeit schloß sich Ernst Buschmann dem Deutschen Metallarbeiterverband und den Naturfreunden an. Den wichtigsten Platz nahm jedoch der Kommunistische Jugendverband ein, dem er unter dem Einfluß seines Bruders Karl mit 14 Jahren beigetreten war. In verschiedenen Funktionen in Solingen und später auch in der Unterbezirksleitung nahm er am Kampf gegen die Nazis teil, die auch im Ruhrgebiet auf dem Vormarsch waren. 1932 fanden in Solingen eindrucksvolle gemeinsame antifaschistische Aktionen von jungen Sozialdemokraten und jungen Kommunisten statt.

Der KJVD setzte den Widerstand auch nach der Ernennung Adolf Hitlers zum Reichskanzler am 30. Januar 1933 fort. In Solingen war Ernst Buschmann als Sekretär der Unterbezirksleitung des KJVD einer der Organisatoren des Widerstands der Arbeiterjugend gegen das Hitlerregime. Als im Februar 1935 seine Verhaftung drohte, mußte er in die Niederlande ins Exil gehen. Vom Ausland aus versuchte er weiter antifaschistisch tätig zu sein. 1934 war Ernst Buschmann noch in Solingen Mitglied der KPD geworden.

Im Sommer 1935 wurde der 20jährige vom Zentralkomitee der KPD zum Besuch des Jugendlehrgangs an der Internationalen Leninschule in Moskau vorgeschlagen. Im September 1935 reiste er zusammen mit dem früheren Leiter des Bezirks Niederrhein des KJVD, Fritz Sperling, von Amsterdam über Kopenhagen und Helsinki in die UdSSR.

In Moskau tagte vom 26. September bis 11. Oktober 1935 der VI. Weltkongreß der Kommunistischen Jugendinternationale. Ernst Buschmann konnte als Gast an den Beratungen teilnehmen.

Von Oktober 1935 bis Februar 1937 studierte er unter dem Namen "Herbert Gerbert" an der Leninschule.[2] Zum ersten Mal in seinem Leben konnte er sich gründliche Kenntnisse des Marxismus aneignen. Das Studium und die Bekanntschaft mit dem Leben in der Sowjetunion hatten auf seine weitere Entwicklung maßgeblichen Einfluß.

1937 verließ Ernst Buschmann vor Abschluß der Ausbildung Moskau. Seinem Antrag, nach Spanien zu gehen, um in den Internationalen Brigaden zu kämpfen, war entsprochen worden. Zusammen mit Albert Hößler trat er im Februar 1937 die mehrwöchige, abenteuerliche Fahrt von Moskau aus an. Im März erreichten sie Spanien. Das erste Ziel war die Basis der Internationalen Brigaden in Albacete.

Ernst Buschmann, der unter dem Namen "Hermann Wittmann" in Spanien bekannt war, wurde in der MG-Kompanie des Bataillons "Hans Beimler" der 11. Brigade als Leutnant eingesetzt. Zunächst führte er einen Zug, später wurde er stellvertretender und einige Wochen darauf Kompanieführer. Der erste große militärische Einsatz erfolgte am 10. Juli 1937 in der Schlacht um Brunete. Hier und in einer Reihe anderer erbitterter Kämpfe verteidigten die Soldaten und Offiziere der 11. Brigade an der Seite ihrer spanischen Waffengefährten die demokratische Republik.

Am 4. Januar 1938 bei der Schlacht um Teruel wurde Ernst Buschmann durch einen Streifschuß verwundet. Zu dieser Zeit war er Stabschef des Bataillons.

Ende März kehrte er aus dem Lazarett zurück. Schon am 1. April 1938 wurde ihm die schwierigste Aufgabe übertragen, die er in Spanien erhielt. Ernst Buschmann bekam den Befehl, als Kommandeur das Bataillon "Edgar André" der 11. Brigade zu führen.[3] Dies bedeutete für den 23jährigen eine hohe Verantwortung. Über ein halbes Jahr erfüllte er im Range eines Majors diese schwere Aufgabe. Sein Bataillon war u.a. vom 25. Juli 1938 ab in der für den Ausgang des Krieges so bedeutsamen Schlacht am Ebro eingesetzt. Die erfolgreiche Verteidigung der Höhe 565 nahe der Stadt Gandesa kennzeichnen deutlich das militärische Können, die Standhaftigkeit und den Mut des jungen Offiziers.

Mit Unverständnis und Trauer wurde von ihm und vielen anderen am 23. September 1938 der Befehl der spanischen Regierung aufgenommen, alle militärischen Verbände der Internationalen Brigaden aus dem Kampfgebiet abzuziehen und zu internieren. Dies geschah auf Druck des Völkerbundes.

Von Oktober bis Dezember 1938 befand sich Ernst Buschmann mit seinem Bataillon im Demobilisierungslager Bisaura de Teer.

Als auf Wunsch der Spanier zur Entlastung der Front noch einmal Freiwillige aus den Reihen der Interbrigadisten zu einem militärischen Einsatz aufgefordert wurden, gab es für Ernst Buschmanmn kein Zögern. Als Kommandeur übernahm er die Leitung des ersten Bataillons mit ungefähr 500 Freiwilligen, die erneut unter dem Namen "Edgar André" an die Front marschierten. Ein zweites Bataillon mit dem Namen "12. Februar" formierte sich vorrangig aus österreichischen Antifaschisten. Auch jetzt leisteten deutsche und österreichische Interbrigadisten an der Seite militärischer Verbände der spanischen Republik Beispielhaftes. Aber zu diesem Zeitpunkt war der Ausgang des Krieges schon entschieden. Volksfront-Spanien war bereits weitgehend besiegt. Nach vier Wochen wurden die beiden Bataillone Anfang Februar 1939 von der Front abgezogen und traten den Weg in die Internierung auf französischem Boden an.

Für Tausende Spanier und Interbrigadisten aus vielen Ländern Europas, die mit soviel Begeisterung und hohem Einsatz in Spanien gegen den internationalen Faschismus gekämpft hatten, folgten außerordentlich schwere, an Demütigungen und Schmach reiche Jahre.

Vom 8. Februar 1939 bis zum 5. September 1943, fast vier Jahre und sieben Monate, befand sich Ernst Buschmann in französischer Gefangenschaft. Sein Weg führte ihn über die Lager Saint Cyprien und Gurs in das berüchtigte zentrale Lager für ausländische Antifaschisten nach Le Vernet.[4]

In Saint Cyprien war Ernst Buschmann knapp zwei Monate, in Gurs über ein Jahr und in Le Vernet vom 10. März 1940 bis zum 12. November 1942. In allen drei Lagern leisteten die Kommunisten zusammen mit anderen Antifaschisten Widerstand. Sie versuchten u.a. von den französischen Militärbehörden die Einhaltung elementarer Menschenrechte zu erzwingen und ab 1940 gegen die Auslieferung deutscher Antifaschisten an das Hitlerregime aufzutreten. Überall stand Ernst Buschmann mit in der ersten Reihe dieses Kampfes. In Gurs hatten ihn die deutschen und österreichischen Interbrigadisten zu ihrem Sprecher gewählt. In Le Vernet gehörte er zu der illegalen Leitung der KPD im Quartier C und erfüllte als Elektriker, der in verschiedene Teile des Lagers kam, Aufträge der illegalen Parteiorganisation.

Am 12. November 1943 zählte Ernst Buschmann zu den deutschen Antifaschisten, die stark bewacht in das Gefängnis Castres gebracht wurden. Von diesem Ort aus waren schon mehrfach bekannte deutsche Gegner des Hitlerfaschismus an die Besatzungsbehörden ausgeliefert worden. Unter ihnen war auch das Mitglied des Politbüros des ZK der KPD, Franz Dahlem.

Im Sommer 1943 wurde immer deutlicher, daß Ernst Buschmann und anderen Gefangenen ein ähnliches Schicksal unmittelbar bevorstand. Diese Absicht wurde aber am 5. September 1943 durch die Flucht von 36 Gefangenen, vor allem aus Jugoslawien, Deutschland und Österreich, zunichte gemacht. Durch Kontakte zur französischen Resistance und der "Bewegung 'Freies Deutschland' für den Westen" gelang es, alle aus der Haftanstalt ausgebrochenen Gefangenen sicher zu verstecken, so daß eine großangelegte Razzia ohne Ergebnis blieb.

Der weitere Weg führte Ernst Buschmann über Toulouse nach Südfrankreich in das Gebiet von Lyon. Zunächst wurde er in einer französischen Familie fürsorglich gepflegt, um nach den schweren Haftjahren neue Kräfte zu sammeln. Er erhielt sichere Ausweispapiere auf den Namen Louis Lacherez und schloß sich der illegal wirkenden Widerstandsbewegung an. Seine wichtigste Aufgabe bestand darin, als Mitglied der Leitung der Bewegung "Freies Deutschland" in Südfrankreich militärische Operationen von Partisanen zu unterstützen.

Als 1944 der Einfluß der Resistance weiter anwuchs und immer deutlicher wurde, daß die Tage der Hitlerwehrmacht und der Waffen-SS in Frankreich gezählt waren, übernahm Ernst Buschmann die militärische Anleitung des vorrangig aus jungen Franzosen jüdischer Herkunft formierten Partisanenbataillons "Carmangole-Liberté".

Das Bataillon war am 9. September 1944 direkt an der Befreiung Lyons beteiligt. Ernst Buschmann zeichnete sich erneut durch militärisches Können und überlegtes Handeln aus. Buchstäblich in letzter Minute vereitelte er z.B. die von deutschen Soldaten vorbereitete Sprengung einer der großen Brücken über die Saóne.

In den folgenden Monaten wirkte Ernst Buschmann in der Leitung der Bewegung "Freies Deutschland" in Südfrankreich und in der dortigen Organisation der KPD mit. Im Vordergrund standen die Vorbereitungen für den Neubeginn in Deutschland. Intensive Aufklärungsarbeit leistete er darüber hinaus unter deutschen Kriegsgefangenen, die in großer Zahl in Südfrankreich stationiert waren.

Der Sieg der Alliierten über Hitlerdeutschland im Frühjahr 1945 wurde von Ernst Buschmann und seinen Freunden in Frankreich mit Genugtuung und Freude begrüßt. So schnell wie möglich wollten die meisten von ihnen in die Heimat zurückkehren. Dieser Wunsch wurde aber nicht unmittelbar erfüllt. Die Besatzungsbehörden der USA und Großbritanniens hatten kein Interesse daran, daß die deutschen Hitlergegner schnell in ihr Land zurückkehrten. Trotz dieser einer demokratischen Entwicklung entgegenstehenden Haltung gelang es mit Hilfe französischer und luxemburgischer Antifaschisten, an der Grenze zwischen Frankreich und Luxemburg zu Deutschland sichere Übergänge zu schaffen. Ernst Buschmann war vom Mai bis Juni 1945 maßgeblich daran beteiligt, daß eine größere Zahl deutscher Hitlergegner auf diese Weise zurückkehren konnte. Im Juli 1945 war es für ihn endlich selbst soweit. Sein Weg führte zunächst in die Stadt Luxemburg. Von dort aus überquerte er zusammen mit zwei anderen Deutschen in der Nacht in einem Schlauchboot die Mosel und erreichte unentdeckt die Stadt Trier. Der Wunsch von Ernst Buschmann war, so schnell wie möglich in seine Heimatstadt Solingen zurückzukehren. Da er illegal nach Deutschland eingereist war, hätte es aber Schwierigkeiten mit den britischen Besatzungsbehörden gegeben. Er blieb in der gerade entstandenen französischen Besatzungszone. Zwischen dem 10. und 15. Juli hatte sich aus der Region Pfalz-Rheinhessen, den Regierungsbezirken Koblenz und Trier sowie den vier rechtsrheinisch gelegenen Kreisen Ober- und Unterwesterwald, St. Goarshausen und Unterlahn die französische Besatzungszone gebildet. Vorher war dieses Gebiet von amerikanischen Truppen besetzt.

Bei seiner Ankunft in Trier wurde Ernst Buschmann vorgeschlagen, nach

Koblenz zu gehen, wo der sozialdemokratische Oberbürgermeister Wilhelm Kurth dringend einen persönlichen Sekretär suchte, der französisch sprach und am Widerstand gegen das NS-Regime teilgenommen hatte. Ernst Buschmann willigte ein und arbeitete in dieser Stellung fast ein halbes Jahr.

Sozialdemokraten und Kommunisten sowie Angehörige christlicher Kreise wirkten in Koblenz in den ersten Nachkriegsmonaten eng zusammen. Gemeinsam wurde viel für die Beseitigung der Kriegsfolgen und zur Normalisierung des Alltagslebens getan sowie erste Schritte zur Entmachtung der Träger des Dritten Reiches eingeleitet. Förderlich für das Handeln der demokratischen Kräfte war, daß als Kommandant der Region in Koblenz Oberstleutnant Henry Rol-Tanguy, eine der legendären Persönlichkeiten des französischen Widerstands gegen die deutsche Besatzungsmacht eingesetzt worden war. Im August 1944 hatte er mit an der Spitze der französischen Streitkräfte gestanden, die Paris befreiten.

Zwischen ihm und Ernst Buschmann als Spanienkämpfer und Angehörigem der französischen Resistance entwickelte sich im Interesse der Koblenzer Bevölkerung ein enges Vertrauensverhältnis. In den ersten Wochen wurden in der Kommandantur täglich Beratungen über die Lage in der Stadt und unmittelbar einzuleitende Maßnahmen durchgeführt. Die Franzosen unterstützten Bestrebungen, die dem Ziel dienten, als Lehre aus der Vergangenheit die antifaschistisch-demokratischen Kräfte in Deutschland zu einigen. Bemerkenswert war, daß in den Bezirken Koblenz und Trier sowie kurze Zeit später auch in Rheinland-Pfalz im Herbst 1945 einheitliche Gewerkschaften entstanden. Der Entschluß, die Spaltung der Arbeiterbewegung zu beenden, war von folgenden Überlegungen getragen:

"Ob Sozialdemokraten, Kommunisten oder christliche Gewerkschaftler: Alle brachten die Erkenntnis zum Ausdruck, daß die gewerkschaftliche Zersplitterung der deutschen Arbeiterschaft eine wesentliche Voraussetzung für die Machtergreifung Hitlers war. Alle zogen aus dieser Erkenntnis die Lehre und gelobten in der Stunde der Geburt der neuen Gewerkschaftsbewegung, nie wiedeer eine Zersplitterung der Schaffenden zuzulassen, sondern eine Gewerkschaftsbewegung zu formen ohne jede weltanschauliche, religiöse und parteipolitische Bindung, eine Gewerkschaftsbewegung, die in ihrer Struktur demokratisch ist und in der jeder aufbauwillige Werktätige seinen Platz einnehmen könne."[5]

Zu den fünf Unterzeichnern des Aufrufs im Namen des provisorischen Bezirkskomitees der Einheitsgewerkschaft Bezirk Koblenz "An alle Werktätigen" zählte am 6. November 1945 auch Ernst Buschmann. In dem Dokument werden als Ziele der "Einheitsgewerkschaft" genannt:

"- für die Steigerung der Produktion, als Voraussetzung für die Wiedergutmachung und Beseitigung unserer materiellen Not,

- für die vollständige Ausrottung der Reste des Hitlerfaschismus und des preußischen Militarismus,
- für die Säuberung der Wirtschaft von allen Nazielementen,
- für ein fortschrittliches, demokratisches Arbeitsrecht,
- für die Erweiterung und Verbesserung der Sozialversicherungen,
- für eine angemessene Arbeitszeit bei ausreichenden Löhnen und Gehältern,
- für eine Wirtschaftsordnung der sozialen Gerechtigkeit,
- für eine Verständigung mit allen friedliebenden Völkern der Welt."[6]

In Übereinstimmung mit diesen Aufgaben wurde 1945 in gemeinsamer Arbeit viel erreicht und versucht, Weichen für die Zukunft zu stellen.

Neben der Hauptarbeit in der Koblenzer Stadtverwaltung und in der "Einheitsgewerkschaft" nahm Ernst Buschmann maßgeblich Einfluß auf den Wiederaufbau der KPD. Erst am 31. Januar 1946 wurden durch die französischen Besatzungsbehörden in Rheinland-Hessen-Nassau gleichzeitig die CDU, die KPD und die SPD zugelassen. Dadurch entstand eine neue Situation. Das politische Leben erfuhr einen sprunghaften Aufstieg. Dies hing auch mit der Neugestaltung parlamentarischer Tätigkeit zusammen. Zunächst bestand in Koblenz eine vom französischen Kommandanten berufene Stadtverordnetenversammlung, zu deren Mitgliedern auch Ernst Buschmann, als einer der Vertreter der KPD zählte. Nach der Bildung des Landes Rheinland-Pfalz am 30. August 1946 fanden am 15. September 1946 Gemeindewahlen und am 13. Oktober Kreistagswahlen statt. Am 17. November wählten 1655 Wahlmänner aus den Gemeinden und Kreisen die aus 127 Abgeordneten bestehende Beratende Versammlung des Landes Rheinland-Pfalz.[7] Entsprechend dem Stimmenanteil bei den vorangegangenen Kommunalwahlen von 7,9 Prozent für die KPD wurden neun Kommunisten, unter ihnen Ernst Buschmann, in die Landesvertretung aufgenommen. Die CDU stellte 70 und die SPD 41 Abgeordnete.

Ein Ausdruck der Anerkennung des Wirkens der Kommunisten für die Überwindung der Folgen von Krieg und Faschismus war die Ernennung des Mitglieds der KPD, Willi Feller, als Minister für Wiederaufbau und Verkehr in der ersten Regierung von Rheinland-Pfalz.

Zu diesem Zeitpunkt war es für die Tätigkeit der Kommunisten bereits viel schwieriger geworden. Unter dem Einfluß der Führung der SPD unter Kurt Schumacher wurde auch in verschiedenen Orten in Rheinland-Pfalz die Aktionseinheit von Sozialdemokraten und Kommunisten zerstört. Der Kalte Krieg deutete sich bereits an. Im Zeichen des Antikommunismus fanden erneut Ausgrenzungen von Kommunisten statt. Aufgrund ihres hohen Ansehens war dies oft nicht direkt möglich. Als konsequenter Antifaschist war Ernst Buschmann im April 1946 auf Anordnung des französischen Gouverneurs Hettier de Boislambert als "Provinzialkommissar für die Bereinigung sowohl in der Verwaltung als auch in der Wirtschaft der Provinz Rheinland-Hessen-Nassau" eingesetzt worden. Im Zentrum seines neuen Aufgabengebiets stand die Entfernung von Personen aus der Verwaltung und der Wirtschaft, die führende Stellungen im Dritten Reich eingenommen hatten und Mitverantwortung für die Verbrechen des Hitlerfaschismus trugen. Umsichtig war Ernst Buschmann als Provinzialkommissar und als am 10. Juni 1947 gewählter Abgeordneter des Landtags tätig. Wichtige Teilergebnisse konnten durch seine Kompromißlosigkeit und Hartnäckigkeit erreicht werden. Das Hauptziel, eine vollständige Reinigung der Zentren der Macht im Land Rheinland-Pfalz von Trägern der nationalsozialistischen Gewaltherrschaft gelang nicht, da vor allem durch die stärkste Partei, die CDU, eine umfassende Entnazifizierung verhindert wurde.

Im persönlichen Leben von Ernst Buschmann trat 1947 eine wichtige Veränderung ein. In Koblenz heiratete der 32jährige am 1. März Maria Düsing. 1948 und 1951 wurden die Töchter Rita und Marga geboren.

Zu diesem Zeitpunkt war Ernst Buschmann neben seiner Arbeit als Landtagsabgeordneter stark in der KPD gefordert. Als einer der leitenden Funktionäre des Landesvorstands hatte er maßgeblichen Anteil am Aufbau einer stabilen Organisation, die sich an vielen Fragen des öffentlichen Lebens rege beteiligte. Trotz vielfältiger Behinderungen gab die KPD niemals auf, sich für die arbeitenden Menschen einzusetzen.

1948/49 spielte der Kampf gegen die Spaltung Deutschlands und die Restauration der Macht des Kapitalismus eine entscheidende Rolle. Durch seinen hohen persönlichen Einsatz und die Überzeugungskraft seines Auftretens war Ernst Buschmann nicht nur unter Kommunisten beachtet und beliebt. 1950 wurde er zum Vorsitzenden der KPD im Land Rheinland-Pfalz gewählt. Mit großer Tatkraft widmete er sich gleich dieser Aufgabe unter den neuen Bedingungen der Spaltung Deutschlands und der Remilitarisierung der Bundesrepublik.

Bedauerlicherweise wurde sein Wirken Anfang 1951 durch die Abberufung als Landesvorsitzender auf Beschluß des Sekretariats des Parteivorstands der KPD unterbrochen. Ernst Buschmann gehörte zu der Gruppe leitender kommunistischer Funktionäre, die im Februar 1951 unter falschen Anschuldigungen wegen ihres Aufenthalts im westeuropäischen Exil ihrer Funktionen enthoben wurden und in die DDR übersiedeln mußten.[8]

Von 1951 bis 1956 lebte Ernst Buschmann in Leipzig und Berlin. Er bekam zunächst Arbeit als Redakteur beim Rundfunk, beim Sender Leipzig. Erneut erwarb er sich die Anerkennung und Achtung bei ihm zuvor weitgehend unbekannten Menschen. Diese schätzten an ihm das publizistische Können, seine Zuverlässigkeit und die Überzeugung als Kommunist. Auch in schwersten Situationen blieb er seiner marxistischen Weltanschauung und seinen Idealen treu. So konnte Ernst Buschmann auch 1953/54, als die DDR eine tiefe Krise erlebte, Suchenden und Schwankenden Halt bieten.

Im Zusammenhang mit Korrekturen in der Politik von KPD und SED nach dem XX. Parteitag der KPdSU wurde Ernst Buschmann rehabilitiert und konnte im Sommer 1956 in die Bundesrepublik zurückkehren. Dies geschah wenige Wochen vor dem Verbot der KPD durch die Bundesregierung im August 1956.

In den folgenden 12 Jahren, als in Westdeutschland Kommunisten nicht legal auftreten konnten, brauchte die Partei dringend solche Persönlichkeiten wie Ernst Buschmann. Im Auftrage des Zentralkomitees der KPD arbeitete er zwischen 1956 und 1958 in der illegalen Bezirksleitung in Hamburg, 1958/59 in der Bezirksleitung in Hessen und von 1959 bis 1968 in der Bezirksleitung in Rheinland-Westfalen.

Als sich 1968 die Deutsche Kommunistische Partei (DKP) bildete, gehörte er zu den Gründungsmitgliedern. Zwei Jahrzehnte, bis 1989 war er beim Parteivorstand im Bereich der internationalen Arbeit tätig. Einen hohen Stellenwert nahmen dabei die Kontakte nach Kuba, Chile und Nikaragua ein, zu Ländern, in denen auf dem amerikanischen Kontinent versucht wurde, einen eigenen, vom Kapitalismus freien Weg zu gehen.

Nur verständlich war, daß Ernst Buschmann aufgrund seiner Teilnahme am antifaschistischen Kampf in Spanien und Frankreich zu den kommunistischen Parteien und anderen Kräften in diesen Ländern enge Beziehungen pflegte.

Zusammen mit seiner zweiten Frau, Martha Weyrich, nahm Ernst Buschmann an zahlreichen politischen Aktionen und Initiativen der DKP in Düsseldorf und anderen Ortes teil.

In der Vereinigung der Verfolgten des Naziregimes ist Ernst Buschmann seit der Gründung im Jahre 1947 Mitglied. In den letzten beiden Jahrzehnten war er an vielfältigen Aktionen der VVN-Bund der Antifaschisten in Nordrhein-Westfalen beteiligt. Darüber hinaus wirkte und wirkt er als Sprecher der Gemeinschaft ehemaliger republikanischer Spanienkämpfer in der BRD und in der Leitung der Interessengemeinschaft ehemaliger deutscher Widerstandskämpfer in den vom Faschismus okkupierten Ländern. Überall, wo es eine Gelegenheit dazu gab, setzte sich Ernst Buschmann in Übereinstimmung mit den Zielen und Idealen des Antifaschismus für Frieden, Demokratie, soziale Gerechtigkeit und ein friedliches Zusammenleben der Bevölkerung ein. In seinem Auftreten spielt der Einsatz gegen Rechtsradikalismus, Neofaschismus und Militarismus eine zentrale Rolle.

Leicht war es für den Kommunisten Ernst Buschmann in keiner Phase der Geschichte der Bundesrepublik, für diese Ziele einzutreten. Ein Ausdruck dessen war auch, daß sein Antrag auf Wiedergutmachung erneut und endgültig am 20.

September 1974 durch das Oberlandesgericht Koblenz abgelehnt wurde. Sein Widerstand von mehr als zwölf Jahren gegen den Hitlerfaschismus fand keine Anerkennung. Über seinen Einsatz in den Internationalen Brigaden in Spanien heißt es in dem Gerichtsbeschluß:

"Seine Teilnahme an der kriegerischen Auseinandersetzung in Spanien auf Seiten der Republikaner kann nicht als aktiver Widerstand gegen die NS-Gewaltherrschaft in Deutschland und deshalb auch nicht als entschädigungsfähiger Tatbestand nach dem Bundesentschädigungsgesetz ... gewertet werden. Der Kampf gegen den Faschismus in Spanien war politisch ohne jeden Einfluß auf das Fortbestehen des NS-Regimes in Deutschland..."[9]

Im Unterschied zur Haltung offizieller Instanzen der Bundesrepublik fand Ernst Buschmann in Spanien und Frankreich auch von staatstragenden Kräften Anerkennung und Achtung. Ein Beweis dessen war die Verleihung der Ehrenbürgerwürde der französischen Stadt Villeurbanne am 3. September 1984. 40 Jahre zuvor hatte Ernst Buschmann als Angehöriger der Resistance an der Befreiung dieses bei Lyon gelegenen Ortes teilgenommen.

Noch heute ist Ernst Buschmann ein beliebter Gesprächspartner junger Menschen. Sie schätzen an ihm seine offene und ehrliche Art, daß er zu seiner Überzeugung steht und in interessanter Weise aus seinem Leben berichten kann. Gegenstand so mancher Begegnung in jüngster Zeit sind verständlicher Weise die grundlegenden Veränderungen in der Welt in den letzten fünf Jahren. Diese Entwicklung beschäftigt Ernst Buschmann sehr. Er denkt viel darüber nach, wie es zu dieser schweren Niederlage der internationalen Arbeiterbewegung kommen konnte, diskutiert und streitet mit Freunden und anderen Antwortsuchenden.

Wer Ernst Buschmann näher kennt, weiß, wie tief ihn persönlich getroffen hat, daß der Versuch, in der Sowjetunion, der DDR und in anderen Ländern den Sozialismus aufzubauen, gescheitert ist. Damit ist auch für ihn eine große Hoffnung zerstört. Er gehört jedoch nicht zu denen, die aufgeben und resignieren. Für ihn geht der Kampf für die Idee und die Ideale des Sozialismus weiter.

Anmerkungen

1 Dem Verf. berichteten im Mai 1991 Studenten der Düsseldorfer Universität über diese Veranstaltung. Kurze Zeit später lernte ich selbst Ernst Buschmann kennen. Zu seiner Biographie fanden zwischen uns mehrere Gespräche statt, u.a. am 25. 9. 1991, 22./23. 2. 1992, 3. 11. 1992, 12. 5. 1993 und 27. 9. 1993.

2 Vgl. Karl Heinz Jahnke."...ich bin nie ein Parteifeind gewesen". Der tragische Weg der Kommunisten Fritz und Lydia Sperling, Bonn 1993, S. 21 f.

3 Vgl. Ernst Buschmann. Die Ebro-Schlacht und die Höhe 565, in: Spanien 1936 - 1939. Erinnerungen von Interbrigadisten aus der BRD, Frankfurt amMain 1976, S. 235 ff.

4 Vgl. Sibylle Hinze. Antifaschisten im Camp Le Vernet, Berlin 1988, S. 153 ff.

5 Privatarchiv Ernst Buschmann. Gewerkschaftseinheit. Informationsblatt der Einheitsgewerkschaft für die Bezirke Koblenz-Trier, 6. November 1945

6 Ebenda

7 Vgl. Horst-W. Jung, Rheinland-Pfalz zwischen Antifaschismus und Antikommunismus. Zur Geschichte des Landesparlaments, Meisenheim am Glan 1976

8 Vgl. Karl Heinz Jahnke. "...ich bin nie ein Parteifeind gewesen". Der tragische Weg der Kommunisten Fritz und Lydia Sperling, Bonn 1993, S. 80

9 Privatarchiv Ernst Buschmann, Düsseldorf

Ernst Buschmann,
Solingen 1928

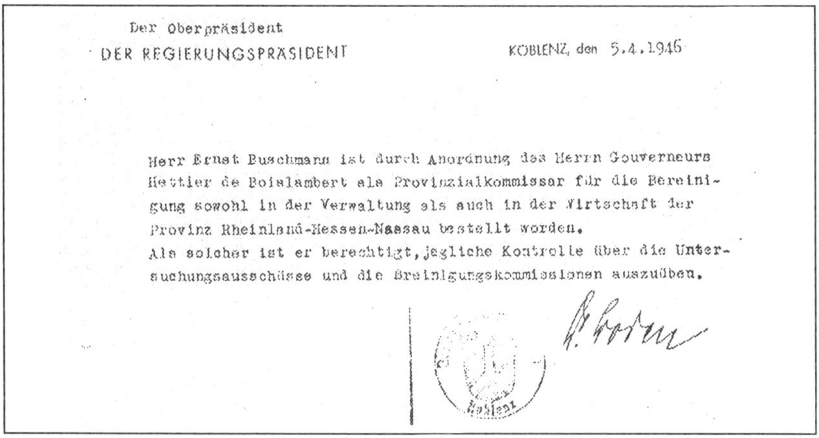

Der Oberpräsident
DER REGIERUNGSPRÄSIDENT

KOBLENZ, den 5.4.1946

Herr Ernst Buschmann ist durch Anordnung des Herrn Gouverneurs Hettier de Boislambert als Provinzialkommissar für die Bereinigung sowohl in der Verwaltung als auch in der Wirtschaft der Provinz Rheinland-Hessen-Nassau bestellt worden.
Als solcher ist er berechtigt, jegliche Kontrolle über die Untersuchungsausschüsse und die Breinigungskommissionen auszuüben.

Brief zur Berufung als Provinzialkommissar, Koblenz, 5.4. 1946

Ernst Buschmann (2. v. rechts) in Falset, Spanien Juni 1938

C.A.L.P.O.

COMITÉ «ALLEMAGNE LIBRE» POUR L'OUEST

représentant le «C.N.A.L.» (Comité National Allem. Libre)

PRÉSIDENT DU «C.N.A.L.»: ERICH WEINERT, ÉCRIVAIN;
VICE-PRÉSIDENT: W. von SEYDLITZ, GÉNÉRAL d'Art.;
COLONEL KARL HESS, INGÉNIEUR-DIP.;
LIEUTENANT COMTE von EINSIEDELN;
SOLDAT MAX EMMENDORFER, OUVRIER

CERTIFICAT • CERTIFICATE • AUSWEIS N° 115

Monsieur
Mister
Herr Lacherez, Louis

Le porteur de ce certificat est ~~membre~~ - délégué - du Comité «ALLEMAGNE LIBRE» pour l'Ouest et en cette qualité il a pris part au combat contre l'Hitlérisme en France.

The holder of this certificate ~~is a member of~~ - is delegated by - the West-Committee «FREE GERMANY». In this quality he has been participating in the struggle against hitlerism on French soil.

Der Träger dieses Ausweises ist ~~Mitglied~~ - Bevollmächtigter - des Komitees «FREIES DEUTSCHLAND» für den Westen. In dieser Eigenschaft hat er am Kampf gegen den Hitlerismus in Frankreich teilgenommen.

PARIS,
le 23 février 1945

Pour le «C.A.L.P.O.»

Ausweis von Ernst Buschmann (Louis Lacherez) als Bevollmächtigter des Komitees "Freies Deutschland" für den Westen.

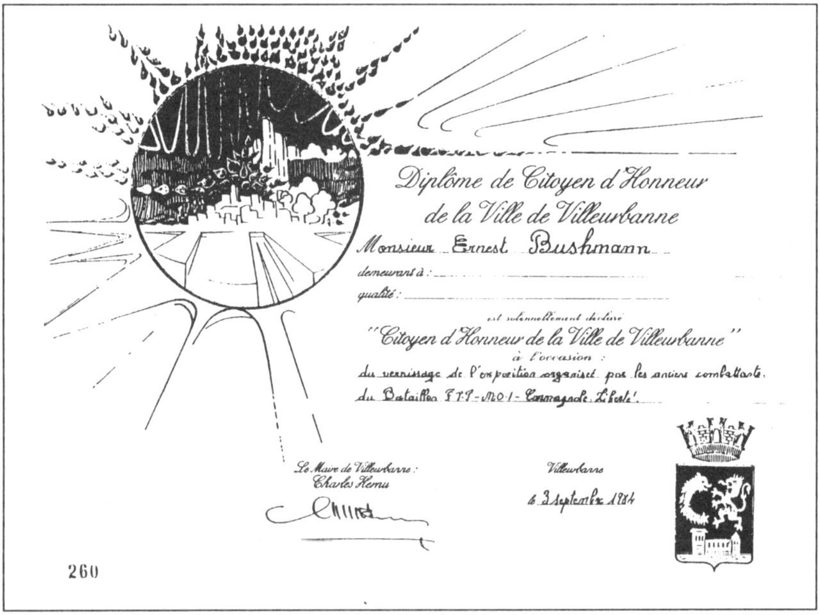

Diplôme de Citoyen d'Honneur
de la Ville de Villeurbanne

Monsieur Ernest Bushmann
demeurant à :
qualité :

est solennellement déclaré
"Citoyen d'Honneur de la Ville de Villeurbanne"
à l'occasion :
du vernissage de l'exposition organisée par les anciens combattants
du Bataillon F.T.P.-M.O.I.-Carmagnole-Liberté.

Le Maire de Villeurbanne :
Charles Hernu

Villeurbanne
le 3 septembre 1984

260

Urkunde der Ernennung von Ernst Buschmann zum Ehrenbürger der Stadt Villeurbanne, 3.9. 1984

Ernst Buschmann als Gast bei Dolores Ibarurri in Spanien, Mai 1986

links:
Feier zum 75. Geburtstag von Ernst Buschmann (im Vordergrund Martha Buschmann, Ernst Buschmann, Peter Gingold), Düsseldorf, 8.11. 1989

unten:
Gedenkveranstaltung für die Internierten und Verstorbenen des Lagers Gurs.
v.l.n.r.: Illitsch (Jugoslawischer Sprecher der Interbrigadisten), Ernst Buschmann, Rol-Tanguy (Befreier von Paris), der republikanische General Fernandez

Aus dem Urteil des Oberlandesgerichts Koblenz in dem "Entschädigungsstreit" mit Ernst Buschmann, Koblenz, 20. September 1974.

Für den ersten Zeitraum läßt sich, worauf auch schon das Landesgericht hinweist, selbst unter Berücksichtigung der Beweiserleichterung des § 176 Abs. 2 BEG nicht mit Wahrscheinlichkeit feststellen, der Kläger habe in seinem beruflichen oder in seinem wirtschaftlichen Fortkommen einen Schaden erlitten. Zwar ist dem Kläger zuzugeben, daß ein aus politischen Gründen gegen das NS-Regime geleisteter Widerstand als ein Verdienst um das Deutsche Volk zu werten ist und daß hiernach der Schaden, der einem solchen Widerstandskämpfer durch seinen Einsatz entstanden ist, nach dem BEG zu entschädigen ist.

Die allgemein gehaltene Behauptung des Klägers, er habe sich während der Emigration aktiv am Widerstand gegen das NS- Regime beteiligt, er habe deshalb keinen Beruf ausüben können und sei nur von Freunden der internationalen Solidarität unterstützt worden, kann jedoch nicht ungeprüft als zutreffend unterstellt werden. Der Kläger hat es - selbst im Berufungsrechtszug - unterlassen, nähere Angaben darüber zu machen, wie denn im einzelnen er sich in den Niederlanden und in der UdSSR am Widerstand gegen das NS-Regime beteiligt habe und wieso er durch einen solchen Einsatz an der Ausübung seines Berufs als Elektriker oder eines gleichwertigen Berufes gehindert gewesen sei. Der Kläger hat nicht einmal angegeben, in welchen Zeiten an welchen Orten er sich in den Niederlanden und in der UdSSR aufgehalten hat. Spätestens im Berufungsrechtszug hätte der Kläger allen Anlaß gehabt, ausführlich unter Angabe von Beweismitteln darzulegen, daß und warum er während der Emigration in seinem beruflichen Fortkommen geschädigt worden sei, nachdem in den Gründen des angefochtenen Urteils ausgeführt ist, es lägen nur allgemein gehaltene Angaben ohne jegliche Zeugenbestätigungen vor, die zu Gunsten des Klägers keine Feststellungen ermöglichen.

Der Senat vermag daher für die Zeit bis zur Teilnahme des Klägers am spanischen Bürgerkrieg keine Feststellungen treffen, der Kläger habe in seinem beruflichen oder wirtschaftlichen Fortkommen irgend einen Schaden erlitten.

Für die Zeit seit der Teilnahme des Klägers am spanischen Bürgerkrieg mag zu seinen Gunsten unterstellt werden, daß er einen Schaden im beruflichen oder wirtschaftlichen Fortkommen bzw. keine ausreichende Lebensgrundlage im Sinne von § 75 BEG hatte. Dennoch steht ihm eine Entschädigung für diesen Zeitraum nicht zu. Dies folgt aus § 9 Abs. 1 BEG. Nach dieser Vorschrift gelten die Grundsätze des Bürgerlichen Rechts über die Berücksichtigung mitwirkenden Verschuldens im Schadensersatzrecht sinngemäß auch im Entschädigungsrecht. Für den Schaden, der dem Kläger seit seiner Teilnahme am spanischen Bürgerkrieg durch seinen aktiven Einsatz im Kampf entstanden ist, hat er nach den Grundsätzen über mitwirkendes Verschulden bei der Entstehung eines Schadens und dessen Abwendung - § 254 BEG - selbst einzustehen. Der Senat muß davon ausgehen, daß der Kläger bis zu seiner Teilnahme am spanischen Bürgerkrieg in wirtschaftlich gesicherten Verhältnissen lebte. Diese hat der Kläger freiwillig aufgegeben. Seine Teilnahme an der kriegerischen Auseinandersetzung in Spanien auf Seiten der Republikaner kann nicht als aktiver Widerstand gegen die NS-Gewaltherrschaft in Deutschland und deshalb auch nicht als entschädigungsfähiger Tatbestand nach dem BEG in Verbindung mit dessen Präambel gewertet werden.

Der Kampf gegen den Faschismus in Spanien war politisch ohne jeglichen Einfluß auf das Fortbestehen des NS-Regimes in Deutschland, mag auch umgekehrt das NS-Regime ein politisches Interesse an der Errichtung eines faschistischen Systems in Spanien gehabt haben. Mit der Teilnahme am spanischen Bürgerkrieg setzte der Kläger nicht etwa seinen Widerstand gegen das NS-Regime in Deutschland fort, sondern er nahm - gleich aus welchen Motiven - bewußt den Verlust seiner bisherigen wirtschaftlichen Stellung in Kauf. Für den so erlittenen Schaden - seinen Existenzverlust während der Teilnahme an der kriegerischen Auseinandersetzung in Spanien - hat der Kläger daher selbst einzustehen.

Mit der Teilnahme am Kampf setzte sich der Kläger aber auch bewußt all den Ungewißheiten und Gefahren aus, die eine Teilnahme an einem solchen Kampf mit sich bringt. Er mußte damit rechnen, getötet, verwundet oder gefangen genommen zu werden, desgleichen auch mußte er mit einer Internierung durch Behörden eines anderen Staates rechnen beim Ausweichen auf deren Staatsgebiet. Die Internierung, die der Kläger nach Beendigung des spanischen Bürgerkrieges erlitten hat, stellt sich daher für ihn als eine voraussehbare Folge seiner Teilnahme am spanischen Bürgerkrieg und damit als Folge des selbstverschuldeten Verlustes seiner wirtschaftlichen Existenzgrundlage dar.

Der Kläger will im September 1943 aus der französischen Haft entflohen sein. Dem gegenüber wird in den Entscheidungsgründen des vom Kläger nicht angefochtenen Bescheids vom 19.10.1954, durch den sein Antrag auf Haftentschädigung abgelehnt worden ist, ausgeführt, daß der Kläger von den französischen Behörden auf freien Fuß gesetzt worden sei, da er sich der Widerstandsbewegung angeschlossen habe.

Dieser Widerspruch mag auf sich beruhen. Es mag jedenfalls davon ausgegangen werden, daß der Kläger seit Mitte September 1943 illegal unter falschem Namen lebte und sich fortan in Frankreich aktiv am Widerstand gegen das NS-Regime beteiligte. Dennoch ist auch für diese Zeit nicht mit Wahrscheinlichkeit festzustellen, daß der Kläger in seinem wirtschaftlichen oder beruflichen Fortkommen irgend einen Schaden erlitten hat.

Privatarchiv Ernst Buschmann, Düsseldorf.

Nora Smirnowa (Rußland)

Im März 1994 kam die 72jährige Nora Smirnowa aus Moskau auf Einladung des Rombergparkkomitees nach Dortmund. Für sie war es nicht der erste Aufenthalt in dieser Stadt. Im November/Dezember 1942 zählte sie zu den Gefangenen in der berüchtigten "Steinwache". Damals war die ehemalige Geologiestudentin der Moskauer Universität erst 20 Jahre alt. Trotz ihrer Jugend hatte sie schon Schweres erlebt.

Am 26. März 1922 war Nora Smirnowa in Morshansk im Tambower Gebiet geboren worden.[1] Ihr Vater, Alexander Smirnow, leitete von 1920 bis 1925 die Kolonie elternloser Kinder "Schule des Lebens", in der auch ihre Mutter als Lehrerin und Erzieherin arbeitete.

Ab 1925 lebte die Familie in Moskau. Der Vater wurde Direktor der Schule Nr. 71, und die Mutter war ebenfalls als Pädagogin tätig.

Nora, ihr drei Jahre älterer Bruder Daniel und die fünf Jahre jüngere Schwester Malwa wuchsen in Liebe und ohne Sorgen auf. Sie erhielten eine umfassende humanistische Bildung. Zwischen 1929 und 1939 besuchte Nora Smirnowa eine der besten Moskauer Schulen. Aufgrund ihrer sehr guten Leistungen konnte sie unmittelbar danach an der Moskauer Universität studieren. Zuerst belegte sie das Fach Chemie und wechselte im Frühjahr 1941 zur Geologie.

Die Jahre in Moskau waren reich an Erlebnissen, die mit dem wirtschaftlichen Aufstieg der Sowjetunion in Verbindung standen. Gleichzeitig prägten sich aber auch unauslöschbar Erinnerungen aus der zweiten Hälfte der dreißiger Jahre ein, die mit den Ausgrenzungen und dem Terror gegen alte Bolschewiki im Zusammenhang standen. Einige von ihnen zählten zu den Bekannten der Familie Smirnow.

Alexander Smirnow war mit 17 Jahren in Morshansk Mitglied der Partei der Bolschewiki geworden und deshalb zwei Jahre später verhaftet und zu lebenslanger Verbannung nach Sibirien verurteilt worden. Von dort gelang ihm aber die Flucht. Die Jahre 1912 bis 1914 verbrachte er im Exil in Deutschland und Frankreich. Zu Beginn des Ersten Weltkrieges kam er in die USA, von wo aus er 1917, nach der Oktoberrevolution, nach Sowjetrußland zurückkehrte. Mitglied der Kommunistischen Partei Rußlands und der späteren KPdSU wurde er nicht mehr. Die durch die revolutionären Umwälzungen entstandenen neuen Möglichkeiten nutzte er, um seine Fähigkeiten als Pädagoge in den Dienst der entstehenden sozialistischen Gesellschaft zu stellen.

Sehr litt Alexander Smirnow später darunter, daß viele seiner früheren Freunde infolge unberechtigter Anschuldigungen das Leben verloren und ihre Familien ins Elend gestürzt wurden. So gut er konnte, versuchte er ihnen zu helfen.

Seine Kinder erzog Alexander Smirnow zu ehrlichen sozial denkenden und handelnden Menschen.

Der Überfall Hitlerdeutschlands auf die Sowjetunion im Sommer 1941 zerstörte das bisherige Leben der Familie Smirnow völlig. Der 22jährige Sohn gehörte den sowjetischen Truppen an, die am Bug in die ersten Kämpfe mit den deutschen Eindringlingen verwickelt waren. Seitdem gibt es keine Nachricht mehr von ihm. Offensichtlich ist er bereits im Juni 1941 gefallen. Alexander Smirnow und seine Frau übernahmen im Frühherbst 1941, als die deutschen Truppen Moskau bedrohten, die Leitung eines Transportzuges mit evakuierten Kindern und älteren Menschen nach Sibirien.

Nora Smirnowa zählte zu den Studentinnen, denen im Oktober 1941 vom Komsomolkomitee vorgeschlagen wurde, sich für einen Einsatz im Hinterland bei den Partisanen bereitzuerklären. Für die 19jährige gab es kein Zögern, sie willigte ein und freute sich über das ihr entgegengebrachte Vertrauen.

Am 15. Oktober 1941 wurde Nora Smirnowa in die Partisanen-Aufklärungs-Abteilung 9903 aufgenommen, die von dem angesehenen Kommunisten, Oberstleutnant Artur Sprogis, geleitet wurde. In der Direktive der Sowjetregierung über die Bildung dieser Formation wurden als Hauptaufgaben genannt:

"- Aufklärungsarbeit in den Reihen des Feindes
- Organisierung des Partisanenkampfes auf dem okkupierten Territorium
- Unterstützung der örtlichen Partisaneneinheiten und die Koordinierung ihres Wirkens mit dem der Roten Armee"[2]

Die ersten beiden Einsätze am 23. Oktober und Anfang November standen in Verbindung mit der Schlacht um Moskau. Hinter deutschen Linien trugen Partisanen dazu bei, daß die Hitlerwehrmacht ihre erste große Niederlage im Zweiten Weltkrieg erfuhr.

Der dritte Einsatz erfolgte Anfang Dezember 1941, mehrere hundert Kilometer von Moskau entfernt, im Kalugaer Gebiet. Zunächst verlief alles wie vorgesehen. Aber bereits bei einem größeren Gefecht geriet Nora Smirnowa, die als Krankenschwester eingesetzt war, am 23. Januar 1942 in deutsche Gefangenschaft. Mehrere Wochen wurde sie in dem zentralen Kriegsgefangenenlager in Brjansk festgehalten. Niemals wird sie die große Zahl der Toten vergessen, denn an diesem Ort sind in den ersten Monaten des Jahres 1942 Zehntausende sowjetische Kriegsgefangene verhungert sowie an Typhus und an deren Seuchen umgekommen.

Im März 1942 wurde Nora Smirnowa einem Transport sowjetischer Zwangsarbeiter zugeteilt, der nach Deutschland ging. Ihr erster Einsatzort wurde das katholische Krankenhaus in Letmathe bei Iserlohn. In einem Bericht schrieb sie später: "Ich arbeitete als Putzmädchen in der Küche. Von fünf Uhr morgens bis neun Uhr abends mußte ich waschen, scheuern, putzen, saubermachen."[3]

Die 20jährige Moskauerin lernte in Letmathe aber nicht nur schwere Arbeit und strenge Überwachung kennen. Unter den katholischen Schwestern und auch unter den deutschen Mädchen, die hier zum Arbeitsdienst verpflichtet waren, befanden sich einzelne, die sich der jungen Russin gegenüber freundlich verhielten und ihr menschliche Wärme schenkten. Mit Ferdinande Blume aus Volkmarsen freundete sich Nora an. Als für die neue Bekannte der Arbeitsdienst beendet war, gab diese ihr zum Abschied ihre Heimatanschrift. Volkmarsen wurde später bei der Flucht von Nora Smirnowa ein wichtiger Anlaufpunkt.

Anfang September 1942 gelang es ihr, sich bis Volkmarsen durchzuschlagen. Ihre Bekannte nahm sie auf, gab ihr zu essen und versteckte sie. Offensichtlich blieb aber in dem Ort ihre Anwesenheit nicht unbeobachtet, denn sie wurde denunziert und festgenommen. Es folgten schwere Wochen Gefängnishaft in Volkmarsen, Kassel und Dortmund. Überall fanden zahlreiche Verhöre mit Mißhandlungen statt. In Dortmund muß die Gestapo nach zwei Monaten zu dem Schluß gelangt sein, daß das Mädchen bei der Flucht allein auf sich gestellt gehandelt hatte und mit keiner Widerstandsgruppe in Kontakt stand.

Anfang Dezember 1942 wurde Nora Smirnowa aus dem Gefängnis in der "Steinwache" entlassen und in ein Zwangsarbeitslager am Stadtrand von Dortmund gebracht. "In einer Baracke wohnten wir, etwa sechzig Mädchen aus Rußland und der Ukraine im Alter von neun bis zwanzig Jahren, alle arbeiteten in einer Spinnerei."[4]

Die schwere Lage der Jugendlichen aus der UdSSR erleichterten einzelne deutsche Antifaschisten, die als Facharbeiter in dieser Fabrik beschäftigt waren. Zu ihnen gehörten der Meister Willi Trost und der Arbeiter Johannes Dorenkamp, der als Kommunist am Widerstand teilgenommen hatte und deshalb bereits drei Jahre inhaftiert gewesen war. Wo sich ihm eine Gelegenheit bot versuchte er, den Zwangsarbeiterinnen zu helfen und ihnen Mut zu machen. Zu Nora Smirnowa entstand ein freundschaftlicher Kontakt. An einem Sonntag konnte er sie sogar in seine Wohnung in der Uhlandstraße 2 einladen. An diesem Tag sprach Nora auch über ihre Absicht, erneut zu fliehen und zu versuchen, in ihre Heimat zu gelangen, um so besser gegen den Hitlerfaschismus kämpfen zu können. Johannes Dorenkamp und seine Frau Hilde unterstützten sie bei der Vorbereitung der Flucht. Sie gaben ihr Geld und Lebensmittel sowie Hinweise bezüglich des einzuschlagenden Weges.

Ende März 1943 gelang es Nora Smirnowa, unentdeckt das Lager zu verlassen. Zunächst schien sie auch Erfolg zu haben, denn sie konnte bis nach Polen gelangen. Aber in der Stadt Kutno wurde sie von einem "Volksdeutschen" denunziert und geriet erneut in die Gewalt der Gestapo. Nach tagelangen brutalen

Verhören kam sie in das Straflager Hohensalza, wo verschärfte Bedingungen herrschten. Aufgrund der beiden Fluchtversuche zählte die 21jährige zu den als "besonders gefährlich" eingestuften Personen. Aus Hohensalza wurde sie in das Polizeigefängnis Posen und später in die Zentrale der Gestapo nach Berlin gebracht, wo sie wahrscheinlich die schwersten Wochen erlebte, die nur durch die Solidarität und Hilfe anderer ausländischer Gefangener zu ertragen waren.

Im Juni 1943 fand die Einlieferung von Nora Smirnowa in das Frauenkonzentrationslager Ravensbrück statt. Dort erhielt sie die Nr. 20456 eingebrannt und mußte als politische Gefangene einen roten Winkel tragen. Sehr half ihr in den ersten Tagen das Wiedersehen mit den beiden Polinnen Hella und Bronja, mit denen sie in Dortmund in der "Steinwache" zusammen in einer Zelle gelegen hatte.

Im KZ Ravensbrück blieb Nora Smirnowa nicht lange. Bereits im Juli kam sie in das KZ-Außenlager Neubrandenburg. Hier arbeiteten in den Mechanischen Werkstätten ungefähr 6000 Gefangene, Frauen aus Frankreich, Italien, Jugoslawien, Polen, der Tschechoslowakei und der UdSSR für die deutsche Rüstungsindustrie, insbesondere für die Produktion von Kriegsflugzeugen. Die Lebensbedingungen waren sehr ungünstig. Nora Smirnowa berichtet:

"Prügel und Mord an den Frauen durch die Aufseherinnen waren alltägliche Erscheinungen. Sie schlugen für einen frechen Blick, für eine Minute Zuspätkommen zum Appell, sie schlugen diejenigen, die sich unter dem Kleid die Schultern mit Papier umwickelten, damit sie nicht froren. Sie prügelten die, die versuchten, eine Mohrrübe oder eine Kohlrübe mit ins Lager zu bringen. Sie schlugen für das kleinste Vergehen, und auch ohne jeden Grund. Sie prügelten im Lager und bei der Arbeit."[5]

Trotz der schweren Lage halfen sich die Frauen verschiedener Länder und unterschiedlichen Alters. Besonders unter den politischen Gefangenen, zu denen Nora Smirnowa zählte, bildete sich eine feste Gemeinschaft. Ihr Zusammenhalt bestärkte den Willen, alles, was möglich war, zu tun, um die Rüstungsproduktion zu sabotieren, um so das Ende des barbarischen Krieges und des Hitlerregimes schneller herbeiführen zu helfen.

Mit Freude wurden 1944/45 die Nachrichten über die immer näher rückende Front aufgenommen. Am 27. April 1945 war es dann endlich soweit. Im KZ-Außenlager brach das Terrorregime der SS zusammen. Am Nachmittag kamen die Arbeitskolonnen ungewöhnlich früh ins Lager zurück. Die Wachmannschaften versuchten, ähnlich wie in anderen Lagern, einen Zug von Gefangenen zum Abtransport zu formieren. Ungefähr 100 Frauen, unter ihnen auch Nora Smirnowa, konnten sich verstecken und brauchten nicht an dem "Todesmarsch" teilnehmen.

In Neubrandenburg warteten die Zurückgebliebenen auf die Befreiung durch sowjetische Truppen. Am 29. April erreichte der erste Panzer der Roten Armee das Lager. Die schwere Zeit voller Leid und Entbehrungen in Deutschland war zu Ende.

Am 5. Mai 1945 verließ Nora Smirnowa zusammen mit ihrer zwei Jahre älteren polnischen Freundin Vacka Adamkevic aus Warschau und einigen anderen Polinnen das Lager in Neubrandenburg, um zu Fuß in die Heimat zurückzukehren. Am 13. Mai überquerten die jungen Frauen die Oder. Einige Tage später kamen sie in dem völlig zerstörten Warschau an. Vacka Adamkevic half Nora Smirnowa, mit einem Güterzug weiter in Richtung Osten zu fahren. Nach einigen Tagen erreichte sie Lublin. Auch hier halfen ihr gute Menschen, die Weiterfahrt zu organisieren. Am 21. Mai war sie schließlich in Moskau. Nach einigen Umwegen gelang es, ihren Vater zu finden. Er war nicht mehr Direktor der Schule Nr. 71, sondern an der Schule Nr. 46. Zusammen mit der Mutter und der Schwester Malwa hatten sie trotz aller Entbehrungen in Sibirien und Moskau den Krieg überlebt. Groß war die Freude, Nora nach fast vierjähriger Trennung gesund wiederzusehen.

Für die Begrüßungsfeier blieben nur wenige Stunden, denn Nora durfte nicht bei den Eltern bleiben, sondern mußte, wie alle aus Deutschland und anderen Ländern kommenden ehemaligen sowjetischen Kriegsgefangene und Zwangsarbeiter in ein Internierungslager zur Überprüfung ihres Verhaltens in der Gefangenschaft. Dieses Lager befand sich ungefähr 90 Kilometer von Moskau entfernt. Bis zum 9. Oktober 1945 mußte Nora Smirnowa dort bleiben. danach bekam sie einen Paß. Doch durfte sie nicht, wie es ihr Wunsch war, das Studium fortsetzen bzw. nach freier Wahl einen Arbeitsplatz annehmen. Statt dessen mußte sie sechs Monate in einer Fabrik, in der Beleuchtungskörper gefertigt wurden, als Zeichnerin tätig sein. In diesem Betrieb waren vorrangig ehemalige Kriegsgefangene und Zwangsarbeiter eingesetzt, deren Bewegungsfreiheit stark eingeschränkt wurde.

Der Bürgschaft ihres früheren Leiters der Partisanen-Aufklärungs-Abteilung 9903, Oberst Artur Sprogis, verdankte Nora Smirnowa, daß sie 1946 am Institut für Fremdsprachen in Moskau ein Studium beginnen konnte. Trotz ihrer schweren Erlebnisse in Deutschland wählte sie Deutsch als Studienfach.

Nach vierjähriger Ausbildung mit sehr guten Ergebnissen bekam sie, weil sie ehemals Kriegsgefangene war, keine Arbeit als Übersetzerin. Dem Ansehen ihres Vaters verdankte sie später, daß sie an der Schule Nr. 71 zunächst aushilfsweise und später fest angestellt als Deutschlehrerin unterrichten durfte. Daneben belegte Nora Smirnowa an der Moskauer Universität Kurse in Pädagogik und Psychologie und begann 1952 ein Fernstudium im Fach Geographie. Parallel zur

Arbeit an der Schule und dem Fernstudium erteilte sie ab 1955 auf der Basis eines Lehrauftrags Deutschunterricht für Geographiestudenten der Universität. 1959 bekam sie an der Geographischen Fakultät einen festen Arbeitsplatz als leitende Lektorin für die deutsche Sprache.

Ein Jahr zuvor war Nora Smirnowa infolge des XX. Parteitages der KPdSU rehabilitiert worden. Ihr Einsatz, die Standhaftigkeit als Partisanin und im antifaschistischen Widerstand in deutschen Zwangsarbeits- und Konzentrationslagern hatte 1958 durch die Auszeichnung mit dem Orden "Roter Stern" Anerkennung gefunden. Im gleichen Jahr konnte sie auch Mitglied der Kommunistischen Partei der Sowjetunion werden.

Bis 1977 lehrte Nora Smirnowa zahlreiche Moskauer Geographiestudenten Deutsch. Mit 55 Jahren ging sie in Pension.

Dies bedeutete für sie keineswegs, ein zurückgezogenes Leben in ihrer Datsche zu führen. Besonders beschäftigte sie sich jetzt mit Fragen der Geschichte. Drei Themen standen im Vordergrund: die Biographie ihres Vaters[6], die Geschichte der Partisanen-Aufkärungs-Abteilung 9903 sowie die Teilnahme sowjetischer Kriegsgefangener und Zwangsarbeiter am antifaschistischen Widerstandskampf in Deutschland.

Enge Kontakte verbinden Nora Smirnowa mit ihren Gefährtinnen aus den Konzentrationslagern Ravensbrück und Neubrandenburg. Dies sind Frauen aus Polen, der Tschechoslowakei und verschiedenen Orten der UdSSR. Ebenfalls steht sie in freundschaftlicher Beziehung zu Ernst Thälmanns Tochter Irma. Wiederholt hat sie versucht, die Deutschen aus Letmathe und aus Dortmund wiederzufinden, die ihr geholfen haben. Teilweise ist ihr dies auch mit Hilfe des ehemaligen Präsidenten der VVN-Bund der Antifaschisten, Kaplan Dr. Joseph Rossaint, gelungen.

Das Leben in den 80er Jahren war für Nora Smirnowa in Moskau nicht leicht, denn sie bekam nur eine kleine Rente und mußte an den Wochenenden zeitweilig als Pförtnerin eines Rechtsanwaltsbüros in der Gorkistraße arbeiten. Niemals hat sie aber die Hoffnung aufgegeben, daß sich die Verhältnisse in ihrer Heimat verbessern werden.

Das Ende der UdSSR und der anderen mit ihr verbündeten Staaten bedeutete Anfang der 90er Jahre für Nora Smirnowa, wie für viele andere ehrliche Menschen, eine große Enttäuschung, obwohl ihr die Ursachen für diese schmerzhafte Niederlage bewußt waren. Dies spiegelt sich auch in der Korrespondenz der letzten Jahre wider.

6. März 1990: "Was habt Ihr noch vom Sozialismus? Nach welcher Gesellschaftsordnung strebt unsere Leitung? Gibt es einen dritten Weg zwischen dem Sozialismus und Kapitalismus? Mein Vater sah schon 1918, daß der Terror und

falsche Mittel auch ein echtes Ziel verändern können.

Das Hauptgesetz der Pariser Kommune - die Abschaffung aller Privilegien - wurde nicht eingehalten. Ans Ruder kamen macht- und habsüchtige Leute. So viele Opfer wurden umsonst gebracht. Der Traum vieler Generationen wurde nicht verwirklicht. Das ist nicht nur traurig, das ist tragisch.

Ich weiß nicht, ob die Leute noch einmal wagen werden, ein ähnliches Experiment durchzuführen. Aber ein System in der Welt, ohne Alternative zu haben, wird viele böse Leute verführen, ihre Mitmenschen auszubeuten, besonders in unserem Lande, wo die Sitten oft so wild und schonungslos sind."[7]

12. März 1991: "Die Ereignisse in der DDR waren für mich absolut unerwartet. Es ist so schade, daß man den Traum der Menschheit nirgends verwirklichen konnte. Aber die Regierung und die Partei sind selbst Schuld daran. Sie predigten laut Wasser, und heimlich tranken sie Wein."[8]

17. Dezember 1991: "Anfang 1991 bekam ich Dein Buch und Deinen Brief, wo Du die Situation und ihre Ursachen analysierst. Ich bin völlig mit Dir einverstanden. Noch 1918 warnte Lenin: 'Wenn die Sowjetmacht zugrunde gehen soll, so geschieht das an Bürokratismus, an Bestechlichkeit und an Unkultur.' Und so geschah das. Traurig, aber verständlich."[9]

Bei Ihrem Besuch im März 1994 in Dortmund hat Nora Smirnowa den Wunsch geäußert, im Frühjahr 1995 zum 50. Jahrestag des Sieges über den Hitlerfaschismus und der Beendigung des von ihm ausgelösten barbarischen Zweiten Weltkrieges in die Stadt zurückzukehren, wo sie soviel Schweres erlebte, aber auch die Solidarität deutscher Antifaschisten erfuhr.

Ihr Wunsch ist, zu dieser Stunde in Dortmund am Grabe des deutschen Kommunisten Johannes Dorenkamp, der ihr viel Gutes tat, Blumen niederzulegen. Johannes Dorenkamp gehört zu den über dreihundert deutschen und ausländischen Antifaschisten, die auf Befehl der Berliner Gestapozentrale noch wenige Tage vor Kriegsende zwischen dem 8. März und 12. April 1945 in Dortmund im Rombergpark, in der Bittermark und nahe des Friedhofs Dortmund-Hörde ermordet wurden.[10]

Anmerkungen

1 Nora Smirnowa ist dem Verf. seit 1981 bekannt. Vgl. Karl Heinz Jahnke. Rückkehr nicht erwünscht, in: In einer Front, Berlin 1989, S. 214 f. 1993/94 schrieb sie auf Bitte des Verf. einen Lebensbericht und wurde am 20. 3. 1994 in Berlin von ihm dazu befragt.

2 Zit. nach: In einer Front, S. 77

3 Nora Smirnowa. Autobiographische Aufzeichnungen, S. 13

4 Ebenda, S. 17

5 Zit. nach einem dem Verf. von Nora Smirnowa übergebenen Bericht.

6 Alexander Smirnow ist 1967 verstorben

7 Brief von Nora Smirnowa an den Verf., Moskau, 6. 3. 1990

8 Brief von Nora Smirnowa an den Verf., Moskau, 12. 3. 1991

9 Brief von Nora Smirnowa an den Verf., Moskau, 17. 12. 1991

10 Vgl. Ulrich Sander. Mord im Rombergpark, Dortmund 1993, S. 109

links:
Die Eltern
von Nora
Smirnowa
1918 in
Morshansk
(1. und 2. v. links)

rechts:
Nora Smirnowa,
Moskau 1951

Familie Smirnow, Moskau 1938 (v.l.n.r. Mutter, Daniel, Malwa, Nora, Vater)

Lieber Karl! Anfang 1991
bekam ich Dein Buch u. Deinen
Brief, wo Du die Situation u.
ihre Ursachen analysierst. Ich
bin völlig mit Dir einverstanden.
Noch 1918 warnte Lenin: „Wenn
die Sowjetmacht zugrunde gehen
soll, so geschieht das am Büro-
kratismus, an Bestechlichkeit
u. an Unkultur." Und so geschah
das. Traurig aber verständlich.
Gesundheitlich geht es mir nicht
besonders. Das Herz macht mir
Sorgen. Aber es gelang mir doch
umzuziehen. Jetzt wohne ich nah
von der Metro u. von der Datscha
Beachte bitte meine
neue Adresse. Mit vielen lieben
herzlichen Neujahrsgrüßen und
Wünschen
Nora S.
d. 17.12.1991

ПОЧТА СССР 5 к.

Куда Karl Heinz Johnke
Burgwall 5
2500 Rostock
Кому Германия

Индекс предприятия связи и адрес отправителя
129642 Москва
Sapowednaja-Str. 28,
Wohn. 55, Tel: 186-19-24
Smirnowa N.

Nr. 63
Mittwoch, 16. März 1994 Do 3

In der alten Steinwache: Gisa Marschefski (l.), Generalsekretärin des Rombergpark-Komitees, Nora Smirnowa und Präsidentin Meta Varnas, Tallinn. Foto: Reminghorst

Nora Smirnowa kehrte nach 51 Jahren zurück

Blumen für ihren Fluchthelfer

(JG) Fast auf den Tag genau ist es 51 Jahre her, daß der damals 20jährigen Nora Smirnowa aus der ehemaligen Sowjetunion die Flucht aus einem Lager in Dortmund gelang. Zum ersten Mal ist die Moskauerin, die nach ihrer Rückkehr in ihrer Heimat Deutsch studiert und gelehrt hat, wieder für drei Tage zu Besuch in der Stadt.

Ihr erster Wunsch war es, das Ehrenmal in der Bittermark zu besuchen, um Blumen im Gedenken an ihren Freund und Fluchthelfer, Hans Dorenkamp, niederzulegen. Weil sie als Krankenschwester bei den Partisanen einem Verwundeten geholfen hatte, das Schlachtfeld zu verlassen, wurde sie nach Deutschland verschleppt.

Nach Fluchtversuchen landete sie im Dezember 1942 in der Steinwache. Gestern sah sie in der Mahn- und Gedenkstätte die kleinen Zellen in der 3. Etage, in denen sie mit 20 Mädchen auf dem Boden hocken mußten, wieder. Heute ist dort noch ein Foto der hübschen jungen Frau zu sehen. An Verhöre, Essensausgaben von Steckrüben- und Milchsuppe erinnerte sich die mutige Frau und an die Bombenalarme, während derer sie in den Zellen eingeschlossen wurden.

Drei Monate nach ihrer Entlassung hat Nora Smirnowa täglich zwölf Stunden lang in einem Fabrik-Lager in der Nähe des Hafens gearbeitet. Vielen Menschen hat sie dort besonders nach der schweren Niederlage der deutschen Armee vor Stalingrad Mut gemacht, versucht, ihnen ein besseres Bild vom Leben in der ehemaligen Sowjetunion zu vermitteln, ihnen Hoffnung geschenkt. Damit trug sie zum Beginn des internationalen Widerstands gegen das Naziregime in Dortmund bei.

An Dortmund hat sie trotz des Schrecklichen, das sie hier erlebt hat, noch gute Erinnerungen. „Ich habe zwei Deutschland gesehen". An das mit den Freunden, die sie in diesen Tagen auch in Lethmarte, wo sie in einem Krankenhaus gearbeitet hat, und in Altena noch besuchen will, denkt sie gern zurück. Das Internationale Rombergpark-Komitee will Nora Smirnowa im nächsten Jahr zu den Karfreitags-Gedenkveranstaltungen wieder einladen.

Nora Smirnowa im Dortmunder Gefängnis "Steinwache", 15. März 1994

Aus einem Bericht von Nora Smirnowa über das Außenlager des KZ Ravensbrück in Neubrandenburg, Moskau 1981

Prügel und Mord an den Frauen durch die Aufseherinnen waren alltägliche Erscheinungen. Sie schlugen für einen frechen Blick, für eine Minute Zuspätkommen zum Appell, sie schlugen diejenigen, die sich unter dem Kleid die Schultern mit Papier umwickelten, damit sie nicht so froren, sie prügelten die, die versuchten, eine Mohrrübe oder einen Kohlrabi mit ins Lager zu bringen. Sie schlugen für die kleinsten Vergehen und auch ohne jeden Grund. Sie prügelten im Lager und bei der Arbeit. Der Unterschied war nur, daß sie uns im Lager öffentlich schlugen, aber im Betrieb auf der Toilette geprügelt wurde, damit die Zivilarbeiter es nicht sahen. Besonders grausam war die Aufseherin mit dem Beinamen "Tigerin". In der Fabrik schleppte sie ihr Opfer gewöhnlich auf die Toilette, jagte alle anderen hinaus und mißhandelte sie dann sadistisch. Einige Male brachte man von der "Tigerin" gefolterte Mädchen zu uns in den Lagerraum, wo wir versuchten, sie wieder zu Bewußtsein zurückzubringen und ihnen wenigstens etwas zu helfen. Jedesmal, wenn wir nach der Arbeit antraten, um ins Lager zu marschieren, schleppten wir auf Tragen einige Tote mit uns und auch die, die nicht mehr selbst gehen konnten. Einige Male war ich Augenzeugin des "Badens" von Häftlingen in den großen Wasserkübeln, die im Lager neben dem "Appellplatz" standen, wahrscheinlich waren sie als Löschwasser gedacht. Die Aufseherinnen stießen ihr Opfer an den Bottich und warfen es mit der Kleidung hinein, ließen es aber nicht herausklettern. Und das bei kaltem Wetter, bei Temperaturen um den Gefrierpunkt.

Am Tag der Evakuierung erschoß die Chefin des Lagers mit dem Revolver ein sowjetisches Mädchen, das wohl die anderen zum Ungehorsam aufgefordert hatte. Nach dem Krieg berichtete Antonina Cholina, die nach dem Neubrandenburger Lager im Waldbau war, über die viehische Folterung Irma Thälmanns, deren Zeugen einige hundert Häftlinge des Waldbaus waren.

Eine der Formen des Widerstandes war die Sabotage im Betrieb, das Beschädigen von Einzelteilen.

Die Mädchen, die an den Werkbänken arbeiteten, waren bemüht, langsamer zu arbeiten, sie gingen oft und für längere Zeit zur Toilette und unterhielten sich dort, tauschten Neuigkeiten aus, bis die Aufseherin kam und sie mit Flüchen und Schlägen auseinandertrieb. Damit sie bei der verlangsamten Arbeit für die Nichterfüllung der Norm nicht bestraft werden, nahmen die Mädchen heimlich fertige Teile, die der Kontrolleur schon abgenommen hatte, zurück und legten sie zu den ihren.

Wir im Lager (Speicher) waren ebenfalls bemüht, möglichst langsam zu arbeiten, so daß einmal der junge Ingenieur, der uns die Anforderung für die Einzelteile brachte, gezwungen war, sich mit in unsere Reihe zu stellen und mit uns die Teile zu tragen, so konnte er das notwendige Tempo bestimmen. Unser Meister Eckelt forderte von uns, daß wir besonders vorsichtig mit den zu uns kommenden Geräten "Magnetto" umgehen sollten. Deshalb warfen wir diese Geräte, wenn der Meister nicht da war, mit voller Kraft auf den Boden, schlugen damit an feste Gegenstände und rissen die Leitungen davon ab, in der

Hoffnung, das Gerät so unbrauchbar zu machen.

Im Block 9 und in der Werkstatt leistete Vacka Adamkevic eine große Agitationsarbeit. Ständig unterhielt sie sich mit den jungen Polinnen, die von der antisowjetischen bürgerlichen Propaganda beeinflußt waren und erläuterte ihnen die Wahrheit über die Sowjetunion - den ersten Staat ohne Kapitalisten und Gutsbesitzer. Viele von diesen Mädchen nahmen nach dem Krieg aktiv am Aufbau eines neuen, demokratischen Polen teil. Vacka unterhielt sich auch mit den Häftlingen aus bürgerlichen Familien und der Intelligenz - den Frauen von Offizieren, Ärzten u.a. Sie genoß im Block eine große Autorität. Sie riet den Frauen, langsamer zu arbeiten, Ausschuß zu machen, die Werkbänke zu beschädigen. Auf Denunziation des Meisters wurde Vacka Adamkevic in den Bunker geworfen, wo sie 2 bis 3 Wochen zubringen mußte, das war im Dezember 1944.

Der Karzer-"Bunker" war beständig voll, dorthin wurden die Häftlinge hauptsächlich wegen Sabotage gebracht.

Um uns abzuschrecken, las man uns beim Appell eine Erklärung über die Hinrichtung von Mädchen in Ravensbrück vor, zur Strafe für Sabotage.

Das Wichtigste, was unsere moralischen Kräfte stärkte, waren die Mitteilungen über die Niederlagen des faschistischen Deutschland an den Fronten. Deshalb waren wir bestrebt, sobald wir in den Betrieb kamen, etwas Neues über die politische Lage zu erfahren - aus von irgendwem vergessenen Zeitungen, aus Gesprächen der Zivilarbeiter untereinander, aus dem Verhalten und der Stimmung der Aufseherinnen.

Gewöhnlich nahm ich, um mich unauffällig im Betrieb umsehen zu können, irgendeine Karteikarte aus der Kartothek der Einzelteile und, einen Moment der Abwesenheit des Meisters abpassend, verließ ich die Lagerhalle. Ich ging durch viele Werkhallen, tauschte Neuigkeiten mit Vacka aus, schaute in den "Klub" - die Toilette - wo man am meisten erfahren konnte und ging ins Büro, wo an Zeichenbrettern Soja Dubinina, Sina Boikowa und Walja Jegorowa arbeiteten. Gewöhnlich konnte man von ihnen die letzten Neuigkeiten erfahren. In der Baracke erwarteten mich meine Freunde schon mit Ungeduld - Olenka Machanek, Janka Masic und Irena Caikowskaja - eine sowjetische Aufklärerin, die viele Jahre in Pilsudski-Polen gearbeitet hatte. Ins Lager war sie als Ehefrau eines polnischen Militärangehörigen gekommen. Abends nach dem Appell traf ich mich unbedingt mit Vacka. Wir unterhielten uns immer lange. Das Hauptthema waren die Ereignisse an den Fronten. Wir veranstalteten im Lager gemeinsame Volkskunstabende. Einmal kamen zu uns in den Block 2 die Französinnen aus dem Nachbarblock mit einem großen Programm.

Ein andermal gestalteten die Tschechinnen einen Volkskunstabend unter freiem Himmel auf dem Appellplatz. Im Lager waren drei oder vier Schwestern - Tschechinnen. Die jüngste war gerade 18, ein ungewöhnlich hübsches, gut gewachsenes, brünettes Mädchen, mit viel Talent trug sie eine Pantomime mit roten und weißen Schals vor. (Nach dem Krieg ist sie an Tuberkulose gestorben). Gut wurde auch ein Nationaltanz von einer Gruppe Tschechinnen vorgetragen.

Man kann nicht sagen, daß im Lager das intellektuelle Leben fehlte. Im Gegenteil. In den freien Minuten waren wir bestrebt, irgend etwas zu lernen, irgend etwas kennen zu lernen. Ich erinnere mich, wie Tatjana Alexandrowna - eine ehemalige Emigrantin aus der Sowjetunion - uns über ihr bitteres Leben in der Emigration berichtete, wo sie, eine gute

Musikerin, in einem Nachtkabarett Klavier spielen mußte. Sie lehrte mich die französische Sprache. An den Abenden erzählten wir einander den Inhalt der Bücher, die wir gelesen hatten. Ich erinnere mich, daß ich das "Purpursegel" von Grin erzählte. Im Lager kursierten Hefte mit Gedichten Puschkins, Nekrassows, Gorkis und anderer Dichter. Dort las ich zum ersten Mal Gorkis Gedicht "Die Waldfee" und lernte es auswendig - das Gedicht über die Nymphe, die den Jüngling Marko umgarnte und ihn in die Donau zog. Es endet mit den Worten:

"Die Nymphe badet in der Donau, wie sie es schon vor Markos Zeit tat. Aber Marko ist nicht mehr da. Doch das Lied über Marko ist geblieben. Ihr auf der Erde aber lebt, wie die blinden Würmer leben, über euch erzählt man weder Legenden noch singt man Lieder über euch."

Die Häftlinge halfen einander nicht nur mit einer freudigen Nachricht, einem guten Wort und einem fröhlichen Scherz. Als Sina Boikowa lange Zeit an Furunkulose erkrankte, besorgten die Mädchen, die im Büro arbeiteten, für sie Lebertran. Wahrscheinlich hatten sie ihn von deutschen Antifaschisten. Von ihnen erfuhren sie Neues über die Lage an den Fronten. Gegen Kriegsende ging das Gerücht um, daß einer von den Deutschen, der den Häftlingen geholfen hatte, verhaftet worden war und ins Konzentrationslager kam.

Als unser Speicher aus der Baracke auf dem Hof in das Werk verlagert wurde, neben die Werkshallen, begann man, die kranken Gefangenen zu uns zu tragen. Einige Male gelangte Marisja Vanova - eine Tschechin aus Prag - zu uns. Offensichtlich machte ihr Herz, überlastet von der entkräftenden Arbeit in einem stickigen Gebäude, nicht mehr mit. Sie sah aus, wie eine bejahrte, zerquälte alte Frau von 60 Jahren. Dabei war sie knapp 40.

Wir legten die Kranken auf leere Kisten, legten ihnen Lumpen unter den Kopf, knöpften ihnen das Kleid auf, holten ihnen Wasser und brachten sie wieder zu Bewußtsein. Wir bemühten uns aus ganzer Kraft, ihnen zu helfen. Pani Marisja aus Prag brachte man öfter als die anderen zu uns. Kam sie wieder zu sich, war sie freundlich, dankte uns für die Hilfe und einmal schenkte sie und eine kleine Mohrrübe, die Olga und ich sich auf der Stelle teilten. Allmählich erfuhren wir ihre traurige Geschichte und gewannen sie lieb wegen ihrer guten und teilnahmsvollen Art. Wenn ich zu ihr in den Block kam, bemühte sie sich immer, mich irgendwie zu bewirten - mal mit einer Mohrrübe, mal mit einem Blechschüsselchen Kohlsuppe.

Besonders wichtig war es, die Kameraden nicht im Unglück allein zu lassen, wenn sie in den Bunker geworfen wurden. Das war ein Steinklotz, wo alles mit Zement bedeckt war, in den Fenstern waren keine Scheiben, auf den "Bettstellen" aus Zement gab es weder Matratzen noch eine Decke, dort hatten die Häftlinge nicht das Recht, irgendwelche Kleidungsstücke zu tragen außer der Häftlingsunterwäsche und dem Kleid. Dort gab man ihnen 250 Gramm Ersatzbrot in 24 Stunden, dazu nur jeden 4. Tag eine Kelle Suppe. Der Bunker selbst befand sich dicht bei der Küche, er war von allen Seiten von Stacheldraht umgeben. Trotzdem krochen die Mädchen durch den Stacheldrahtzaun und brachten in den Bunker, was ihnen nur entbehrlich war.

Als Vacka im Dezember 1944 in den Bunker kam, krochen wir jeden Tag zweimal dorthin: Abends nach dem Abklingeln (Abendsignal) paßten die Mädchen aus dem Büro auf, daß die Aufseherin nicht kam - "die Beobachtung". Ich übergab Vacka inzwischen jeden Abend zwei dünne Decken, unter denen wir sonst schliefen. Morgens, vor dem Appell holten wir sie wieder. Von Marisjas Mutter aus Prag bekam ich für Vacka (die sie nur aus meinen Berichten kannte) eine zusätzliche Garnitur Unterwäsche; ihre Blockälteste ließ für Vacka jeden Tag eine Schüssel Suppe übrig, die meist noch warm war, d.h. sie stand im Zimmer der Blockältesten auf dem Öfchen. Wir übergaben die Sachen, indem wir sie an eine lange Stange banden und die Suppe - in einer Büchse auf der Stange, weil die Eingesperrten sich in der zweiten Etage des Bunkers befanden. Das ging so etwa zwei bis drei Wochen lang.

Dem Verf. von Nora Smirnowa übergebenen Bericht, Moskau 1983

Auswahlbibliographie[1]

Altmann, Peter/Heinz Brüdigam/Barbara Mausbach-Bromberger/Max Oppenheimer. Der deutsche antifaschistische Widerstand 1933 -1945, Frankfurt am Main 1984

Antoni, Ernst. Faschistische Konzentrationslager. Von Dachau bis Auschwitz, Frankfurt am Main 1974

Aufstand des Gewissens. Der militärische Widerstand gegen Hitler und das NS-Regime, Herford/Bonn 1987

Beier, Gerhard. Die illegale Reichsleitung der Gewerkschaften 1933 - 1945, Köln 1981

Benz, Wolfgang/Walter H. Pehle (Hg.). Lexikon des deutschen Widerstandes, Frankfurt am Main 1994

Bergmann, Theodor. "Gegen den Strom". Die Geschichte der Kommunistischen-Partei-Opposition, Hamburg 1987

Beuys, Barbara. Vergeßt uns nicht. Menschen im Widerstand 1933 - 1945, Reinbek bei Hamburg 1987

Boberach, Heinz. Jugend unter Hitler, Düsseldorf 1982

Brück, Carlheinz von. Im Namen der Menschlichkeit. Bürger gegen Hitler, Berlin 1964

Burckhardt, Hans/Günter Erxleben/Kurt Nettball. Die mit dem blauen Schein. Über den antifaschistischen Widerstand in den 999er Formationen der faschistischen Wehrmacht (1942 - 1945), Berlin 1982

Carturius, Ulrich. Opposition gegen Hitler. Deutscher Widerstand 1933 - 1945, Berlin 1984

Denzler, Georg/Volker Fabricius. Christen und Nationalsozialisten, Frankfurt am Main 1993

Drobisch, Klaus/Gerhard Fischer (Hg.). Widerstand aus Glauben. Christen in der Auseinandersetzung mit dem Hitlerfaschismus, Berlin 1985

Drobisch, Klaus. Das System der NS-Konzentrationslager, Berlin 1993

Duhnke, Horst. Die KPD von 1933 bis 1945, Köln 1971

Edinger, Lewis J. Sozialdemokratie und Nationalsozialismus, Hannover/Frankfurt am Main 1960

Elling, Hanna. Frauen im deutschen Widerstand 1933 - 1945, Frankfurt am Main 1978

Finker, Kurt. Stauffenberg und der 20. Juli 1944, Berlin 1989

Finker, Kurt. Graf Moltke und der Kreisauer Kreis, Berlin 1993

Finker, Kurt. Der 20. Juli 1944. Militärputsch oder Revolution? Berlin 1994

Foitzik, Jan. Zwischen den Fronten. Zur Politik, Organisation und Funktion linker politischer Kleinorganisationen im Widerstand 1933 - 1939/40, Bonn 1986

Freyberg, Jutta von. Sozialdemokraten und Kommunisten. Die Revolutionären Sozialisten vor dem Problem der Aktionseinheit 1934 - 1937, Köln 1973

Garbe, Detlef. Zwischen Widerstand und Martyrium. Die Zeugen Jehovas im Dritten Reich, München 1993

Zur Geschichte der deutschen antifaschistischen Widerstandsbewegung 1933 - 1945, Berlin 1961

Gestapoberichte über den antifaschistischen Widerstandskampf der KPD 1933 bis 1945, 3 Bde., Berlin 1989 -1990
Gisevius, Hans-Bernd. Bis zum bitteren Ende. Vom 30. Juni 1934 bis zum 20. Juli 1944, Berlin 1964
Gittig, Heinz. Illegale antifaschistische Tarnschriften, Leipzig 1972
Gollwitzer, Helmut/Käthe Kühn/Reinhold Schneider. Du hast mich heimgesucht bei Nacht. Abschiedsbriefe und Aufzeichnungen des Widerstands 1933 - 1945, München 1955
Gotto, Klaus/Konrad Repgen (Hg.). Kirche, Katholiken und Nationalsozialismus, Mainz 1980
Gottschald, Eva. Antifaschistischer Widerstand. Der Kampf gegen den deutschen Faschismus 1933 - 1945. Ein Überblick, Heilbronn 1985
Grasmann, Peter. Sozialdemokraten gegen Hitler 1933 - 1945, München 1968
Grebing, Helga/Christel Wickert (Hg.). Das "andere Deutschland" im Widerstand gegen den Nationalsozialismus, Essen 1994
Hebel-Kunze, Bärbel. SPD und Faschismus. Zur politischen und organisatorischen Entwicklung der SPD 1932 - 1935, Frankfurt am Main 1977
Helden des Widerstandskampfes gegen Faschismus und Krieg, Berlin 1952
Haase, Norbert. Deutsche Deserteure, Berlin 1987
Hellfeld, Matthias von/Arno Klönne. Die betrogene Generation. Jugend in Deutschland unter dem Faschismus, Köln 1985
Herlemann, Beatrix. Auf verlorenem Posten. Kommunistischer Widerstand im Zweiten Weltkrieg. Die Knöchel-Organisation, Bonn 1986
Hoffmann, Peter. Widerstand, Staatsstreich, Attentat. Der Kampf der Opposition gegen Hitler, München 1985
Hoffmann, Peter. Claus Schenk Graf von Stauffenberg und seine Brüder, Stuttgart 1992
Hübener, Irene. Unser Widerstand. Deutsche Frauen und Männer berichten über ihren Kampf gegen die Nazis, Frankfurt am Main 1982
Jacobsen, Hans-Adolf (Hg.). Spiegelbild einer Verschwörung. Die Opposition gegen Hitler und der Staatsstreich vom 20. Juli 1944 in der SD-Berichterstattung. Geheime Dokumente aus dem ehemaligen Reichssicherheitshauptamt, 2 Bde., Stuttgart 1984
Jahnke, Karl Heinz. Gegen den Mißbrauch der olympischen Idee 1936. Sportler im antifaschistischen Widerstand, Frankfurt am Main 1972
Jahnke, Karl Heinz. Jungkommunisten im Widerstandskampf gegen den Hitlerfaschismus, Berlin 1977
Jahnke, Karl Heinz. Jugend im Widerstand 1933 - 1945, Frankfurt am Main 1985
Jahnke, Karl Heinz/Michael Buddrus. Deutsche Jugend 1933 - 1945. Eine Dokumentation, Hamburg 1989
Katholische Jugend in der NS-Zeit unter besonderer Berücksichtigung des Katholischen Jungmännerverbandes. Zusammengestellt von Heinrich Roth, Düsseldorf 1959
Kemperer, Benedicta N. Priester vor Hitlers Tribunal, München 1966
Klausch, Hans-Peter. Die Geschichte der Bewährungsbataillone 999 unter besonderer Berücksichtigung des antifaschistischen Widerstandes, 2 Bde., Köln 1987

Klausch, Hans-Peter. Antifaschisten in SS-Uniform. Schicksale und Widerstand der deutschen politischen KZ-Häftlinge, Zuchthaus- und Wehrmachtsstrafgefangene in der SS-Sonderformation Dirlewanger, Bremen 1993
Kliem, Kurt. Der sozialistische Widerstand gegen das Dritte Reich dargestellt an der Gruppe "Neu Beginnen", Marburg 1957
Klönne, Arno. Gegen den Strom. Berichte über den Jugendwiderstand im Dritten Reich, Hannover/Frankfurt am Main 1957
Klönne, Arno. Jugend im Dritten Reich. Die Hitler-Jugend und ihre Gegner, Düsseldorf 1982
Kügelgen, Else und Bernt von (Hg.). Die Front war überall, Berlin 1978
Kühnrich, Heinz. Die KPD im Kampf gegen die faschistische Diktatur 1933 - 1945, Berlin 1983
Kwiet, Konrad/Helmut Eschwege. Selbstbehauptung und Widerstand. Deutsche Juden im Kampf um Existenz und Menschenwürde, Hamburg 1986
Langbein, Hermann. ... nicht wie die Schafe zur Schlachtbank. Widerstand in den nationalsozialistischen Konzentrationslagern, Frankfurt am Main 1980
Langkau-Alex, Ursula. Volksfront für Deutschland, Frankfurt am Main 1977
Leber, Annedore. Das Gewissen steht auf, Frankfurt am Main 1960
Leber, Annedore. Das Gewissen entscheidet, Frankfurt am Main 1960
Link, Werner. Die Geschichte des Internationalen Jugendbundes (IJB) und des Internationalen Sozialistischen Kampfbundes (ISK). Meisenheim 1964
Löwenthal, Richard/Patrik von zur Mühlen. Widerstand und Verweigerung in Deutschland 1933 bis 1945, Berlin/Bonn 1982
Mammach, Klaus. Widerstand 1933 - 1939, Berlin 1984
Mammach, Klaus. Widerstand 1939 - 1945, Berlin 1987
Erkämpft das Menschenrecht. Lebensbilder und letzte Briefe antifaschistischer Widerstandskämpfer; Berlin 1958
Meier, Kurt. Kirche und Judentum, Halle 1968
Meier, Kurt. Der evangelische Kirchenkampf, 3 Bde., Halle/Göttingen 1976 - 1984
Meier, Kurt. Kreuz und Hakenkreuz. Die evangelische Kirche im Dritten Reich, München 1992
Meyer, Helga/Karlheinz Pech. Unter Einsatz des Lebens. Antifaschistischer Widerstand in den letzten Monaten des zweiten Weltkrieges, Berlin 1985
Moraw, Frank. Die Parole der "Einheit" und die Sozialdemokratie, Bonn/Bad Godesberg 1973
Müller, Klaus-Jürgen (Hg.). Der deutsche Widerstand 1933 - 1945, Paderborn 1990
Niekisch, Ernst. Das Reich der niederen Dämonen, Berlin 1957
Niemöller, Wilhelm. Der Pfarrernotbund, Hamburg 1973
Oehme, Walter. Märtyrer der evangelischen Christenheit 1933 - 1945, Berlin 1985
Paucker, Arnold. Jüdischer Widerstand in Deutschland, Berlin 1989
Pechel, Rudolf. Deutscher Widerstand, Zürich-Erlenbach 1947
Pelger, Hans/Helmut Esters. Gewerkschaftler im Widerstand, Bonn 1983

Peuckert, Detlef. Die Edelweißpiraten. Protestbewegung jugendlicher Arbeiter im Dritten Reich, Köln 1988
Pingel, Falk. Häftlinge unter SS-Herrschaft. Widerstand, Selbstbehauptung und Vernichtung im Konzentrationslager, Hamburg 1978
"... besonders jetzt tu Deine Pflicht!". Briefe von Antifaschisten, geschrieben vor der Hinrichtung, Berlin/Potsdam 1948
Priepke, Manfred. Die evangelische Jugend im Dritten Reich 1933 - 1936, Hannover/Frankfurt am Main 1960
Priester unter Hitlers Terror. Eine biographische und statistische Erhebung, bearb. von Ulrich von Hehle, Mainz 1984
Prittie, Terence. Deutsche gegen Hitler, Tübingen 1965
Ritter, Gerhard. Carl Goerdeler und die deutsche Widerstandsbewegung, Stuttgart 1956
Roon, Ger van. Neuordnung im Widerstand. Der Kreisauer Kreis innerhalb der deutschen Widerstandsbewegung, München 1967
Roon, Ger van. Widerstand im Dritten Reich. Ein Überblick, München 1987
Rothfels, Hans. Die deutsche Opposition gegen Hitler, Frankfurt am Main/Hamburg 1969
Saissin, Horst R. Liberale im Widerstand. Die Robinsohn-Strassmann-Gruppe 1934 - 1942, Hamburg 1993
Schellenberger, Barbara. Katholische Jugend und Drittes Reich, Bonn 1974
Scheurich, Bodo. Verräter oder Patrioten? Das Nationalkomitee "Freies Deutschland" und der Bund deutscher Offiziere in der Sowjetunion 1943 - 1945, Berlin/Frankfurt am Main 1993
Schmädicke, Jürgen/Peter Steinbach (Hg.). Der Widerstand gegen den Nationalsozialismus. Die deutsche Gesellschaft und der Widerstand gegen Hitler, München 1986
Schmidt, Walter A. Damit Deutschland lebe. Ein Quellenwerk über den deutschen antifaschistischen Widerstandskampf 1933 - 1945, Berlin 1958
Schmitthenner, Walter/Hans Buchheim (Hg.). Der deutsche Widerstand gegen Hitler, Köln/Berlin 1966
Strafdivision 999. Erlebnisse und Berichte aus dem antifaschistischen Widerstandskampf, Berlin 1963
Schwersenz, Jizchak. Die versteckte Gruppe. Ein jüdischer Lehrer erinnert sich an Deutschland, Berlin 1988
Solidarität und Widerstand. Dachauer Hefte, Bd. 7, München 1991
Steinbach, Peter (Hrsg.). Widerstand. Ein Problem zwischen Theorie und Geschichte, Köln 1987
Steinbach, Peter/Johannes Tuchel. Lexikon des Widerstandes 1933 - 1945, München 1994
Steinhoff, Johannes/Peter Pechel/Dennis Showalter. Deutsche im Zweiten Weltkrieg. Zeitzeugen sprechen, München 1989
Stroech, Jürgen. Die illegale Presse. Eine Waffe im Kampf gegen den deutschen Faschismus, Leipzig 1979
Szepansky, Gerda. Frauen leisten Widerstand 1933 - 1945, Frankfurt am Main 1983
Tuchel, Johannes/Reinhold Schattenfroh. Zentrale des Terrors. Prinz-Albrecht-Straße 8, Hauptquartier der Gestapo, Berlin 1987

Weinert, Erich. Nationalkomitee "Freies Deutschland" 1943 - 1945, Berlin 1957
Weisenborn, Günther. Der lautlose Aufstand. Berichte über die Widerstandsbewegung des deutschen Volkes 1933 - 1945, Hamburg 1962
Christlicher Widerstand gegen den Faschismus, Berlin 1955
Deutsche Widerstandskämpfer 1933 - 1945. Biographien und Briefe, 2 Bde., Berlin 1970
Der antifaschistische Widerstandskampf der KPD im Spiegel des Flugblattes, Berlin 1978
Winzer, Otto. Zwölf Jahre Kampf gegen Faschismus und Krieg, Berlin 1956
Überschär, Gerd R. (Hg.). Der 20. Juli 1944. Bewertung und Rezeption des deutschen Widerstandes gegen das NS-Regime, Köln 1994
Zorn, Gerda/Gertrud Meyer. Frauen gegen Hitler, Frankfurt am Main 1974

Anmerkung

1 Aufgenommen wurden in das Verzeichnis nur Bücher, die sich direkt mit der Geschichte von Widerstand und Opposition gegen das NS-Regime in Deutschland zwischen 1933 und 1945 befassen und zwischen 1945 und dem Frühjahr 1994 in beiden deutschen Staaten erschienen sind. Keine Beachtung fanden Publikationen zum antifaschistischen Widerstand Deutscher im Exil und von Ausländern in Deutschland. Gleiches gilt für die umfangreiche Literatur zu einzelnen Regionen, Orten, lokal begrenzten Gruppen und Personen. Weiterhin sind Aufsätze sowie Überblicksdarstellungen, die einzelne Kapitel zu Widerstand und Opposition im Dritten Reich enthalten, nicht berücksichtigt.

Nachweis der Fotos und Faksimiles

Inge Aicher-Scholl	(S. 95-98)
Ernst Buschmann	(S. 203-207)
Karl Heinz Jahnke	(S. 26, 27, 60, 61, 62, 79, 80, 134-137, 151-153, 167, 170)
Wladyslaw Kuszyk	(S. 40, 41, 42)
Allan Merson	(S. 187-189)
Gertrud Oppenheimer	(S. 116-120)
Anna Rossova	(S. 25)
Nora Smirnowa	(S. 218-220)

Abkürzungsverzeichnis

ABV	Arbeitsgemeinschaft Bayerischer Verfolgtenorganisationen
AIZ	Arbeiter-Illustrierte Zeitung
BRD	Bundesrepublik Deutschland
CDU	Christlich-Demokratische Union
CSR	Tschechische Republik
DDR	Deutsche Demokratische Republik
DGB	Deutscher Gewerkschaftsbund
dju	Deutsche Journalisten-Union
DKP	Deutsche Kommunistische Partei
FAB	Freiheitsaktion Bayern
FIR	Föderation International Resistance (Internationale Vereinigung der Widerstandskämpfer)
HO	Handelsorganisation
KGB	Komitet gosudarstwennoj besopasnosti (Komitee für Staatssicherheit)
KI	Kommunistische Internationale
KJI	Kommunistische Jugendinternationale
KJVD	Kommunistischer Jugendverband Deutschlands
KPD	Kommunistische Partei Deutschlands
KPdSU	Kommunistische Partei der Sowjetunion
KPTsch	Kommunistische Partei der Tschechoslowakei
KZ	Konzentrationslager
LPG	Landwirtschaftliche Produktionsgenossenschaft
NKWD	Narodny kommissoriat wnutrennich del (Volkskommissariat für innere Angelegenheiten)
NS	Nationalsozialismus
PPR	Polnische Arbeiterpartei
PPS	Polnische Sozialistische Partei
PVAP	Polnische Vereinigte Arbeiterpartei
PWE	Political Warefare Executive
SED	Sozialistische Einheitspartei Deutschlands
SPD	Sozialdemokratische Partei Deutschlands
SS	Schutz-Staffel
UdSSR	Union der sozialistischen Sowjetrepubliken
UNO	United Nations Organisation (Organisation Vereinte Nationen)
VVN-BdA	Vereinigung der Verfolgten des Naziregimes - Bund der Antifaschisten
ZK	Zentralkomitee

Über den Autor

Karl Heinz Jahnke, Jg. 1934, Studium 1953 bis 1957 an der Ernst-Moritz-Arndt-Universität Greifswald; Oktober 1960 Promotion; Januar 1966 Habilitation; ab Herbstsemester 1966 bis 1968 in Greifswald Dozent für neue und neueste Geschichte; von 1968 bis 1991 Tätigkeit an der Rostocker Universität, zunächst als Dozent und ab 1973 als ordentlicher Professor für deutsche Geschichte der Neuesten Zeit. Entlassung zum 1. Oktober 1991 wegen "mangelnden Bedarfs".
Hauptlehrgebiete: Deutsche Geschichte des 20. Jahrhunderts, insbesondere der Weimarer Republik und des NS-Regimes sowie der deutschen Arbeiterbewegung.
Hauptforschungsgebiete: Geschichte des Nationalsozialismus und des antifaschistischen Widerstands, Jugendgeschichte, Geschichte der Stadt Stralsund und des Landes Mecklenburg im 20. Jahrhundert.
Zahlreiche wissenschaftliche Aufsätze und Buchpublikationen. Leiter von Autorenkollektiven.

Jüngste Veröffentlichungen:

Karl Heinz Jahnke: Ein ungewöhnliches Leben: Bruno Dubber 1910-1944, Hamburg 1990

Karl Heinz Jahnke: "... ich bin nie ein Parteifeind gewesen". Der tragische Weg der Kommunisten Fritz und Lydia Sperling, Bonn 1993

Karl Heinz Jahnke: Hitlers letztes Aufgebot. Deutsche Jugend im sechsten Kriegsjahr 1944/45, Essen 1993

Karl Heinz Jahnke (Hrsg.): Hertha Feiner. Vor der Deportation. Briefe an die Töchter Januar 1939 - Dezember 1942, Frankfurt/Main 1993

Karl Heinz Jahnke: Widerstand und Opposition gegen das NS-Regime aus den Kirchen in Mecklenburg 1933-1945, Rostock 1994

Karl Heinz Jahnke: Gegen Hitler. Gegner und Verfolgte des NS-Regimes in Mecklenburg 1933-1945, Rostock 1994